# 눈치껏
# 못 배웁니다,
# 일센스

21세기북스

# 첫 직장생활의 사수 같은 책이 되길 바라며

첫 출근하던 날, 엘리베이터에서 내리던 순간을 기억한다.

어떤 일을 맡게 될까? 설렘 반. 실수하면 어떡하지? 두려움 반.

이름도 기억할 새 없이 순식간에 팀원들 소개가 끝났다. 인상만 남아버린 처음 보는 얼굴들. 나는 한 명의 이름도 외우지 못한 와중에 팀원 모두는 내 이름을 알게 되었다. 그 사실 하나만으로도 긴장이 됐다. 이때 팀장이 신경 써서 짝 지어준 나의 사수는 능숙한 프로 같았고, 세상 친절한 사람처럼 느껴졌다.

그런데 진짜 문제는 이제부터였다. 나에게 주어진 과제들은 첫 등원한 유치원생에게나 던져줄 법한 수준이었다. 해도 안 해도 티 안 나는 일, 어차피 검사도 안 할 일만 떨어졌다. 아무도 의도하진 않았지만 저절로 방치되고 말았다. 있는 듯 없는 듯 종일 자리만 지키고 앉

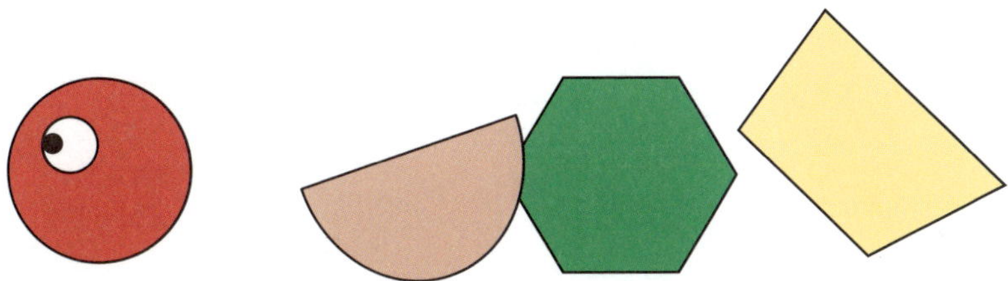

아 있었다. 점심시간에 나란 존재를 빼먹지 않고 꼬박꼬박 데려가 주는 게 감사할 정도였다.

학교를 갓 졸업한 나에게 회사란 곳은 놀라웠다. 누군가 시키거나 지켜보는 것도 아닌데 각자 알아서 자기 일을 한다. 빈틈없이 동시에 몇 가지 일을 하면서 사이사이 커피도 마신다. 사무실이라는 공간 안에 '자율'이 가득 차 있었다.

회사는 그런 곳이다. 학생 티를 풀풀 내며 신입사원으로 오든, 노련미를 한껏 풍기며 경력으로 오든 반갑게 맞아는 준다. 하지만 그뿐이다. 할 일과 방법을 하나부터 열까지 세세히 알려주진 않는다. 왜냐고? 이유는 수도 없이 많다. 그들도 바빠서, 자기 일이 아니라서, 설마 이런 것도 모를까 봐서, 자기도 잘 몰라서….

이 때문에 평범한 공대 나온 여자 사람이 만든 '공여사들' 채널이 1년 만에 16만 구독자를 훌쩍 넘어 지금까지 사랑받는 게 아닐까? 감사하게도 구독자가 몇 안 되던 시절, 한 편집자님이 직장인들의 공감대를 알아보고 함께 책을 만들자는 제안을 주셨고, 그 응원에 힘입어 책을 내기로 했다. 하지만 '글'은 유튜브 영상처럼 빠르게 지나가고 마는 게 아니었다.

정리하고 또 정리했다. 그리고 마침내 내가 9년간 직장생활을 하며 쌓은 모든 노하우를 다 담아낼 수 있었다. '일잘러'로 거듭나기 위한 이메일 쓰기, 폴더 관리, 메모 습관과 같은 꿀팁부터 업무 시간을 확 줄여주는 초간단 엑셀 사용법, 나만 몰래 쓰고 싶었던 온갖 유틸리티와 오피스 프로그램까지…. 《눈치껏 못 배웁니다, 일센스》는 일 때문에 고민하는 당신을 '사수 하나 없이 혼자, 완벽하게, 알아서, 잘 크게 만들어줄 책'이다.

1년의 집필 기간 동안 나 역시 직장인으로서 한 걸음 더 성장했다. 독자 여러분에게도 이 책을 읽는 시간이 같은 의미가 되길 바란다.

**2021년 4월 공여사들**

차례

## 제2부 직장인 필수 스킬 '엑셀력' 장착하기

### 제4장 직장인 엑셀, 기본 다지기



### 제5장 직장인 엑셀, 실전 뽀개기

**부록. 낭비를 없애는 'PC 환경' 구축하기**

## 제1부

# 정년까지 가는 '업무 습관' 셋업하기

당신은 두 명의 신입사원 중 어떤 유형에 더 가까운가요?

**A-type 지세계 사원**

- □ 일하는 방식에 정답은 없다. 뭐든 스스로 부딪혀서 익힐 테다!
- □ 하다 보면 언젠가 나만의 업무 스킬이 저절로 생겨날 것이다.
- □ 사원 때는 좀 몰라도 용서가 되니 나중에 가서 잘하면 된다.

---

**B-type 나정석 사원**

- □ 이미 정답을 알고 있다면 갖다 쓰면 된다.
- □ 좋다고 널리 알려진 습관은 분명 나에게도 도움이 될 것이다.
- □ 하루라도 먼저 나서면 그 이상 앞서간다. 미리 잘해서 나쁠 것 없다.

작은 눈덩이를 언덕 아래로 굴리면 바닥쯤 와서는 산더미처럼 커진다고 하죠? 이를 스노우볼 효과라고 합니다. 신입사원 때부터 좋은 습관을 보고 익힌 '나정석' 사원과 직접 부딪혀야만 깨닫는 '지세계' 사원 사이는 점점 크게 벌어질 것입니다. 1부는 일 잘하는 라떼들의 고급진 업무 스킬만 쏙쏙 뽑아 준비한 '직장생활의 지침서'입니다. 이 글을 전국의 수많은 '나정석'에게 바칩니다.

제1장

# 이메일 중심으로 일하기

이메일은 직장에서 가장 많이 쓰는 소통 수단이다. 구두로 오간 얘기와 달리, 이메일은 메일함에 남아 내가 하는 일의 근거가 되기 때문이다. “부장님, 그때 알겠다고 말씀하셨잖아요?”와 “부장님께서 그때 메일로 알겠다고 답 주셨습니다.”가 주는 무게감이 다르지 않은가? 이메일도 일종의 문서다 보니 결재문서에 버금가는 효력을 지닌다. 따라서 이메일 중심으로 일하는 습관은 무엇보다 중요하다. 특히 갑의 위치에 있는 선배들에게 호되게 당하기 쉬운 신입사원이라면 더더욱!

# 01 일 잘하는 사람의 메일 쓰기 체크리스트

메일을 잘 쓰기 위해서 유려한 문장 구사 능력이나 대단한 스킬이 필요한 것은 아니다. 의외로 몇 가지만 기억하면 완벽하게 메일을 쓸 수 있다.

메일에는 크게 네 가지 요소가 있다. ① 수신자·참조자, ② 제목, ③ 본문, ④ 첨부파일이다. 일 잘하는 사람은 각 요소를 제대로 활용할 줄 안다.

연습 삼아 다음 메일에서 잘못되거나 아쉬운 부분을 표시해보자. 만일 여기서 다섯 개 미만을 골랐다면 이 책을 정말 잘 샀다. 다섯 개 이상을 골랐다면 일잘러가 될 싹이 보인다. 열 개 이상을 고른 당신은 혹시… 라떼부장님이세요?

**수신** ○○○ 대리, △△△ 과장, ◇◇◇ 팀장
**참조** □□□ 팀장

**제목** 재택근무 확대 방안 논의

안녕하세요?
언택트 시대에 대비하기 위해 재택근무의 점진적 확대 방안을 마련하고자 회의 참석이 가능하신 날짜를 요청드렸는데 아직까지 아무도 회신이 없으셔서 메일로 다시 요청드립니다.
다음 주 화요일이나 수요일 중에 회의를 진행했으면 하는데요. 메일 보시면 꼭 회신해주시기 바랍니다. 그럼 좋은 하루 되세요!

**첨부** 재택근무 가이드.pptx

## ① 수신자 · 참조자

### 수신자 = 행위 대상자

수신부터 살펴보자. ○○○ 대리, △△△ 과장 다음에 뜬금없이 ◇◇◇ 팀장이 등장한다. 수신자는 메일을 받고 직접 행위를 하는 대상인데, 실무자와 팀장이 섞여 있다. 행위 대상자가 아닌 팀장은 수신에서 빼주도록 한다.

### 수신자 · 참조자 간의 레벨이 같은가?

다음은 참조다. 참조자는 직접적인 행위 대상자는 아니지만, 업무상 메일의 내용을 알아야 하는 사람들이다. 보통 참조에는 수신자들의 소속 팀장이 들어가는데, 수신자는 수신자끼리, 참조자는 참조자끼리 동등한 레벨로 맞춘다고 생각하면 편하다. 참조에 저쪽 팀장이 들어갔으니 우리 팀장도 넣어주자. 그래야 무슨 일이 생겨도 대응이 가능하다.

만일 우리 팀장을 안 넣었다가 저쪽 팀장이 전체회신으로 우리 팀에 불리한 상황을 밀어붙이면, 전에 보낸 메일을 우리 팀장에게 전달해 상황을 설명해야 한다. 그러다 되레 내가 분풀이 대상이 될 수 있다. 팀장 대 팀장으로 곧장 싸울 수(?) 있도록 양쪽 팀장 모두를 참조에 걸어준다. 수신과 참조는 매우 중요하기 때문에 구체적인 사례는 26쪽에서 더 자세히 다룰 예정이다.

또 사내 메일 시스템에 따라서는 수신자 · 참조자를 넣을 때 순서를 직접 조정해야 하는 경우가 있다. 참조에 우리 팀장이 들어갈 땐 가장 먼저 넣고, 그 외에는 조직도상 상위 부서일수록, 직급이 높을수록 먼저 입력한다. 다만 세부적인 규칙은 회사마다 다를 수 있으니 참고만 해두자.

### ② 제목

#### 제목은 전체 내용을 함축하는가?

제목은 언뜻 봤을 땐 잘 정한 것 같다. 하지만 메일 본문을 읽어보면 '재택근무 확대 방안에 대한 논의'가 아닌 '재택근무 확대 방안을 논의하는 회의 일정'을 잡기 위한 메일이다.

제목은 반드시 전체 내용을 함축하도록 적어준다. 이때 가장 정확한 제목은 '재택근무 확대 방안 논의를 위한 회의 일자 회신 요청'이다. 일부러 낚으려는 의도가 아니라면 '재택근무 확대 방안 논의 일정 관련'과 같은 모호한 제목은 지양하는 게 좋다.

메일 내용에 부합하는 제목이라면 상대방이 메일을 읽지 않아도 마치 읽은 느낌을 받을 수 있다. 이런 느낌을 받은 상대는 나를 친절한 사람으로 기억할 것이다.

#### 제목에 적당한 말머리를 사용했는가?

정확하게 쓰자니 제목이 너무 길어지고, 짧게 쓰자니 의도가 잘 드러나지 않을 때가 있다. 이럴 땐 말머리를 활용해보자. '〔회신요청〕 재택근무 확대 방안 논의 일정 관련'과 같이 표현한다면, 상대가 적어도 "아, 내가 무언가 꼭 회신해야 하는 메일이구나."까지는 인식할 수 있다.

그 밖에도 메일의 목적을 강조하고 싶을 때 〔요청〕, 〔중요〕, 〔안내〕,

〔알림〕, 〔공유〕, 〔회신〕 등과 같은 말머리를 사용할 수 있다.

**(처리기한이 있는 경우) 제목에 기한을 포함했는가?**

수신자에게 기대하는 행위에 대한 기한이 있는 경우 제목에 표기한다. 메일 제목에서 기한이 빠지면 얼마나 급한 일인지 모르기 때문에 다른 메일에 우선순위가 밀릴 수 있다.

심하면 처리기한이 지나고 메일을 보고서는 나 몰라라 할 때도 있다. 이럴 땐 상대가 의도했든 의도하지 않았든 그 책임을 내가 다 뒤집어쓸 수 있다. 상대방은 "나중에 읽으려 했다."고 하면 그만이기 때문이다. 기한이 있는 내용은 제목에도 꼭 기한을 적어 강조하도록 한다.

## ③ 본문

**본인 소속과 이름을 밝히는 인사로 시작했는가?**

본문을 인사로 시작한 것까지는 좋았다. 그런데 본인이 누구인지가 빠졌다. 물론 발신자에 이름이 찍히지만 그것만으로는 불친절하다. 또 특정 주제의 메일이 이곳저곳에 포워딩forwarding(전달)되면서 내용이 덧붙으면 누가 보낸 메일인지 정말 알아보기 힘들다. 메일의 도입부에서는 인사와 함께 본인 소속과 이름을 밝히도록 하자.

소속을 적는 기준이 헷갈릴 수 있다. 팀 내에 보낼 땐 소속은 생략하고, 다른 팀에 보낼 땐 팀명을 적는다. 외부에 보낼 땐 회사명을 적는다.

옆자리 팀원처럼 매일 보는 사이라면 인사와 소개를 생략하기도 하지만, 이것 역시 회사마다 차이가 있다. 메일의 도입부는 주변 사람들의 메일을 보고 참고하도록 한다.

### 인사 바로 다음에 목적을 밝혔는가?

소개를 포함한 인사를 마쳤다면, 그다음에는 바로 목적을 밝혀야 한다. 그렇지 않은 메일은 읽는 사람에게 스트레스가 된다. 특히 목적이 본문 맨 끝에 오는 경우, 수신자가 읽는 내내 뭘 바라고 쓴 메일인지 추측해야 한다.

끝에서 이런 희열(?)을 주는 메일은 친구에게 쓰는 편지나 러브레터에 적합한 방식이다. 공적인 사이에는 피곤하기만 할 뿐이다. 인사 다음에는 꼭 목적을 써주자.

단, 상대의 부정적인 반응을 야기할 수 있는 민감한 내용이라면 서두에 변명 아닌 변명을 많이 깔아두는 게 좋을 순 있다.

### 말보다 양식(form)으로 표현했는가?

회사에는 생각보다 우리말에 능숙하지 못한 사람이 많다. 나 역시 예외는 아니고 말이다. 확률상 메일을 쓰는 사람이나 받는 사람 중에 국어를 못하는 사람이 반드시 있기 마련이다.

똑같은 글을 두고 이게 맞니, 저게 맞니 하며 싸우는 것보다는, 전후 맥락이 필요 없는 양식을 넣어두면 모두에게 '윈윈win-win'이다. 쓰는 사람은 모자란 글재주로 토씨 하나까지 신경 쓸 필요가 없고, 받는 사람은 반복해서 읽을 필요 없이 양식에 적힌 내용만 받아들이면 된다. 구구절절 글로 쓰기보다는 양식으로 표현하려고 노력해보자. 본문 양식화 스킬은 32쪽에서 다룬다.

### 중요한 내용을 강조했는가?

본문에 적은 내용은 다 필요하니까 적었겠지만(만일 그렇지 않다면 지워야 한다) 그중에서도 특히 중요한 내용이 있을 것이다. 회신을 요청하는 기한, 회신할 때 빠트려서는 안 되는 내용, 기존에 협의한 내용과 달라진 부분 등 메일마다 다르다.

이럴 땐 글 서식에 변화를 준다. 글자 굵게 하기, 기울이기, 밑줄치기, 또는 색을 바꾸거나 음영을 넣어 효과를 주는 방법도 있다. 처음에는 유치해 보일 수 있어도 쓰다 보면 그만큼 효과 있는 게 없다. 특히 상대가 챙겨봐야 하는 내용이 많을수록 중요한 내용은 눈에 띄게 표시해주어야 한다.

### 끝인사와 함께 요청하는 바를 강조했는가?

메일을 받는 사람에게 요청하는 바는 끝에서 한 번 더 강조해주는 게 좋다. 특히 내용이 길면 중간에 논점이 흐려질 수 있다. 눈에 가장 띄는 위치인 처음과 끝에 주제문을 두어 방점을 찍어주자.

## ④ 첨부파일

### 첨부파일을 본문에 언급했는가?

최초에 보내는 메일에서는 큰 문제가 없지만, 메일이 여러 번 포워딩되면 첨부 파일이 있었는지 알 수 없다. 또 쓰는 메일 시스템에 따라서는 첨부파일이 화면 맨 하단에 위치해서 받는 사람이 못 보는 수가 있다.

본문에 첨부 파일이 있음을 표시해주면 이 메일이 어딜 가더라도 보는 사람들이 원래는 첨부파일이 들어 있던 메일이라는 걸 알 수 있다.

다음은 체크리스트에 따라 고쳐본 메일이다.

**수신** △△△ 과장, ○○○ 대리

**참조** 우리 팀장, □□□ 팀장, ◇◇◇ 팀장

**제목** [요청] 재택근무 확대 방안 논의 일자 회신 요청(금일 중)

안녕하세요? ☆☆☆☆팀 공여사입니다.

아래와 같이 재택근무 확대 방안을 논의하기 위해 회의 참석 가능하신 일자를 회신 요청드립니다.

○ 회의목적 : 언택트 시대에 대비한 재택근무 확대 방안 마련

○ 요청사항 : [6/15(화), 16(수) 중 회의 참석 가능한 날짜 회신]

○ 요청기한 : [금일 오후 6시까지]

※ 현재 운영 중인 재택근무 가이드 첨부

그럼 회신 부탁드리겠습니다. 감사합니다.

**첨부** 재택근무 가이드.pptx

## 메일 쓰기 체크리스트

- ☐ 수신자 = 행위 대상자?
- ☐ 수신자끼리, 참조자끼리 레벨이 같은가?
- ☐ 제목은 전체 내용을 함축하는가?
- ☐ 제목에 적당한 말머리를 사용했는가?
- ☐ (처리기한이 있는 경우) 제목에 기한을 포함했는가?
- ☐ 본인 소속과 이름을 밝히는 인사로 시작했는가?
- ☐ 인사 바로 다음에 목적을 밝혔는가?
- ☐ 말보다 양식(form)으로 표현했는가?
- ☐ 중요한 내용에 강조 표시를 했는가?
- ☐ 끝인사와 함께 요청하는 바를 강조했는가?
- ☐ 첨부파일이 있음을 본문에 언급했는가?

# 몰랐다간 돌 맞는 수신과 참조의 차이

앞에서 살펴본 것처럼 메일 가장 상단에는 수신자와 참조자를 적는다. 그런데 이 둘의 차이를 모르면 허구한 날 욕먹기 딱 좋다. 업무용 메일에 익숙하지 않다면 둘을 어떻게 구분할지 헷갈릴 것이다.

그럴 때는 딱 하나만 기억하자. 수신자는 말 그대로 메일 내용을 바탕으로 직접 어떤 행동을 하기를 바라는 대상자이고, 참조자는 그 내용을 알고만 있으면 되는 사람이다.

메일을 보낼 땐 습관적으로 수신자 목록을 꼭 확인하도록 하자. 참조에 들어갈 사람을 수신에 넣어 보내면 상대가 "얘는 이걸 나한테 왜 보내?"라며 기분 나빠 하는 일도 있기 때문이다. 그만큼 업무 메일에서는 수신과 참조를 지키는 게 중요하다.

앞서 메일 쓰기 체크리스트 편에서는 수신자끼리, 참조자끼리 레벨을 맞춰주는 정도만 이야기했지만, 업무 메일에서 수신과 참조를 유연하게 사용하려면 여러 사례를 접해봐야 한다.

### (수) 직접 연관 있는 사람, (참) 알아두어야 할 사람

일반적으로 메일을 보낼 땐 업무와 직접 연관 있는 담당자를 수신에 넣고, 이 내용을 알아두어야 할 사람을 참조에 넣는다. 실무자끼리 일상적으로 주고받는 메일에서는 참조에 굳이 팀장을 넣지 않는다. 물론 상대가 자기 팀장을 참조에 넣고 메일을 보냈을 땐 나도 우리 팀장을 넣어야 안 꿀린다. 상대 팀장과 동급인 내 편이기 때문이다.

### (수) 다른 부서 팀장, (참) 우리 팀장 · 해당 부서 실무자

다른 부서 팀장에게 메일을 보낼 때는 우리 팀장을 참조에 넣는다. 만일 우리 팀장을 안 넣고 보냈다가 상대 팀장이 나에게 무리한 일을 요구하면, 우리 팀장에게 이 상황을 따로 설명해야 하고 상대 팀장이 먹을 욕을 내가 먹기도 한다. 또 그 팀의 실무자도 참조에 넣어야 나중에 그 팀원에게 생길 수 있는 문제도 막을 수 있다.

### (수) 팀장보다 더 높은 상사, (참) 우리 팀장

팀장보다 더 높은 상사에게 메일을 보낼 때도 당연히 우리 팀장을 참조에 넣어야 한다. 이런 메일을 보내기 전에는 팀장과 충분히 커뮤니케이션하도록 한다.

또 그 상사가 다른 조직의 장일 땐 같은 급의 우리 조직장을 참조에 넣는다. 이때도 역시 사전보고를 통해 우리 조직장이 당황하지 않게 하자.

# 03 일의 맥락이 담긴 회신Re과 전달Fwd

## 답장할 땐 모든 참조자를 포함해 '전체회신' 한다

회신은 메일을 발송한 사람에게 답장하는 것을 말한다. 회신할 땐 받은 메일에 들어간 참조자를 그대로 포함해서 보내야 하는데, 이를 '전체회신'이라고 한다. 그렇게 하지 않으면 함께 메일을 받은 사람들이 일의 진행사항을 알 수 없다.

특별한 안건이 들어 있는 메일일 땐 특히 더 그렇다. 메일 내용과 크게 관련이 없다고 판단해서 참조를 한두 명 빠트리면, 나중에 그 문제가 해결되더라도 그들만 모르게 된다. 몇몇은 아직 문제가 해결되지 않은 줄 알고 어떻게든 해결하려고 삽질 중일 텐데, 후에 상황을 알면 중간에 참조를 누락한 범인을 괘씸하게 생각할 것이다.

또 바쁜 우리 팀장이 알기엔 너무 사소한 일이라고 생각해서 쏙 빼는 것도 옳지 않다. 보고받지 못했다고 생각해서 나중에 팀장이 그 문제에 대해 따로 물을 수도 있다. 별거 아닌 것 같아도 이런 게 바로 사서 일하는 행동들이다. 그러니 절대 참조를 빼먹지 말자.

## '전체회신' 할 때 필요하다면 수신자를 추가한다

전체회신 기능은 메일 시스템에서 기본으로 제공하기 때문에 사용이 어렵진 않지만, 맨 처음에 메일을 보낸 사람이 수신과 참조를 잘못 지정하는 경우가 있어 주의해야 한다. 이때는 그대로 보내지 말고 내가 보낼 메일의 의도에 맞게 수신과 참조를 추가하거나 수정해야 한다. 아무리 남이 그렇게 시작한 메일이어도 나도 덩달아 잘못 보내면, 보는 사람들은 나도 똑같이 메일도 보낼 줄 모르는 동료로 인식할 것이다. (심지어 어떤 사안에 대해 1도 관련 없는 사람들끼리 백날 메일을 주고받다가 죽 쑤는 경우도 있다.)

## '전달'을 써야 하는 세 가지 이유

'전달'은 말 그대로 받은 메일을 다른 사람들에게 그대로 전달하는 걸 의미한다. 기능적으로는 '회신'과 똑같이 받은 메일의 본문이 그대로 포함된다. 보통 수신이 잘못되어 담당자에게 대신 전달하거나,

다른 사람도 함께 봐야 할 내용일 때, 또는 이를 기반으로 다른 내용의 메일을 써야 할 때 사용한다.

회신은 나에게 온 메일에 답장하는 기능이라 기본적으로 늘 쓰기 마련인데, 전달은 사용하는 방법을 잘 모르겠다면 아래 세 가지 이유를 기억해두자.

첫째, 지금까지 일이 진행된 상황을 전부 보여준다. 따라서 메일을 받는 사람에게 모든 걸 일일이 설명할 필요가 없다. 간단하게 개요만 적어주면 되는 것이다. 전달은 나의 귀찮음을 덜어주고 일의 효율은 높여준다.

둘째, 나의 미숙함을 덮어준다. 업무 중에 잘 모르는 일을 누군가에게 직접 설명해야 할 땐 막막하다. 이럴 때는 받은 메일을 최대한 활용해 전달로 내용을 말하면, 나의 미숙함을 들키지 않을 수 있다.

셋째, 내가 하고자 하는 일에 힘을 실어준다. 전달에 포함된 메일 원문은 내가 하려는 일을 정당화하며 그 일의 근거가 된다. 특히 받는 사람이 부정적으로 느낄 만한 일이라면 전달을 통해 "내가 이 원문 메일 때문에 어쩔 수 없이 당신에게 이런 요청을 하는 겁니다."라는 뉘앙스를 풍길 수 있다.

이처럼 메일의 전달 기능을 잘 활용하면 내가 맡은 일을 좀 더 쉽고 빠르게 해낼 수 있다.

# 국어를 못해도 반은 먹고 들어가는 메일 전개 공식

국어를 못한다면 자신만의 메일 쓰기 루틴을 만드는 게 좋다. 매번 쓸 때마다 어떤 말로 시작할지 고민할 필요 없이 말이다.

가장 먼저 하고 싶은 말을 요약해 제목으로 정한다. 예를 들어 "국어를 못해도 메일은 잘 쓰는 법을 알려드립니다."라는 말을 하고 싶다면 제목은 "[공유] 국어 못해도 메일 잘 쓰는 법"이라고 정한다.

첫인사와 함께 간단한 자기소개를 한 다음, 바로 다음 문장에 제목을 그대로 복사해 붙이고 조사만 덧붙인다.

"국어를 못해도 메일 잘 쓰는 법을 아래와 같이 공유드립니다."

이렇게 제목에서 문장을 따오면 하루에도 몇 번이나 반복되는 메일 작성 시간을 아낄 수 있을 뿐만 아니라 받는 사람의 이해도를 한층 더 높일 수 있다. 제목과 첫 문장이 일치하지 않으면 메일을 받은 사람이 시작부터 당혹스러울 수 있다. "내가 클릭해 들어온 메일이 맞나?" 하고 말이다. 메일의 제목과 내용을 통일하는 것은 기본 중의 기본이다.

그러니 묻지도 따지지도 말고 인사 다음엔 곧바로 제목을 한 문장으로 표현하도록 하자. 그다음에는 가독성을 위해 한 줄을 비우고 본론으로 들어간다. 본론에는 하고 싶은 말을 정리해 적으면 되는데, 이때도 마찬가지로 앞서 적은 제목과 첫 문장의 내용에서 벗어나지 않도록 주의한다.

본론이 끝난 다음에도 한 줄 띄어주고 마지막으로 마치는 말과 함께 "감사합니다."라는 인사를 하면 된다. 마치는 말은 "그럼 업무에 참고하시기 바랍니다." 정도가 적당하다.

이렇게 첫인사-제목 풀어쓰기-(1줄 띄어쓰기)-본론-(1줄 띄어쓰기)-마무리 멘트-끝인사와 같은 순으로 메일 구성을 정해놓으면, 쓸 때마다 시작과 끝을 어떻게 할지 고민하지 않아도 된다.

# 05 글 못 쓰는 사람을 위한 본문 양식화 스킬

큰 틀에서 메일을 전개하는 방식을 알았다면 이번엔 본문을 양식화해보자. 하고자 하는 말을 줄글이 아니라 양식으로 표현하면 아무리 글을 못 쓰는 사람도 업무 메일에서는 문장가가 될 수 있다. 심지어 상대의 이해력이 떨어지더라도 상관없다.
줄글을 양식으로 만드는 방법은 크게 세 가지다.

### ① 내용별로 구분하기

가장 쉬운 방법은 내용을 구분해서 보여주는 것이다. 결재문서에서나 볼 법한 양식을 일상 업무 메일로 가져오는 식이다. 이렇게 구분을 주면 하고자 하는 말이 눈에 쉽게 들어온다.

요청목적 : 재택근무 환경 조성을 위한 팀별 사무용품 구매 지원
요청사항 : 첨부파일의 구매요청 양식에 팀명과 품목별 수량을 기재해 메일로 회신 요청
요청기한 : ~6/16(수)

## ② 번호 매기기

간단하게 구분하는 것만으로는 내용이 충분히 전달되지 않을 때가 있다. 이럴 땐 줄글 형식의 글에 번호만 매겨도 훨씬 잘 이해될 수 있다.

'신입사원 CEO 간담회 진행사항'을 팀장에게 보고하는 두 메일을 비교해보자.

**[1안]**

팀장님, OOO 입니다.

지난달 보고 시 신입사원 CEO 간담회 일정을 6월 18일 금요일 오후 2시로 말씀드렸습니다. 그런데 비서실에서 사장님 일정이 변경되어 간담회는 그다음 주 일정으로 진행해달라고 합니다.

또 간담회 참석 인원도 바뀌었습니다. 영업직군 대상 외부교육 일정이 취소되어 세 명이 추가로 참석할 예정입니다.

이에 참석 확정된 24명을 대상으로 간담회 Q&A 섹션에서 얘기 나눌 질의사항을 사전에 메일로 취합하고자 하니 검토 부탁드립니다.

**[2안]**

팀장님, OOO 입니다.

**1. 간담회 일정 관련**

지난달 보고 시 신입사원 CEO 간담회 일정을 6월 18일 금요일 오후 2시로 말씀드렸습니다. 그런데 비서실에서 사장님 일정이 변경되어 간담회는 그다음 주 일정으로 진행해달라고 합니다.

**2. 참석 인원 변동**

또 간담회 참석 인원도 바뀌었습니다. 영업직군 대상 외부교육 일정이 취소되어 세 명이 추가로 참석할 예정입니다.

**3. Q&A 질의사항 사전 취합 관련**

이에 참석 확정된 24명을 대상으로 간담회 Q&A 섹션에서 얘기 나눌 질의사항을 사전에 메일로 취합하고자 하니 검토 부탁드립니다.

### ③ 수준 다르게 두기

시간 여유가 된다면 '표식'과 '들여쓰기'를 활용해 같은 항목 안에서도 포함관계에 따라 수준을 달리 표현할 수 있다. 이렇게 하면 말하고자 하는 내용이 시각화되어 가독성이 더 좋아지고 쉽게 이해할 수 있다.

**1. 간담회 일정 관련**

- 사장님 일정 변동으로 비서실에서 일정 조정 요청하였음
  · 기존 일정 : 6/18(금) 오후 2시
  · 변경 일정 : 미정(차주 중)

**2. 참석 인원 변동**

- 간담회 참석 인원수 변동(21명→24명)
  · 변동 사유 : 영업직군 대상 외부교육 일정 취소

**3. Q&A 질의사항 사전 취합 관련**

- Q&A 섹션 질의사항 취합 건 검토 요청
  · 진행 방식(안) : 사전에 메일로 양식 공유 및 취합

# 죽은 글발도 살리는 균형 맞추기 스킬

식품회사 마케팅부서에 근무하는 김 대리가 새로운 냉동식품 출시와 관련해 A 지역에서 프로모션 행사를 기획하고 있다. 관할 영업부서에 시장 현황 자료를 요청해야 하는데, A 지역 영업부서 담당자는 아직 이 프로모션에 대해 전혀 모르는 상황이다.

이제 관할 영업부서에 시장 현황 자료를 요청해보자. 어떤 식으로 세부 요청사항을 정리하면 좋을까? 내가 메일을 받는 사람이라면 다음 두 가지 안 중 어떤 메일을 받고 싶을지 생각해보자.

메일 내용이 너무 많으면 아무리 번호를 매겨봐야 눈에 잘 들어오지 않는다. 이럴 땐 내용을 주제별로 묶어 구분하고 글의 양을 고르게 맞춰주는 게 좋다.

**[1안]**

1. A 지역 판매율 추이
2. 지역 내 가장 많이 팔리는 냉동식품
3. 경쟁사 영업력 현황
4. 관할 지역 내 영업 배치 현황
5. 최근 3년간 A 지역 내 이슈
6. 경쟁사 프로모션 현황
7. 시장 점유율

**[2안]**

**1. A 지역 시장 현황 분석 자료**

- A 지역 판매율 및 시장 점유율 추이
- 지역 내 가장 많이 팔리는 냉동식품

**2. 자사 대비 경쟁사 영업력 비교 분석 자료**

- 자사 및 경쟁사의 관할 지역 내 영업 배치 현황
- 경쟁사 프로모션 현황

**3. 최근 3년간 A 지역 내 이슈 현황 자료**

제2장

# 정리하며 일하기

일상에서 반복하는 일들에 대해 나만의 루틴을 만들어두면 뇌를 쓸 일이 적어진다. 이런 루틴을 업무에 적용할 때 가장 효과가 좋은 두 가지는 '폴더 관리'와 '일 목록 작성'이다. 직장에서 우리 곁에 늘 함께하는 것이기 때문이다. 이런 식으로 언제든 작동하는 나만의 시스템(환경)을 구축해두면 일할 때마다 불필요하게 고민할 필요가 없다. 매 순간 뇌가 지는 부담은 크게 덜어주면서, 업무 방식을 개선해 생산성은 높아진다.

# 파일은 반드시 딱 맞는 이름의 폴더에 담는다

투명주머니에 담긴 공들을 꺼내는 상황을 상상해보자. 공들의 색은 파란색, 빨간색, 노란색이다.

① 파란공과 빨간공, 노란공이 한데 섞인 투명주머니에서 파란공을 꺼내보자. 실수하지 않고 한 번에 파란공을 집으려면, 매번 집중해야 한다.

② 파란공과 노란공만 섞여 있으니 조금 낫다. 노란공을 집지 않도록 주의하기만 하면 된다.

③ 이번엔 각각의 투명주머니에 파란공, 노란공, 빨간공이 깔 맞춤으로 담겨 있다. 여기에서 파란공을 꺼내보자.

'지세계' 사원에게 묻는다. ③과 같이 파란공을 찾는 쉬운 방법이 있는데도 굳이 ①, ②의 방법으로 파란공을 찾고 싶은가?

업무에서는 '이름이 잘 붙은 폴더'가 바로 깔 맞춤이 된 투명주머니다. 폴더에 맞게 이름을 정해두면 '안에 담긴 특정 파일(=색깔 공)'을 찾는 건 쉽다.

파일을 저장할 때도 마찬가지다. 파란공들이 담긴 주머니에 넣어주면 된다. 이름이 잘 붙어 있기 때문에 어떤 폴더인지 찾는 건 식은 죽 먹기다.

앞서 본 것처럼 아무리 투명주머니라 해도 3색 공이 한데 담겨 있을 땐 특정 색깔의 공(파일)을 찾기가 어렵다. 이는 마치 바탕화면에 모든 업무 파일이 아무런 규칙 없이 잔뜩 널브러진 상황과 같다. 내가 너무 똑똑해서 모든 아이콘 위치를 외워도 뇌는 파일을 찾을 때마다 돌아간다. 참 피곤한 일이다.

반면 폴더 이름을 각각 '파란공', '노란공', '빨간공'이라고 써두면 특정 색깔의 공(파일)을 쉽게 꺼낼 수 있다. 맛있는 음식을 보면 입에 침이 고이는 것처럼, '파란공'을 찾을 때는 '파란공 폴더'에 자동으로 손이 갈 것이다.

색깔공과 투명주머니 이야기에서 강조하고 싶은 것은, 업무 파일을 딱 맞는 이름의 폴더에 넣어 관리하는 건 선택이 아닌 필수라는 점이다.

# 02 헤매기 싫다면 MECE하고 단순하게

특징이 비슷한 파일끼리 한 폴더에 묶어두는 것만으로는 부족하다. 직장인들이 일상에서 빈번하게 겪는 문제가 여기 있다.

**"새 파일을 어디에 저장할지 한참 고민했어요."**
**"똑같은 파일이 여기저기 들어 있어요."**
**"이 파일 찾으려고 오만 가지 폴더에 다 들어가 봐야 했어요."**

이렇게 헤매는 이유는 두 가지다. MECE하지 않거나, 단순하지 않거나. 즉, 헤매지 않으려면 'MECE하고 단순하게'라는 두 가지 대원칙을 지켜야 한다.

## 제1 원칙. MECE하게

MECE는 세계 3대 컨설팅 회사 중 하나인 맥킨지에서 문제해결을 위해 사용하는 사고기법으로, ME는 '서로 중복 없이(Mutually Exclusive)', CE는 '전체적으로 누락 없이(Collectively Exhaustive)'라는 뜻이다. 쉽게 말해 업무를 기획할 때는 서로 겹치지 않으면서 하나도 빠짐이 없어야 한다.

우스갯소리로 상사에게 보고하다 깨지는 사람들을 보면 ME를 안 지키거나, CE를 안 지키거나 둘 중 하나인 경우가 많다.

### [ME를 지키지 않은 사례]

"팀장님, A 제품이 팔리지 않은 건 '비싸서'입니다. B 제품이 팔리지 않은 건 비싸고 타사가 경쟁 제품에 판촉행사를 진행했기 때문입니다. C 제품은 비싼 데다가 일부 생산라인에 문제가 발생해 공급에 차질이 생겨 덜 팔렸습니다."

상사가 말한다.

"이 대리, 대체 무슨 말을 하고 싶은 거야? 셋 다 비싸서 안 팔렸다는 거야, 뭐야?"

옆에 있던 김 과장이 멘트를 낚아챘다.

"팀장님, A·B·C 제품 모두 경쟁사 대비 비싸서 안 팔린 건 사실입니다. 그런데 추가로 B는 경쟁 제품의 판촉행사 영향이 있었고, C는 생산라인 문제로 공급에 차질이 있었습니다."

"그래, 김 과장. 진작에 그렇게 말을 했어야지."

서로 중복되는 얘기는 하나로 묶어주고 나머지 서로 다른 속성은 겹치지 않도록 하는 게 ME다.

**[CE를 지키지 않은 사례]**

"회장님, 올림픽대로가 막힐 것 같습니다."

곽 회장이 말한다.

"마포대교는 무너졌냐, 이 XX야?"

영화 〈타짜〉의 대사다. 갈 수 있는 경로가 더 있는데 마치 올림픽대로밖에 없는 것처럼 보고한 부하직원의 잘못이다. 이게 바로 '전체적으로 누락 없이'라는 CE의 개념이다.

직장생활은 모든 순간이 기획의 연속이다. 귀찮더라도 웬만하면 기획 초기에 MECE하게, 짜임새 있게 구성하면 이후로는 아무 생각 없이 그 체계를 그대로 따르면 된다.

MECE 원칙을 기억하며 파일을 폴더에 저장해보자.

**3월_팀워크숍_결과보고.pptx**

예를 들어 '3월_팀워크숍_결과보고.pptx' 파일을 새로 저장하는 상황을 가정해보자.

이 파일은 '보고자료'이면서 '팀 행사'이기 때문에 '보고자료>워크숍'에 저장할 수도 있고, '공통업무>팀 행사'에 저장할 수도 있다. ME(서로 중복 없이) 원칙을 안 지켰기 때문에 생긴 문제다. 폴더를 만들 땐 서로 중복되지 않도록 일정한 기준이 있어야 한다.

**2020_연말정산내역.pdf**

이번엔 개인 연말정산내역 파일을 저장해야 한다. 그런데 최상위에 '공통업무' 폴더는 있지만 '개인(업무 외)' 폴더가 없다. CE(전체적으로 누락 없이) 원칙을 안 지킨 것이다. 처음 폴더를 구성할 때 최상위에서부터 전체를 포괄하도록 짜지 않으면 이런 상황에서 파일을 애먼 곳에 저장하기 쉽다. 바쁜 업무 중에 새로 폴더를 만들지 고민하는 것 자체가 뇌에 부담을 주는, 귀찮은 일이다.

### 제2 원칙. 단순하게

'단순함이 궁극의 정교함이다'라는 말이 있다. 단순할수록 MECE에 맞추기도, 내가 만든 기준을 그대로 지키기도 쉽다.

예를 들어 전임자에게 인수인계받은 폴더에서 '2018년도 6월 교육실적 보고자료'를 찾는 상황을 가정해보자. 폴더가 단순하고 MECE하게 잘 구성되어 있다면 금방 찾을 수 있다. 상단 폴더에서부터 느낌 가는 대로 클릭해 들어가 보면, 어느새 알맞은 폴더에 진입하게 된다.

업무₩2018₩교육실적₩6월₩180630_교육실적보고_f.pptx

'업무', '2018', '교육실적', '6월'과 같이 누가 봐도 어떤 폴더인지 알 수 있는 분류 체계여야 아무 생각 없이도 따를 수 있다. 지킬 수 있는 시스템을 만들어주는 것이다.

# 한번 따르면 멈출 수 없는 6가지 폴더 생성 규칙

이제 디테일을 챙길 차례다. 이 시스템이 잘 돌아가려면 몇 가지 규칙이 필요하다.

| 번호 | 규칙 | 예시 |
| --- | --- | --- |
| 1 | 폴더 순서는 대분류부터 정렬 | 대분류〉 소분류 |
| 2 | 최상위에 업무 외 폴더 생성 | 업무외(개인), 업무외(공통) |
| 3 | 폴더명 앞은 숫자로 정리 | (×) a, b, c...<br>(○) 최상위: 001, 002, …, 999<br>하위: 01, 02, …, 99 |
| 4 | 주기별 작업 문서는 기간순 정리 | 21.01, 21.02, … |
| 5 | 조회 수가 높은 폴더는 상단에 위치 | |
| 6 | 임시폴더는 삭제 주기를 두고 관리 | |

### ① 폴더 순서는 대분류부터 정렬

폴더 구조는 큰 것에서 작은 것, 대분류에서 소분류 순서로 생성한다. 이렇게 폴더에 진입할수록 세부 카테고리가 점점 펼쳐지도록 구성하면, 파일을 찾을 때 고민이 적어진다.

예를 들어 과일 이름으로 된 여섯 개의 폴더가 있다. 이 사이에서 딸기 프로젝트에 대한 중간보고 파일을 찾으려고 한다.

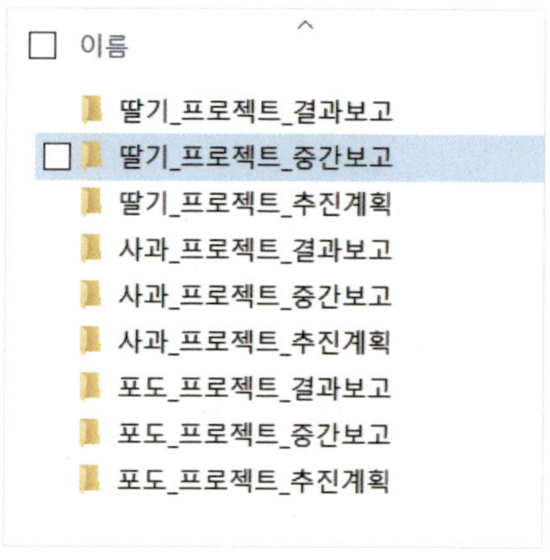


아홉 개 폴더를 전부 보고 골라야 한다. 딸기 프로젝트 폴더만 해도 세 개이기 때문에 이 중에 또 골라야 한다.

이번엔 폴더를 상·하위 계층으로 나눠보자.

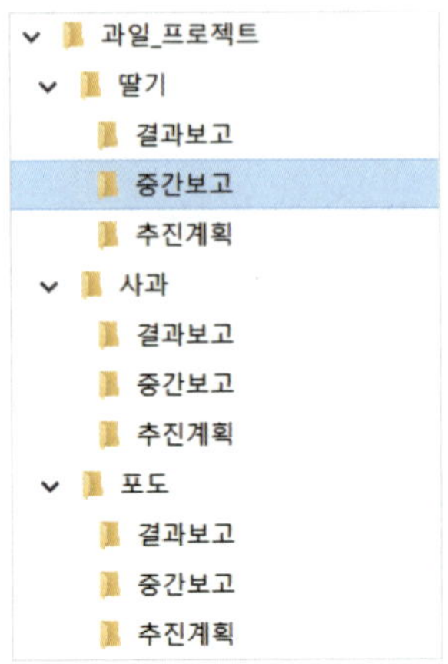


1) 대분류 : 과일 프로젝트

2) 중분류 : 딸기, 사과, 포도

3) 소분류 : 추진계획, 중간보고, 결과보고

이렇게 하면 최상단 '과일_프로젝트' 폴더에서 바로 눈에 보이는 대로 '딸기〉중간보고' 순서로 들어가면 된다. 이처럼 폴더는 항상 계층화 구조로 만드는 습관을 들이자.

### ② 최상위에 업무 외 폴더 생성

최상위에는 업무 외 폴더를 미리 만들어두어야 업무 폴더에 다른 파일이 섞여 들어가는 일이 없다. 개인 연말정산 내역이나 팀 생일자 취합, 비품 구매, 달력/다이어리 수요 파악 같은 업무와 관련 없는 파일을 몰아두는 용도다.

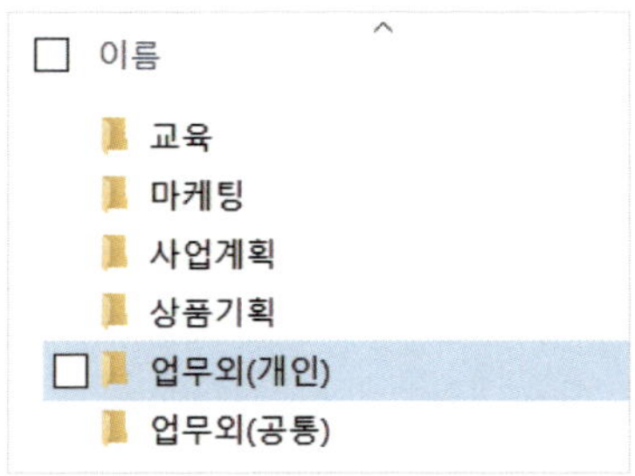


최상위에 메인 업무와 '업무외(개인)', '업무외(공통)' 폴더를 함께 구성했다.

### ③ 폴더명 앞은 숫자로 정리

폴더를 오름차순으로 정리할 땐 반드시 숫자로 한다. a, b, c와 같은 알파벳은 개수에 제한이 있고 정렬했을 때 가독성이 떨어진다. 대분류는 숫자 001, 002, 003으로, 중분류는 01, 02, 03으로 번호를 매긴다. 이 상태로 이름순 정렬을 한 모습은 아래와 같다.

덜 중요한 폴더는 각각 999, 998 또는 99, 98과 같은 번호를 써서 맨 아래로 밀어둔다.

이렇게 하면 정렬을 활용하면서 동시에 대분류와 중분류, 소분류를 시각적인 요소로 구분해 인식할 수 있다.

### ④ 주기별 작업 문서는 기간순 정리

주기적으로 작성하는 문서는 기간순으로 폴더를 생성해주면 한참이 지난 다음에도 쉽게 찾을 수 있다. 이 경우에는 별도로 번호를 매겨줄 필요도 없다. 연도나 연월 값에 숫자가 포함돼 자동으로 넘버링 효과가 발생하기 때문이다.

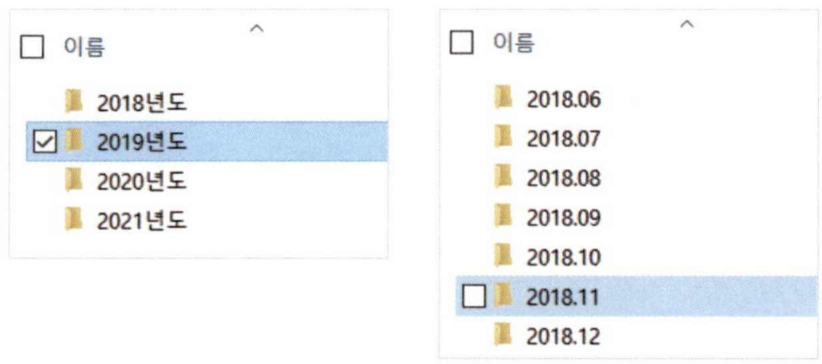


위의 그림처럼 기간이 적힌 폴더를 이름순으로 정렬하면 눈에 쉽게 들어온다.

### ⑤ 조회 수가 높은 폴더는 상단에 위치

처음에 생성할 땐 하위에 뒀다가 최근 들어 참조할 일이 많아진 폴더는 상단으로 재배치하면 그만큼 클릭 수가 줄어든다. 반대로 프로젝트가 종료되거나 업무가 변경되어 더 이상 열어볼 일이 없는 폴더는 새로 폴더를 만들어 아예 하단으로 빼주면 눈에 거슬리지 않는다.

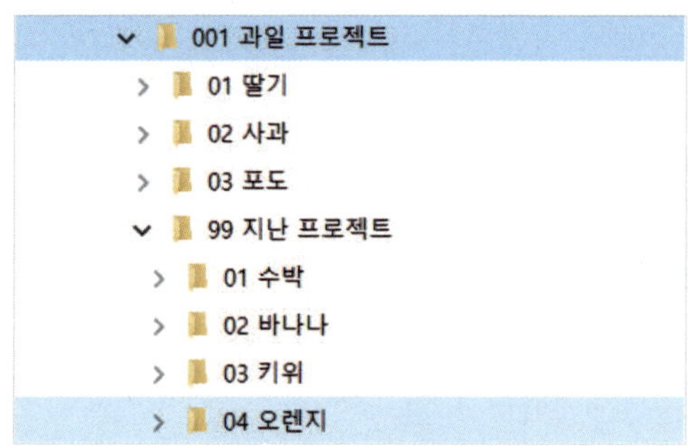

이렇게 폴더를 이동할 때는 해당 경로에 들어 있는 파일이 다른 문서에 링크돼 있으면 에러가 뜰 수 있다. 그러니 폴더를 옮길 땐 충분히 고려한 뒤에 행동하도록 한다.

### ⑥ 임시폴더는 삭제 주기를 두고 관리

임시폴더를 두면 폴더 관리의 질을 높일 수 있다. 최상단에 임시 작업방과 같은 폴더를 만들어 작업 중인 문서를 저장해놨다가, 작업이 끝날 때 진짜 경로에 옮겨주는 식이다.

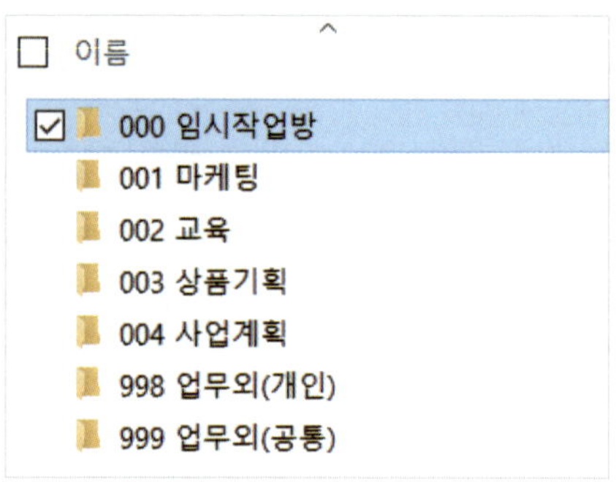


단, 애매한 파일을 모두 집어넣고 쌓다 보면 잡동사니 폴더가 될 수 있으니 주기를 정해두고 정리한다.

# 한눈에 들어오는 파일 네이밍 규칙

폴더를 잘 만들었다면 파일명 정하기는 오히려 쉽다.

먼저 하나의 파일을 수정 버전마다 다른 제목으로 관리하되 규칙을 두어야 한다. 가장 일반적인 방법은 원제목을 기준으로 접두사와 접미사를 활용하는 것이다.

**(접두사)_(원제목)_(접미사)**

**210528_신입사원_연수_프로그램_기획안_v1.0.pptx**

**210528_신입사원_연수_프로그램_기획안_v1.1.pptx**

**210528_신입사원_연수_프로그램_기획안_v1.2.pptx**

…

**210603_신입사원_연수_프로그램_기획안_v3.0.pptx**

**210605_신입사원_연수_프로그램_기획안_v4.0.pptx**

210610_신입사원_연수_프로그램_기획안_f.pptx

210610_신입사원_연수_프로그램_기획안_의견요청.pptx

210610_신입사원_연수_프로그램_기획안_의견요청_OOO팀_회신.pptx

맨 앞에 접두사로 작성 날짜를 붙이면 이름순으로 정렬해 원하는 파일을 쉽게 찾을 수 있다. 작성일 대신 보고일이나 데이터를 추출한 날짜 등을 기준으로 삼을 수도 있다.

접두사 다음에는 원제목을 쓴다. 이때 주의할 점은 파일명에 항상 띄어쓰기 대신 언더바(_)를 사용해야 한다는 것이다. 회사 문화나 사용하는 시스템에 따라 다르지만, 띄어쓰기 때문에 파일명이 깨지는 경우가 종종 있다. 그런 일을 만들지 않기 위해 언더바 사용을 습관화하자.

맨 끝에 접미사로는 작성 버전을 붙인다. 이때 버전은 v1, v2, v3이 아니라 v1.0, v1.1, v1.3, v3.0, v4.0과 같이 표기한다. 이렇게 하면 이름순으로 정렬했을 때 가독성을 높일 수 있다. 상사에게 보고 후 내용이 대폭 수정될 때는 v1.3이 아니라 v2.0과 같이 앞의 숫자를 바꿔서 표현하면 된다.

작업을 마친 문서에는 버전 대신 final(f) 표시를 해준다. 그런데 중간 결재자에게 보고할 때마다 '진짜 마지막', '이게 진짜 최종'과 같은 표시가 늘어날 수 있다. 최종 결재자에게 보고하기 전까지는 웬만하면 f를 붙이지 않는 게 정신 건강에 좋다.

마지막으로 강조하고 싶은 건, 여러 명이 주고받는 파일은 원본의 명칭을 반드시 따라야 한다는 점이다. 중간에 누군가로 인해 파일명이 달라지면, 의사소통에 차질을 빚는다. 회신할 땐 앞부분은 그대로 두고 맨 뒤에 작성 부서나 작성자 이름과 함께 '_회신' 표시만 덧붙이도록 하자.

# 센스 터지는 나만의 폴더 구조 만들기

일하는 사람이 다르면 맡은 일도, 업무 방식도 달라진다. 이번엔 센스 있게 나만의 폴더 구조를 만드는 방법을 알아볼 차례다. 아래의 다양한 폴더 분류 기준을 내 업무에 맞게 유연하게 갖다 쓴다면, 나에게 최적화된 폴더 구조를 쉽게 만들 수 있다.

- **매년 내 업무가 바뀔 가능성이 높은가?**
  **→ 2018 영업관리, 2019 교육, 2020 채용, 2021 상품기획**
- **내 업무는 크게 몇 가지로 나뉘는가?**
  **→ 매출관리, 고객관리, 영업계획, 재고관리**
- **업무별 프로세스는 어떠한가?**
  **→ 고객선정, 사전영업, 제안, 계약**
- **누군가의 요청으로 하는 일인가?**

→ 기획팀, 지원팀, 영업팀, 비서실

- 일정한 주기로 반복하는 업무인가? 그렇다면 주기는?

→ 2020.1Q, 2020.2Q, 2020.3Q, 2020.4Q, 2021.1Q

- 보고할 때마다 여러 파일이 모두 수정되는가?

→ 사업보고_본부장, 사업보고_사업부장, 사업보고_이사회

- 작업 중인 파일인가? 작업이 끝난 파일인가?

→ 보고자료(작성중), 보고자료(작성완료)

## 매년 다른 업무를 맡는 김 과장

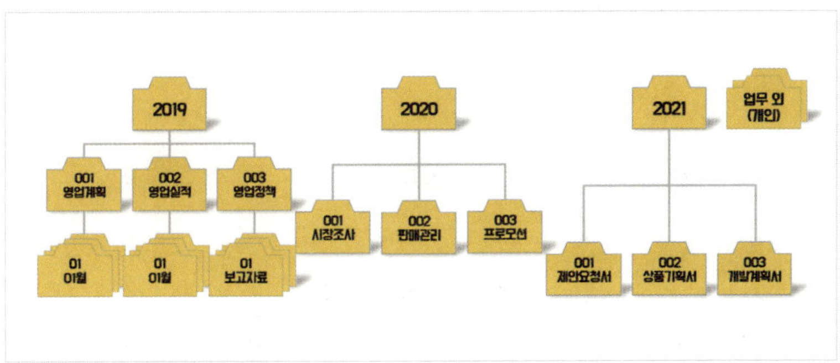


매년 다른 업무를 맡는 김 과장은 최상단 폴더를 연도별로 구성했다. 개인·공통에 해당하는 업무 외 폴더들은 같은 레벨로 따로 두었다.

영업관리 업무를 맡은 2019년에는 업무 대분류에 따라 영업계획, 영

업실적, 영업정책으로 나눈 뒤 001, 002, 003으로 폴더명을 시작했다. 영업계획과 영업실적 업무는 달마다 하는 일이기 때문에 하단에 월별 폴더를 생성했다. 영업정책 업무는 이 둘과는 성격이 다르기 때문에 월로 나누지 않고 보고자료, 분석자료와 같은 소분류로 하위 폴더를 만들었다.

2020년에는 마케팅을 담당하면서 마찬가지로 대분류로 업무를 구분했고, 2021년에는 상품기획 업무를 같은 방식으로 구분했다.

## 몇 년째 같은 업무를 맡아온 이 대리

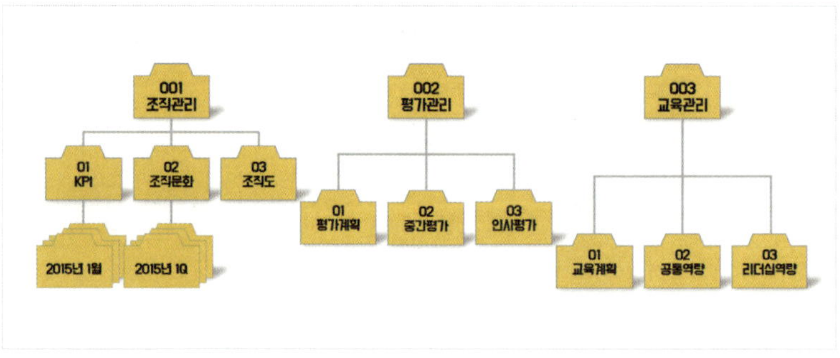


매년 업무 변동이 없는 이 대리는 HR 담당자다. 크게 조직관리와 평가관리, 교육관리 업무를 맡고 있다. 따라서 최상단을 연도가 아닌 업무로 구분했다. 대분류는 001, 002, 003으로 번호를 매기고, 하단에는 다시 01, 02, 03으로 시작하는 중분류 폴더를 만들었다. 매년 같은 업무를 맡기 때문에 소분류는 연도별로 정리하기보다는 하나의 업무 영역에서 기간별 자료를 쉽게 찾을 수 있도록 구성했다. 01번 KPI 하단에 2015년 1월부터 2021년 현재 월까지의 실적을 정리했다.

폴더 개수가 너무 많다면 중간에 2015년 폴더를 두고 1~12월, 2016년 폴더를 두고 1~12월로 구분하는 방법도 있다. 정답은 없다. 본인이 생각하기에 효율적인 구조로 만들면 된다.

대부분의 조직은 분기별로 업무를 나누기 때문에 2015년 1분기부터 2021년 현재 분기까지 분기별로 폴더를 만들어서 관리할 수도 있다. 이렇게 폴더가 구조화돼 있고, 개략적인 모습이 내 머릿속에 들어와 있으면 나중에는 파일명만으로도 '아, 그건 001에 01에 2019년 6월 폴더지!' 하고 순식간에 찾아버리는 마법 같은 일이 일어난다.

# 회사 좀 다녀본 사람들의 손메모 습관

신입사원 때는 엑셀에 일 목록을 정리했다. 하나의 시트에 해야 할 일을 모두 적고 완료 여부 또는 진행사항을 상시 업데이트했다. 모르는 일이 태반이었기 때문에 누구에게 요청이 와서 어떻게 처리하고 마무리했는지와 같은 일련의 과정을 모두 정확한 용어로 기록해야 했다. 그래야 나중에도 다시 참조할 만한 '정보'가 되기 때문이다. 엑셀 파일에 일정한 양식을 만들고, 새로운 일은 꼭 과정을 함께 기록했다. 할 일을 적고, 그 일을 진행한 '히스토리'를 쌓았다.

어디서 본 듯한 일이 떨어지면 엑셀 파일을 열어 특정 키워드로 필터를 걸어 과거의 비슷한 업무 경험을 찾아 같은 절차를 따랐다. 또 앵무새처럼 반복될 메일은 본문을 미리 작성해두고 여러 메일에 복붙해가며 썼다. 가끔 오는 특이한 업무 메일 역시 본문 전체를 복사

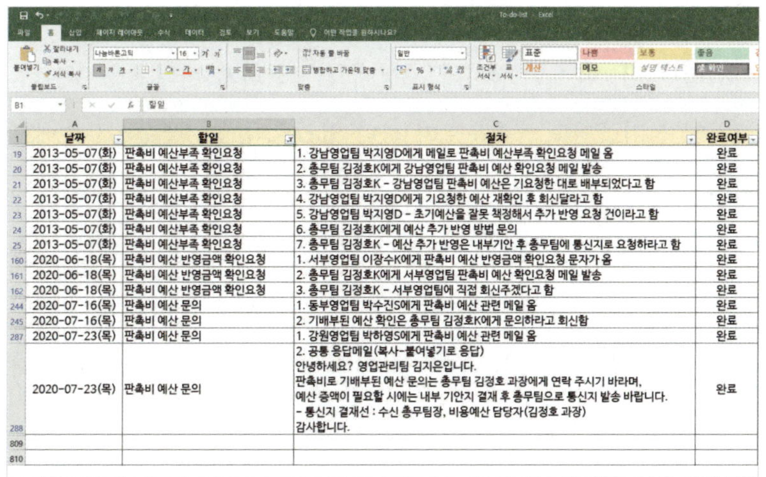

| | 날짜 | 할일 | 절차 | 완료여부 |
|---|---|---|---|---|
| 19 | 2013-05-07(화) | 판촉비 예산부족 확인요청 | 1. 강남영업팀 박지영D에게 메일로 판촉비 예산부족 확인요청 메일 옴 | 완료 |
| 20 | 2013-05-07(화) | 판촉비 예산부족 확인요청 | 2. 총무팀 김정호K에게 강남영업팀 판촉비 예산 확인요청 메일 발송 | 완료 |
| 21 | 2013-05-07(화) | 판촉비 예산부족 확인요청 | 3. 총무팀 김정호K - 강남영업팀 판촉비 예산은 기요청한 대로 배부되었다고 함 | 완료 |
| 22 | 2013-05-07(화) | 판촉비 예산부족 확인요청 | 4. 강남영업팀 박지영D에게 기요청한 예산 재확인 후 회신달라고 함 | 완료 |
| 23 | 2013-05-07(화) | 판촉비 예산부족 확인요청 | 5. 강남영업팀 박지영D - 초기예산을 잘못 책정해서 추가 반영 요청 건이라고 함 | 완료 |
| 24 | 2013-05-07(화) | 판촉비 예산부족 확인요청 | 6. 총무팀 김정호K에게 예산 추가 반영 방법 문의 | 완료 |
| 25 | 2013-05-07(화) | 판촉비 예산부족 확인요청 | 7. 총무팀 김정호K - 예산 추가 반영은 내부기안 후 총무팀에 통신지로 요청하라고 함 | 완료 |
| 160 | 2020-06-18(목) | 판촉비 예산 반영금액 확인요청 | 1. 서부영업팀 이장수K에게 판촉비 예산 반영금액 확인요청 문자가 옴 | 완료 |
| 161 | 2020-06-18(목) | 판촉비 예산 반영금액 확인요청 | 2. 총무팀 김정호K에게 서부영업팀 판촉비 예산 확인요청 메일 발송 | 완료 |
| 162 | 2020-06-18(목) | 판촉비 예산 반영금액 확인요청 | 3. 총무팀 김정호K - 서부영업팀에 직접 회신주겠다고 함 | 완료 |
| 244 | 2020-07-16(목) | 판촉비 예산 문의 | 1. 동부영업팀 박수진S에게 판촉비 예산 관련 메일 옴 | 완료 |
| 245 | 2020-07-16(목) | 판촉비 예산 문의 | 2. 기배부된 예산 확인은 총무팀 김정호K에게 문의하라고 회신함 | 완료 |
| 287 | 2020-07-23(목) | 판촉비 예산 문의 | 1. 강원영업팀 박하영S에게 판촉비 예산 관련 메일 옴 | 완료 |
| 288 | 2020-07-23(목) | 판촉비 예산 문의 | 2. 공통 응답메일(복사-붙여넣기로 응답)<br>안녕하세요? 영업관리팀 김지은입니다.<br>판촉비로 기배부된 예산 문의는 총무팀 김정호 과장에게 연락 주시기 바라며,<br>예산 증액이 필요할 시에는 내부 기안지 결재 후 총무팀으로 통신지 발송 바랍니다.<br>- 통신지 결재선 : 수신 총무팀장, 비용예산 담당자(김정호 과장)<br>감사합니다. | 완료 |
| 809 | | | | |
| 810 | | | | |

해두었다. 비슷한 류의 다른 메일과 비교해 어떻게 다른지, 무엇이 정식 절차인지 알기 위해서였다.

그런데 어느 정도 일이 익숙해지자 일 목록 파일을 여는 일이 크게 줄었다. 이젠 업무별 절차를 너무나도 잘 알게 되었기 때문이다. 반면에 해야 할 일의 양은 늘었는데, 급하고 사소한 일마저 매번 엑셀을 열어 기록한다는 게 여간 귀찮은 일이 아니었다. 이렇게 내 신입사원 시절의 엑셀로 하는 '일 목록 관리'는 막을 내렸다. 물론 지금 생각해도 그때의 일 목록 파일은 업무를 익히기 위한 수단으로는 아주 적절했다.

그 후로 지금까지 나는 다섯 명의 직속 상사를 거쳤다. 각자 너무나도 다른 사람이었는데, 그들의 근속연수가 도합 100년을 거뜬히 넘었기 때문이다. 그들이 '중간관리자'로 일했던 햇수만 따져도 50년 가까이 된다. 아마도 각자의 세상에서 치열하게 버텨왔을 것이다. 그런데 신기하게도 공통분모가 하나 있었으니, 그것은 바로 손메모였다.

디지털 시대에도 여전히 이만한 도구가 없는 모양이다. 잘난 그들도 상사의 갑작스러운 부름에 스마트폰 패턴을 풀고 있을 수는 없었을 것! 날랜 손으로 상사의 지시사항을 하나하나, 집요하게 받아 적는 모습이 눈에 선하다.

그들에게서 배운 손메모의 장점은 크게 세 가지다.

첫째, 손메모는 단순한 기록이 아니라 생각하는 과정을 거친 짜임새 있는 정보다. 상사의 지시사항을 듣고 머릿속으로 해야 할 일을 능동적으로 파악한 다음에 적은 글이기 때문이다. 같은 업무에 대해서도, 무작정 기록한 엑셀 파일과 생각 과정을 거친 손메모가 이렇게 다르다.

| 절차 |
| --- |
| 1. 강남영업팀 박지영D에게 메일로 판촉비 예산부족 확인요청 메일옴 |
| 2. 총무팀 김정호K에게 강남영업팀 판촉비 예산 확인요청 메일 발송 |
| 3. 총무팀 김정호K-강남영업팀 판촉비 예산은 기요청한 대로 배부되었다고 함 |
| 4. 강남영업팀 박지영D에게 기요청한 예산 재확인 후 회신달라고 함 |
| 5. 강남영업팀 박지영D-초기예산을 잘못 책정해서 추가 반영 요청 건이라고 함 |
| 6. 총무팀 김정호K에게 예산 추가 반영 방법 문의 |
| 7. 총무팀 김정호K-예산 추가 반영은 내부기안 후 총무팀에 통신지로 요청하라고 함 |

□ 판촉비 예산 확인

→ 총무팀 김정호K 문의

□ 판촉비 예산 추가 반영

→ 내부기안 후 통신지 발송

둘째, 내용을 효과적으로 자유롭게 표현할 수 있다. 다른 색 또는 기호로 강조하거나 글자 중간에 선을 긋는다거나 X자로 취소 표시를 하는 등 가공에 제약이 없어 생각하는 그대로를 표현하기에 수월하다.

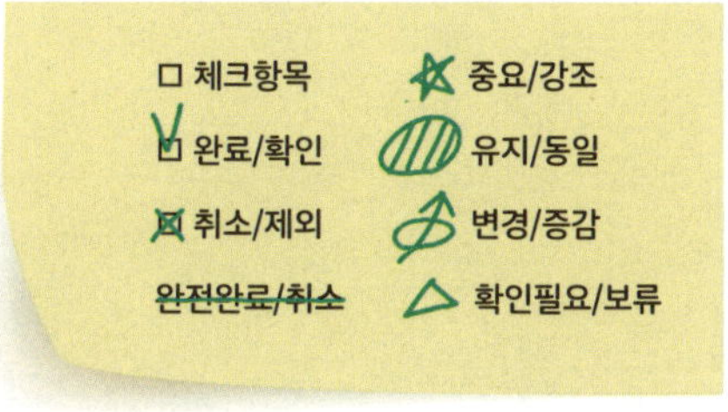

□ 체크항목 / 중요/강조
완료/확인 / 유지/동일
취소/제외 / 변경/증감
~~완전완료/취소~~ / △ 확인필요/보류

셋째, 물리적으로 항상 내 곁에 둘 수 있다. 포스트잇은 모니터 옆에 붙이고, 탁상 달력은 책상 위에 두고, 수첩은 항상 손에 쥐고 다닌다. 이렇게 손메모를 강제적으로 내 시야에 두면 메모한 내용을 안 따를 수가 없다.

나의 상사들은 조직 내 생존 투쟁에서 살아남은 실력 있는 사람들이다. 결국 나는 디지털이 아닌 그들의 메모 방식을 인정하고, 일 목록 작성을 '엑셀'에서 '손메모'로 완전히 전향했다. 내 직장생활에서 아주 큰 변화였다.

# 적어만 놓고 안 할 거면 일 목록을 왜 쓰니?

아무리 일 목록을 잘 적어봤자 지키지 않는다면 말짱 꽝이다. 바쁜 직장인들에게는 어렵사리 적어놓은 일 목록을 지킬 수 있는 '시스템(체계)'이 필요하다. 지금부터는 그 시스템을 함께 만들어보자. 업무 유형별로 일 목록을 작성하는 나만의 규칙을 두고, 손메모는 항상 눈에 거슬리도록 적당한 자리에 비치해야 한다.

일 목록을 작성할 때 가장 중요한 건 '납기(일정)'다. 회사 일은 결국 시간 싸움이다. 시간이 돈이고, 시간을 단축하면 회사에 돈을 벌어다 주는 셈이다. 그러므로 프로는 일할 때 항상 납기를 챙긴다.

단기로 처리할 일, 중기로 처리할 일, 장기로 처리할 일이 각각 따로 있는데, 이를 구분하지 않고 노트에 줄줄이 적어놓기만 하면 노트의 페이지가 넘어갈 때 그 수명도 끝난다.

어떻게 하면 일 목록을 납기에 따라 효과적으로 관리할 수 있을까?

## ① 월간 일 목록

월간 일 목록에 들어가는 장기 성격의 업무는 탁상 달력에 일정 위주로 기입하고, 눈에 잘 띄도록 모니터 근처에 둔다. 실적 마감, 보고, 회의와 같은 공식 일정을 주로 적는다.

혼자 수행하는 업무는 짧은 기간 단위로 계획하고 따르면 되지만, 다른 사람과 협업하는 일정은 조율이 어려운 고정값이다. 펼쳐야 보이는 노트보다는 늘 시야에 들어오는 탁상 달력에 적어두는 편이 낫다.

달력에 일 목록을 적을 땐 업무 성격에 맞게 규칙을 정한다. 대내외 미팅이 잦은 사람은 형광펜으로 외부 일정과 내부 일정을 구분해준다. 해당 월에만 발생하는 특별하고 중요한 업무는 달력 한편에 박스를 만들어 적는다. 주 5일 근무하는 사람이라면, 주말 칸을 '주간 메모'와 같은 용도로 활용할 수도 있다.

## ② 주간 일 목록

팀에서의 일 목록은 보통 일주일 단위로 계획하고 관리한다. 팀장이 주관하는 주간회의에서 지난주 실적을 리뷰하고, 이번 주 계획을 공유하는 것도 같은 맥락이다.

하루 단위 업무에 너무 치우쳐 일하다 보면 방향성을 잃기 쉽다. 반면 주 단위로 큰 그림을 그리면서 일 목록을 배치하면 한꺼번에 일이 쏟아지더라도 계획적으로 움직이면서 유연하게 일을 쳐낼 수 있다.

따라서 주간 일 목록은 정직하게 위에서부터 차례로 적어 내려가기보다는 노트를 펼쳤을 때 한 장에 일주일이 담겨 유기적인 관계가 드러나게 적는 방식이 낫다. 예를 들어 월요일부터 금요일까지 주 5일을 근무하는 사람은 다음 그림과 같이 노트를 구성할 수 있다.

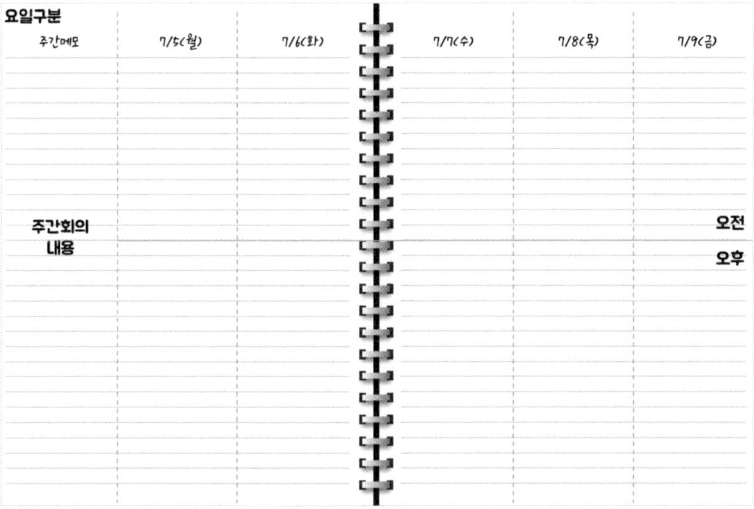

요일구분

| 주간메모 | 7/5(월) | 7/6(화) | 7/7(수) | 7/8(목) | 7/9(금) |
| --- | --- | --- | --- | --- | --- |
| 주간회의 내용 | | | | | 오전 |
| | | | | | 오후 |

굳이 비싼 다이어리를 살 필요도 없다. 문구점에서 파는 줄 노트에 양쪽을 각각 세로로 삼등분해 접고 첫 칸부터 순서대로 주간메모, 월~금에 해당하는 날짜를 적어준다. 그다음에는 요일마다 중앙선을 그어 오전·오후로 나눠준다.

이제 그날그날의 업무 계획을 세운다. 꼭 월요일에 주간 계획을 다 채울 필요는 없다. 아주 정확할 필요도 없다. 그날 오전엔 이런 업무를, 오후엔 저런 업무를 하겠다는 개략적인 계획을 적는 것이다. 매일 틈틈이 전날까지의 실적을 체크하고, 이후의 계획을 계속해서 수정·보완하면 된다.

주간 일 목록은 잘 작성해두면 프로젝트의 진행 일정을 되돌아보거나, 연말 인사평가 기간에 내가 한 해 동안 뭘 해왔는지 설득할 때 참고하기에 제격이다. 센스 있게 나만의 표식을 만들어 완료한 것과 그렇지 않은 것, 이슈가 있거나 지연 중인 것, 다음 날로 미룰 것 등을 구분해주면 더할 나위 없이 완벽하다.

### ③ 일일 일 목록

뭐니 뭐니 해도 개인에게는 하루 단위 일 목록이 가장 중요하다. 무엇보다 촘촘하게 계획하고, 그대로 완료해야 한다.

매일 아침 계획을 세우고, 업무 한 건을 처리할 때마다 완료 표시를 즉시 한다. 업무 한 건을 하나의 과업으로 보고, 오로지 완료·미완료로 관리한다. 오전·오후를 구분할 필요도 없다. 그 대신 번호를 매겨 그날그날 내가 할 일이 몇 개인지 미리 인지한다.

일일 일 목록은 노트보다 포스트잇으로 관리하는 방법을 추천한다. 지금껏 사용해본 방법 중에 가장 효과적이다. '태스크task 깨기'가 마치 게임처럼 느껴지는 데다가 포스트잇은 어디에 붙여놓아도 눈에 띄고, 이동할 때도 스마트폰이나 노트 표지에 붙여둘 수 있다. 노트 안에서도 어느 페이지로 넘어가든 이리저리 옮겨 붙일 수 있다. 쓰고 있는 노트 페이지에 일일 일 목록 포스트잇이 늘 붙어 있으면 오늘의 할 일을 자연히 알아차리게 된다.

① A거래처 경쟁입찰회의 결과 팀장 보고

② 6월 마감 기준 KPI 실적 산출

~~③ 대리점별 실적 부진사유 취합 메일 발송~~

~~④ 5월 실적 재확인 요청 건 회신 → 김진수K~~

⑤ 시제품 생산일정 재확인 → 마케팅 담당자

⑥ 전년 동기 사업계획 자료 받기 ← 박종윤B

⑦ 신입사원 OJT 교육자료 회신

일지 누락 아니라고 함

~~⑧ 업무용 차량일지 누락 건 조치요청 → 임수지D~~

~~⑨ 영업실적 데이터 산출 오류 건 시스템 확인~~

⑩ B거래처 경쟁입찰 준비 일정 상무님 보고

지금도 매일 아침 출근하면 큼지막한 포스트잇 한 장에 5~10개의 일 목록을 적어두는데, 일과 중에 하나씩 선 긋는 재미가 쏠쏠하다. 전날 포스트잇의 모든 항목에 선이 쫙 그어져 있을 때의 짜릿함도 있다. 반대로 어제 미처 마치지 못한 일을 오늘의 포스트잇에 새로 적을 땐 오늘은 기필코 끝내리란 의지를 불태운다.

포스트잇은 붙이기도 쉽고 떼기도 쉽다. 그러니 굳이 예쁘게 쓰려고 노력할 필요가 없다. 순전히 업무를 주체적으로 관리하고 잘 해내기 위한 용도이니 부담 갖지 말고 한 번쯤 시도해보길 바란다.

# 08 산더미 같은 일 목록을 빠르게 처리하는 법(FIFO/LIFO)

처리할 일이 많을 땐 어떤 순서로 일을 해야 할까?

컴퓨터에서 데이터를 처리하는 방식 중 FIFO와 LIFO가 있다. FIFO는 'First In First Out', 먼저 들어온 걸 먼저 처리하는 방식이다. 반대로 LIFO는 'Last In First Out', 나중에 들어온 걸 먼저 처리한다는 뜻이다. 전자를 선입선출, 후자를 후입선출이라고도 부른다.

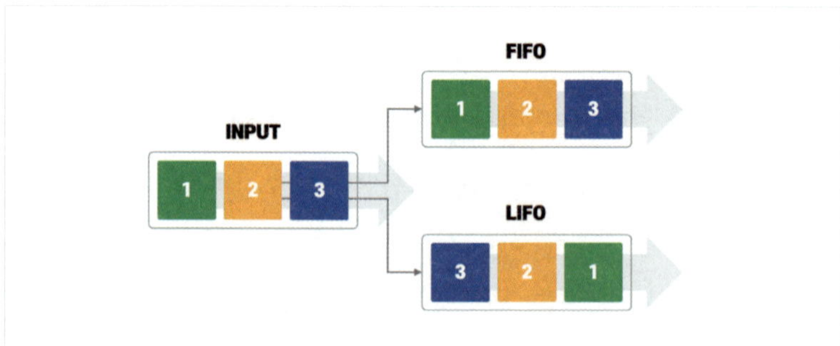

우리는 회사에서 이 두 가지를 적절하게 섞어 사용해야 한다. 아무런 변수가 없을 땐 먼저 들어온 일을 먼저 처리하면 되겠지만, 회사는 그렇게 단순한 곳이 아니기 때문이다.

다년간의 경험에서 터득한 방법은 우선 큰 돌을 기본으로 깔아주는 것이다. 정리에 며칠이 걸리는 월 마감 실적을 이번 주 금요일까지 마쳐야 한다고 해보자. 달력에는 금요일에 마감 일정을 표시하고, 주간 업무노트에는 하나의 박스로 '월 마감 실적 정리'를 적는다. 일일 포스트잇에는 매일같이 1번 자리에 이 일이 기록된다.

이 무겁고 중요한 일(큰 돌)을 바닥에 깔고, 시시각각 떨어지는 크고 작은 일(자갈)을 채워준다. 급하지만 쉬운 성격의 일은 즉각 처리하고 갑자기 잡힌 급한 보고는 집중해서 처리한다. '중요도', '긴급도', '난이도' 등에 따라 FIFO와 LIFO를 섞어서 쓰는 것이다.

어느 날, 긴 휴가를 마치고 복귀했을 때 수두룩하게 쌓인 메일함을 정리하는 방법도 같다. '안 읽은 메일함'에서 중요한 메일들은 들어가서 어떤 내용인지 개략적으로 확인한 다음 '안 읽음' 처리한다. 그다음 나와 가장 관련 없어 보이는 참조용 메일, 심적으로 부담 없는 일상적인 업무 메일 등은 읽자마자 곧바로 처리한다. 그러다 보면 반나절이 채 가기도 전에 중요하고 처리가 까다로운 일만 메일함에 남을 것이다. 그때부터는 공들여 주 업무를 보면 된다.

FIFO와 LIFO, 큰 돌과 자갈 개념을 머릿속에 꼭 기억해두자.

제3장

# 생각하며 일하기

업무 시간을 획기적으로 단축하기 위해서는 소위 '뻘짓'을 하지 말아야 한다. 그러려면 일의 시작 단계에서부터 기획을 잘해야 하는데, 혼자 하는 일뿐만 아니라 협업에도 많은 시간을 써야 한다. 직장에서 남들과 호흡을 맞추는 대표적인 일이 '보고'와 '회의' 두 가지다. '보고'는 나보다 윗사람에게 하는 모든 소통 업무다. '회의'는 기본적으로 효율적인 협업을 위한 수단이지만, 조직 간 이해관계에서 우리 조직의 사명을 지켜내는 일이기도 하다. 이러한 상황을 생각하며 일하는 사람들은 자신의 생산성을 높일 수 있고, 의도하지 않아도 일 잘하는 사람으로 각인된다.

# 보고, 이것만 지켜도 중간은 간다

굳이 안 해도 되는 말을 해서 미움을 사는 사람들이 있다. 아무리 일 잘하는 사람이라도 예외는 아니다. 눈치가 밥 먹여준다는 말은 어딜 가든 진리인 듯싶다. 이 '눈칫밥'이 보고에서 특히 중요한데, 이번엔 눈치껏 잘 보고하는 아주 쉬운 방법 세 가지를 소개한다.

### ① 기획하라

보고에도 기획이 필요하다. 스스로 기획자라 생각하고 말의 순서를 정해보자. 이때 키포인트는 상대방의 반응을 미리 상상하는 것이다. 두괄식으로 이야기하란 말을 많이 들었을 것이다. 말을 하다 보면 의도와 달리 부연하는 말이 자꾸만 따라붙는 사람들에게 효과적인 말하기 방법이다.

하지만 더 효과적인 방법은 긍정적 또는 중립적인 이야기는 두괄식으로, 부정적인 이야기는 미괄식으로 말하는 것이다. 예를 들어 오늘까지 외부기관에 제출해야 하는 자료를 다 작성하지 못해 팀장에게 구두보고하는 상황을 가정해보자. 먼저, 두괄식으로 말하는 경우다.

**[부정적인 상황을 앞에 얘기했을 때]**

**나 :** 팀장님, 오늘까지 A 기관에 제출하기로 한 자료를 오늘 중에 못 끝낼 것 같습니다. 왜냐면….

**팀장 :** 뭐라고?! 내가 진작에 챙기라고 했지? 김 과장, 일 처리를 이렇게 하면 어떻게 해?

**나 :** 아니, 그게 아니라요…. 본부장님께서 B 이슈 관련해 보고자료를 급히 만들어야 한다고 하셔서….

**팀장 :** 뭐라고?! 김 과장 그걸 이제 말하면 나더러 어쩌라는 거야?

뭐라 변명 한 번 해보기도 전에 털리고 말 것이다. 이어서 무마해보려 한들 이미 찍힌 뒤다. 이번엔 미괄식으로 말하는 경우다.

**[부정적인 상황을 뒤에 얘기했을 때]**

**나 :** 팀장님, 조금 전 본부장님께서 B 이슈 관련해서 사장님 보고가

급히 잡혀 근거자료를 오늘 중 작성하라고 지시하셨습니다.

**팀장:** 아, 그래요? 그러면 A 기관에 제출하기로 한 자료는 다 했고?

**나:** 아…. 오늘 오전 중에 다 끝낼 예정이었는데 시간이 조금 빠듯할 것 같습니다.

**팀장:** 음, 어쩔 수 없군. 그 일은 급한 대로 박 차장에게 넘겨야겠어.

사실 두괄식, 미괄식보다도 내가 한 말에 이어질 상사의 반응을 상상하는 게 더 중요하다. 상사의 반응에 따라 내 입에서 나오는 말 역시 유연하게 바뀌어야 하기 때문이다. 사전에 모든 상황을 예상해보고 기획해야 한다.

### ② 듣고 싶은 이야기를 하라

상사가 듣고 싶은 이야기를 해야 한다. 아부하라는 말이 아니다. 이번엔 상사가 지시한 대로 일을 진행할 수 없을 때 문제를 보고하는 상황을 가정해보자. 상사가 듣고 싶은 게 문제 그 자체일까? 그렇지 않다. 그렇다고 그 상황을 숨겨야 할까? 그것도 틀렸다. 보고의 목적은 현 상황에 맞는 대안을 제시해 상사가 납득하도록 하는 것이다. 마찬가지로 두 가지 보고 방식을 비교해보자.

**[문제 상황만 언급했을 때]**

나: 팀장님, 서버가 고장 나서 내일 주간 경영회의에 쓸 지점별 영업실적 데이터를 뽑을 수가 없습니다.

**[문제 상황과 함께 대안을 제시했을 때]**

나: 팀장님, 서버가 고장 나서 내일 주간 경영회의에 쓸 지점별 영업실적 데이터를 뽑을 수가 없습니다. IT 담당자는 오늘 중엔 복구가 어려울 것 같다고 해서 각 영업지점에 마감실적을 요청하려고 합니다.

눈치챘겠지만, 바쁜 팀장에게 사랑받는 실무자는 늘 후자다.

### ③ 상사에게 역할을 주어라

요즘 같은 세상에 상사의 체면을 세워주는 건 의전이 아니다. 의전 없이도 담백하게 상사를 치켜세우는 방법이 있다. 보고할 때 은근하게 상사의 지위와 역할을 인정하면서 기를 살려주는 것인데, 내가 아무리 잘난 실무자라도 상사의 역할을 남겨놓는 센스가 필요하다.

**[상사가 고민할 틈도 안 주고 완벽한 일 처리를 했을 때]**

**나:** 팀장님, 상무님께서 18일에 일정이 생겨서 팀장 주간회의를 미루라고 하셨습니다. 상무님 스케줄을 보니 20일 오후밖에 남는 시간이 없어서 그때로 다시 공지하겠습니다.

**[상사에게 최종적으로 결정할 기회를 주었을 때]**

**나:** 팀장님, 상무님께서 18일에 일정이 생겨서 팀장 주간회의를 미루라고 하셨습니다. 상무님 스케줄을 보니 20일 오후밖에 남는 시간이 없던데 그때로 잡을까요?

전자는 보고가 아니라 통보다. 상사의 역할을 내가 빼앗는 꼴이나 마찬가지다. 뻔히 정해진 일도 후자와 같이 상사에게 최종 판단을 맡기면 상사의 권한과 책임을 인정하면서 안전하게 보고를 마칠 수 있다. 간혹 잘난 부하직원에게 위기의식을 느끼는 리더들이 있는데, 이런 화법으로 내가 관리범위에 들어와 있다고 안심하게 할 수 있다.

# 02 세 번의 보고가 삽질을 막는다

시켜서 한 일을 열심히 끝냈더니 "내가 언제 그렇게 하라고 지시했냐."며 욕먹고, 심지어는 처음부터 다시 작업해야 하는 일이 종종 있다. 지시할 땐 언제고 이제 와 말을 뒤집는 팀장이 야속하기만 하다.

그런데 언젠가부터 이런 일이 눈에 띄게 줄었다. 단지 상사에게 보고 횟수를 늘렸을 뿐인데, 팀장과의 의사소통이 원활해지고 삽질하는 일이 사라진 것이다.

일의 경중을 떠나 하나의 업무에 대해 최소 3회씩 보고하면 가장 가까워야 할 직속상사와 편안한 관계를 유지할 수 있다.

가장 먼저, 일을 시작하기 전에 '사전보고'를 해야 한다. 반복적인 업무를 제외하고는 어떤 일이든 기획 단계에서부터 상사와 논의하는 게 좋다. 팀장은 직장 선배이기 전에 우리 팀의 총책임자이기 때문이다. 우리 팀의 자원(인력)이 새로운 일에 투입되려면 팀장의 판단이 필요하다. 또한 일의 방향에 대해서도 팀장과 충분히 합의를 이뤄야 한다.

한 종합식품회사의 마케팅기획팀 박 대리는 웰빙 트렌드에 맞춰 녹차 먹인 돼지고기를 신선육 제품라인으로 신규 출시하려고 한다.

**박 대리 :** 팀장님, 녹차 먹인 돼지고기 시제품을 A/B/C 대리점에 1년 동안 공급하기로 협의했습니다.

**팀장 :** 그래, 박 대리. 수고했고 초기 진입장벽 고려해서 장려금 지급도 한번 생각해봐.

팀장의 말에 따라 제품 출시 활성 장려금으로 단가의 5퍼센트를 지급하기로 협의했고, 입이 잔뜩 나와 있던 대리점 점주들도 이 소식을 반겼다. '이런 걸 두고 짬에서 나오는 바이브라고 하는군.'

두 번째로, 일을 진행하는 중에는 '중간보고'가 필요하다. 많은 이들이 간과하는 것 중 하나다. 중간보고가 없으면 팀장은 일이 잘 진행되는지, 문제는 없는지 알 길이 없다. 또 내 업무를 착각해 소화할 수 없는 일을 추가로 던질 수도 있다.

**박 대리 :** 팀장님, 정부에서 급히 연락이 왔습니다. ○○남부지역에

서 돼지열병 조짐이 발견되었다는데요. 이렇게 되면 원재료 상승으로 단가 인상이 불가피할 것 같습니다.

**팀장 :** 터질 게 터졌군. 그렇다고 단가를 마냥 올리면 대리점 부담이 클 거야. 우선 1년은 약속했으니까 단가 인상분만큼 추가 장려금으로 페이백payback 하는 방법도 검토해봐.

단가 상승의 부담을 대리점에서 그대로 떠안을 뻔한 상황을 팀장의 센스로 모면했다. 전임자에게 연락해 다른 명목으로 추가 장려금을 지급했던 과거 사례를 들을 수 있었다. '역시 팀장은 팀장!'

마지막으로, 일을 마친 다음에도 '완료보고'가 필요하다. 이 과정이 없으면 팀장은 내가 일을 끝냈는지 모를 뿐 아니라, 잘 끝낸 일임에도 일을 제대로 끝맺을 줄 모르는 사람이라고 오해할 수 있다. 뭐든 마무리를 잘해야 그 업적을 인정받는다.

**박 대리 :** 팀장님, 지난번 녹차 돼지고기 건은 경영 지원 활성 장려금 1퍼센트 지급으로 대리점과 추가 협의했고, 제품 출시 일정 관련해서는 영업부 장 과장에게도 전달했습니다.

**팀장 :** 고생했네, 박 대리. 이번 건으로 신제품 출시 업무는 확실히 뗐겠어? 김 대리는 마늘 오리고기 출시로 헤매고 있던데 박 대리가 좀 도와주고 그래.

## 03 보고에서 중요한 건 타이밍이다

보고를 세 번이나 하려면 타이밍이 중요하다. 보고하는 타이밍에 따라 어려운 일도 쉽게 풀어갈 수 있고, 쉬운 일도 어려워질 수 있기 때문이다.

그런데 문제는 타이밍이 너무 주관적이라는 점이다. 가령 팀장이 예민해질 수 있는 내용을 바쁘고 정신없을 때를 틈타 간단히 보고하고 생각보다 쉽게 컨펌받는가 하면, 어떨 땐 바빠 죽겠는데 눈치 없게 이런 일을 들이밀었다고 괜히 욕을 먹기도 한다. 보고받는 사람의 기분에 따른 한 끗 차를 알아야 한다.

물론 이렇게 보고하는 타이밍까지 생각하며 일한다는 게 때로는 피곤하기도 하다. 하지만 상대는 기계가 아니라 사람이다. 아무리 냉혈한이라도 기분이라는 게 있다. 이왕이면 상대가 내 얘길 긍정적으로 받아줄 만할 때 말을 하는 게 낫지 않겠는가?

경험에서 우러나온 추천 보고 타이밍은 아래와 같다.

- 다른 사람이 보고를 했더니 상사의 반응이 좋을 때
- 상사가 더 위의 상사에게 하는 보고를 잘 끝냈을 때
- 다른 잘한 일을 보고할 때 (문제 상황을 함께 보고)
- 상사가 급히 나를 먼저 찾으며 관련 내용을 요구할 때
- (짧은 보고의 경우) 함께 이동하거나 식사하는 등 편한 상황일 때

주로 구두보고일 때 적용할 수 있는 상황인데, 딱 그 반대로 하면 비추하는 타이밍이 된다.

- 다른 사람이 보고를 했다가 상사에게 깨졌을 때
- 상사가 더 위의 상사에게 하는 보고에서 어지간히 깨졌을 때
- 상사가 발등에 떨어진 보고에만 관심 있고 내 일엔 관심 없을 때
- (복잡한 사안의 경우) 함께 이동하거나 식사하는 등 편한 상황일 때

보고할 땐 반드시 누울 자리를 보고 다리를 뻗어야 한다는 사실을 잊지 말자.

# 욕먹기 싫다면 회의 준비는 이렇게(feat. 어젠다)

회의는 목적에 따라 여러 유형으로 나뉜다. 정보 공유를 위한 회의, 문제해결을 위한 회의, 업무 계획을 수립하기 위한 회의, 의사결정을 위한 회의 등이 있다.

하지만 회의를 구성하는 요소는 모두 같다. 바로 '일시', '장소', '참석자', '어젠다'이다. 따라서 회의를 주관하는 사람은 이 네 가지를 사전에 준비해야 한다.

먼저 참석자들의 일정을 확인해 회의가 가능한 '일시'를 정해야 한다. 정기적인 회의라면 문제가 없지만, 그렇지 않은 회의에서는 이것조차 일이다. 이럴 경우에는 주관자가 먼저 적당한 일시를 제시하면 좋다. 두세 개 정도를 선택지로 주어 이 중에 고르라고 하면 조율할 수 있는 선에서 참석자들이 원하는 일정을 선택할 것이다.

'장소'는 주관자가 주도적으로 정하되, 참석 인원수와 회의 방식을 고려해야 한다. 예를 들어 참석 인원이 많은데 회의실이 좁거나 화면을 함께 보고 논의해야 하는데 빔 프로젝터가 없으면 안 된다.

회의를 메일로 공지할 땐 '참석자'가 누군지 반드시 명기해야 한다. 참석은 하지 않고 회의가 진행된다는 걸 알고만 있으면 되는 사람들은 '참석자'가 아닌 '참조자'라는 걸 명심하자. '참조자'가 착각하고 회의에 참석하는 일도 있기 때문이다. 본문에 '참석자: ○○○, ○○○, 참조자: ○○○, ○○○'와 같이 명확하게 표기해주면 받는 사람들이 이해하기 쉽다.

회의의 안건이 여러 개일 때는 서로 겹치지 않으면서 중요한 걸 빼먹지 않도록 MECE하게 구성해야 한다. 특히 회의 안건별로 논의 시간을 정한 표를 '어젠다agenda'라고 하는데, 앞서 얘기한 회의 일시·장소와 참석자까지 포함해서 부르기도 한다. 회의 일시, 장소, 참석자를 포함한 어젠다 공지가 되어야 비로소 회의 준비가 끝난 것이다.

회의 사전 공지 메일을 보낼 때는 다음과 같이 앞서 언급한 모든 요소를 포함해 적어야 한다.

안녕하세요? 경영관리팀 △△△입니다.

이번 달 본부장 주재 영업전략회의를 아래와 같이 진행하고자 하오니

일정에 반영하여 주시기 바랍니다.

○ 회의일시 : 2021. 07. 09(금) 13:00 ~ 17:00

○ 회의장소 : 3층 회의실

○ 참석자 : 영업본부장, 경영관리팀장, 영업1팀장, 영업2팀장,

영업3팀장, 영업지원팀장, 마케팅실장

○ 참조자 : 기획팀장, 구매팀장

○ 안건

- 각 영업팀 하반기 영업추진 계획(각 영업팀, 팀별 40분)
- 하반기 영업사원 세일즈 교육 계획(영업지원팀, 60분)
- 하반기 A 제품 출시에 따른 판매전략(마케팅실, 60분)

※ 안건별 세부 논의자료는 첨부파일 참고

감사합니다.

이렇게 사전에 메일을 보내고 나서도 회의 시작 10~30분 전에 문자로 한 번 더 리마인드 알림까지 해주는 센스가 필요하다. 다른 일을 하다가 깜빡하고 늦는 사람들도 많기 때문이다.

[영업전략회의 일정 알림]

안녕하세요? 경영관리팀 △△△입니다.
잠시 후 본부장 주재 영업전략회의가
진행될 예정이오니 늦지 않게 참석 요청
드립니다.

- 일시 : 7/9(금) 13~17시
- 장소 : 3층 회의실
- 참석자 : 영업본부장, 경영관리팀장,
영업1팀장, 영업2팀장, 영업3팀장,
영업지원팀장, 마케팅실장

감사합니다.

깜박하고 있던 사람들도 다시 회의 안내 메일을 찾아보지 않고도 문자에 적힌 장소로 헐레벌떡 뛰어올 것이다.

회의 주관자는 회의장소에 미리 도착해 빔 프로젝터나 포인터 연결을 확인한다. 화상회의라면 마이크, 스피커가 작동하는지도 테스트한다. 필요시에는 출력물을 인원수만큼 별도로 준비한다.

시간이 되면 주관자는 회의 어젠다를 화면에 띄워놓고 목적과 진행 방향을 알린 후 회의를 시작하고, 정해진 주제와 시간을 벗어나지 않도록 회의를 이끈다. 어젠다는 모두와의 약속이기 때문이다.

# 회의, 끝날 때까지 끝난 게 아니다(feat. 회의록)

길고 지루한 회의가 끝나갈 때쯤 주관자는 한 번 더 등장한다. 그날의 회의에서 결정된 주요 사항들을 리뷰하는 것이다. 되도록 모두가 보는 앞에서 약식으로 회의록을 작성하면 뒷일을 줄일 수 있지만, 바로 말할 수 있는 분위기가 아닐 땐 회의가 끝난 다음 회의록을 작성한다.

회의는 끝났다고 해서 끝이 아니다. 결정된 사항들이 업무로 이어질 수 있도록 끝까지 챙겨야 한다. 회의록 작성이 필요한 이유다. 회사마다 문화나 업무에 따라 회의록을 작성하는 형식이 약간씩 다르겠지만 구성요소는 거의 비슷하다. 다음의 회의록 예시를 참고해두자.

| 회의일시 | 2021. 07. 09(금), 13:00~17:00 | 회의장소 | 3층 회의실 | 작성자 | 경영관리팀 △△△ |
|---|---|---|---|---|---|
| 참석자 | 영업본부장 ○○○, 경영관리팀장 ○○○, 영업1팀장 ○○○, 영업2팀장 ○○○, 영업3팀장 ○○○, 영업지원팀장 ○○○, 마케팅실장 ○○○ | | | | |
| 참조자 | 기획팀장, 구매팀장 | | | | |

| 안건 및 결정사항 | 목표일정 | 주관부서 |
|---|---|---|
| • 각 영업팀 영업추진 계획에 따른 예산이 사업계획에 반영될 수 있도록 준비 바람 | 즉시 | 영업1/2/3팀 |
| • 전년 동분기 대비 감소한 지역은 차주까지 원인 분석하여 보고 바람 | 7/16(금) | 영업2팀 |
| • 세일즈 교육의 경우 기존 계획대로 진행할 것 | 즉시 | 영업지원팀 |
| • 최근 경쟁사 신제품 출시 관련 A 제품 판매전략을 전면 재검토할 것 | TBD | 마케팅실 |

회의록을 작성할 때는 '누가, 어떤 얘기를 했는지'보다 '누가 어떤 일을, 언제까지 하기로 약속했는지'에 초점을 맞춰야 한다. 추후 이 회의록은 의사결정의 근거로 쓰이기도 하고, 문제가 생기거나 책임 소재를 가릴 때 쓰일 수도 있다.

따라서 공정하게 상호 협의한 내용으로 작성되어야 하며 작성된 후에도 참석자들이 그 내용에 동의해야 진짜 회의록이라고 할 수 있다. 이는 회의록에 참석자를 기재하는 이유이기도 하다. 즉, 혼자 작성해서 혼자 볼 회의록은 그냥 일기장, 업무일지 정도지, 회의록으로서의 값어치가 없다는 걸 명심하자.

# 회의에서 신입사원 티를 내고 싶지 않다면

어느 회사건 이제 막 입사한 신입사원이 회의에서 엄청난 능력을 보여주리라 기대하지는 않는다. 오히려 딱딱하게 굳은 분위기를 말랑말랑하게 해주는 편이 더 신입사원답다. 하지만 본인이 낯을 가리거나 쉽게 긴장하는 성격이라면 선배들 앞이 그저 어렵기만 할 것이다. 성격에 따라서는 차라리 회의에 진지하게 임하는 모습을 보이는 게 나을 수 있다. 조금 어설퍼도 '열일하는' 후배를 보면 예뻐할 수밖에 없기 때문이다. 그런 후배에게는 찐으로 아끼는 마음이 절로 우러난다.

그래서 마지막으로, 회의에서 신입사원 티를 내지 않고 선배들에게 사랑받는 팁을 준비했다.

### 회의를 준비하는 자세

① 회의 전에 공유받는 자료는 사전에 충분히 숙지한다. 아직 업무에 익숙하지 않아도 자료를 읽고 가면 흐름을 따라가는 데는 어려움이 없을 것이다. 간혹 신입사원이라고 해서 안건에 대해 의견을 묻는 어르신들이 계시니 회의에 참석할 때는 항상 긴장해야 한다.

② 회의 자리에 지각은 절대 금물이다. 피치 못할 사정으로 회의에 늦게 되면 주관자에게 꼭 연락해 참석자들이 기다리는 일이 없도록 해야 한다. 만일 다른 일정과 아슬아슬하게 겹칠 것 같다면 차라리 사전에 일정을 조율하는 게 낫다. 다른 회의로 5~10분 늦은 사람에게 바쁘신데 이렇게 어렵사리 참석해주셔서 감사하다고 할 사람은 없다. 욕을 먹으면 먹었지….

③ 내가 발의할 주제에 대한 자료는 미리 준비한다. 시간이 된다면 어떻게 발표할지 연습해보는 게 좋다. 사전 공지 메일 이후로 자료가 업데이트되었다면, 주관자 또는 진행자에게 재발송해서 수정된 자료로 논의할 수 있도록 한다. 발표 자료가 기존에 공유된 것과 다른 점은 발표 전 양해를 구하도록 한다.

④ 내부 회의 때는 따로 명함을 준비할 필요가 없지만, 외부 회의 때는 반드시 명함을 지참한다. 구면인 외부 사람과의 회의더라도 그렇다. 간혹 예기치 않게 처음 만나는 사람이 참석한다든가, 담당자 퇴사로 새 담당자를 소개하는 일이 생길 수도 있기 때문이다. 명함은

아무리 강조해도 깜박하는 경우가 많으니 업무 수첩에 몇 장씩 넣고 다니도록 한다.

### 회의에 임하는 자세

① 신입사원이 회의에 참석할 때 간과하기 쉬운 부분이 있다. 회의 안건에 대해 의견을 낼 땐 개인이 아닌 조직의 대표자로서 말해야 한다는 점이다. 특히 타 부서에서 개진해야 할 사항을 내가 주도권을 빼앗아 이야기해서는 안 된다. 괜히 잘 아는 내용이라고 한껏 신나서 우리 조직과 관련 없는 주장을 펼친다면, 여러 조직이 서로 팽팽히 맞서 최적의 결론을 이끌어야 하는 회의에서 되레 공동의 판단을 흐리게 할 수 있다. 같은 논리로, 외부 회의라면 내가 회사의 대표라고 생각하고 입장을 정리해 말해야 한다.

② 회의는 여러 사람이 시간을 내 참석한 자리다. 주제와 관련 없거나 주제와 관련은 있지만 결론을 내리는 데 전혀 도움이 되지 않는 이야기는 하지 않는 게 매너다.

③ 경직된 회의 문화에서는 반론이나 질타가 두려워 의견이 잘 안 나오기도 한다. 하지만 사전에 서로의 의견을 어느 정도는 미리 듣고 준비한다면 회의에서 내 역할을 잘 해낼 수 있을 뿐만 아니라 상대와 감정이 상할 만한 일을 애초에 안 만들 수 있다.

④ 신입사원이라고 해서 모르는 내용을 그 자리에서 하나하나 질문하면 회의 진행에 방해가 된다. 시도 때도 없이 질문을 폭격하면 '회의 빌런' 소리도 들을 수 있다. 내 업무인데 잘 몰라서 당장 회의를 따라가기 어려울 때나 다른 사람들도 궁금해할 만한 사항을 묻는 건 좋다. 하지만 질문이 너무 많을 때는 적어놨다가 나중에 따로 묻는 게 현명한 방법이다.

⑤ 내 업무에 관련된 이야기는 필수로 체크하며 들어야 한다. 다른 사람 얘기가 길어진다고 넋 놓고 있다가 내 업무를 놓치면 회의에 참석한 의미가 없다. 다른 사람도 본인 업무 위주로 필기를 하지, 내 업무를 대신 적어주고 챙겨주는 사람은 없다. 귀를 쫑긋 세우고 들어야 한다.

### 회의가 끝난 뒤 자세

① 팀장이 참석하지 않은 다른 부서와의 회의에서 우리 팀에 관련된 주제가 나왔을 땐 회의가 끝나자마자 팀장에게 알려야 한다. 어떤 주제든 내가 말하기도 전에 팀장 귀에 먼저 들어가는 건 웬만하면 피하는 게 좋다. 회의 자리에서 결정되지 않아 보류된 사항도 팀장에게 컨펌받은 다음, 참석자들에게 다시 알려야 한다.

② 회의록이 작성되어 공유되면, 회의록에 적힌 내용 중 내 업무에

해당하는 사항을 팔로업follow-up 한다. 다른 사람과 협업하는 일에 대해서는 회의록을 근거로 협조를 요청하면 더 수월할 것이다.

③ 회의록에 적힌 내용 중 우리 팀 업무는 맞지만, 다른 팀원이 듣고 해야 할 일이 있다면, 내가 직접 전달하는 것보다 팀장에게 보고하는 게 낫다. 그 사람의 상사는 내가 아니라 팀장이다. 직접 얘기했다가 괜한 오해를 살 수 있다. 누구든 상사에게 직접 보고하고 합의를 이룬 다음 지시받는 상황을 선호하니, 중간에 낄 것 없이 팀장을 활용하자.

④ 회의록에 적힌 사항을 진행하다가 문제나 변동이 생기면 참석자들에게 바로 공유해야 한다. 또 잘 진행되는 일 역시 누가 먼저 묻기 전에 참석자들에게 주기적으로 공유하면 그야말로 센스 넘치는 사람으로 평가받을 수 있을 것이다.

회의를 대하는 신입사원의 자세를 표로 간단히 그려봤다. 여러 사람이 모인 회의 자리에서도 항상 사랑받는 신입사원이 되길 바란다.

| 프로세스 | 회의 자세 |
|---|---|
| 회의 준비 | ① 회의자료 사전 숙지<br>② 지각은 금물<br>③ 내 자료는 미리 공유<br>④ 외부 회의 시 명함 준비 |
| 회의 참석 | ① 조직의 대표자로서 참석<br>② 주제에 관련된 얘기만<br>③ 적극적으로 의견 내기<br>④ 모르는 내용 따로 질문<br>⑤ 내 업무 이야기는 열심히 메모 |
| 회의 종료 | ① 이슈는 팀장에게 컨펌받기<br>② 회의록 보고 팔로업 하기<br>③ 다른 팀원 일은 팀장에게 보고<br>④ 진행사항을 주기적으로 공유 |

제2부

# 직장인 필수 스킬 '엑셀력' 장착하기

직장인 필수 오피스 프로그램인 엑셀! 당신의 엑셀력은 안녕한가요?
아래 중 하나 이상 해당한다면 반드시 2부를 보셔야 합니다.

- □ 엑셀을 책으로 배우려다 300개가 넘는 목차에 바로 포기했다.
- □ 그래도 쉬울 것 같은 동영상 강의를 찾아봤지만, 100강이라 또 포기했다.
- □ 엑셀로 SUM 정도는 할 줄 아는 나, 솔직히 좀 멋진 것 같다.
- □ 이 대리가 쓰는 화려한 단축키, 부럽지만 나는 그냥 클릭으로 한다.
- □ 팀장님이 시킨 데이터 분석, 어디서부터 시작해야 할지 모르겠다.
- □ 전임자가 만든 엑셀 파일, 몇 날 며칠을 뜯어봤지만 1도 모르겠다.

뼛속까지 로지컬한 공여사가 작정하고 알려드립니다. 2부는 '최소 노력, 최대 효과!' 그 어디서도 본 적 없는 가성비 만렙 엑셀 교재입니다. 단숨에 '엑셀력' 장착하고 잘나가는 직장인이 되고 싶다면, 전적으로 저를 믿으십시오.

**2부 실습파일 다운로드**
http://m.site.naver.com/0LwR7
링크 주소를 직접 입력할 시, 대문자/소문자를 정확히 구분해 주세요.

## 제4장

# 직장인 엑셀,
# 기본 다지기

직장에서 엑셀을 잘하는 건 중요한 능력이다. 그러나 학교에서 배운 엑셀로는 턱도 없다. 직장에서 다루는 데이터는 교과서처럼 우리에게 딱 알맞게 주어지지 않기 때문이다. 그렇다면 대체 직장인 엑셀을 어디서 배워야 한단 말인가?
그래서 준비했다. 지금부터는 직장인이라면 눈 감고도 쓸 줄 알아야 하는 엑셀의 기본을 뗄 것이다. 다섯 가지 함수와 피벗테이블을 배운다. 여기까지만 알아도 엄청난 시간 절약은 물론, 어디 가서 엑셀로 기죽을 일은 없을 것이다.

# 엑셀을 쓰는 사람이라면 숨 쉬듯 써야죠! [IF]

## 논리적 사고와 IF 함수

직장생활에서 가장 중요한 역량은 논리적 사고와 문제해결 능력이다. 신기하게도 엑셀로 업무를 하다 보면 이 두 가지가 절로 키워진다. 특히 'IF 함수'는 모든 논리적 사고의 출발점이다.

아래 그림을 보자. 그림을 보고 'B이면 A다. C는 A가 아니다.'라는 결론을 냈다면 논리적 사고를 한 셈이다.

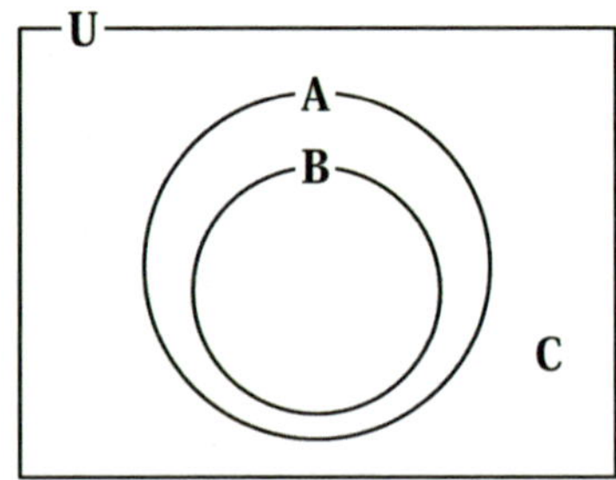

논리적 사고가 직장에서는 이렇게 쓰인다.

ⓐ 이 책의 출판을 담당하는 이 과장은 출간 첫날 100권 이상 책이 팔린다면 본부장에게 '잘했다'는 칭찬을 들을 것이고, 그렇지 않다면 '못했다'는 얘길 들을 것이다. ⓐ′ 만약 1,000권 이상 팔린다면 주간 회의에서 '진짜 잘했다'고 박수갈채를 받을 것이다.

ⓑ 병원에서 소모품을 관리하는 최 실장은 거즈의 재고가 50팩 아래로 떨어지면 업체에 주문을 넣고, 그렇지 않으면 주문하지 않는다.

ⓒ 근태관리를 맡고 있는 인사팀 김 부장은 직원들이 휴일근무를 하면 추가수당을 지급하고, 그렇지 않으면 기본급만 지급한다.

이 같은 판단 상황을 엑셀에서는 IF 함수로 표현할 수 있다. 아래 표를 보자.

| IF의 사용 | | | |
|---|---|---|---|
| =IF( | logical_test, | [value_if_true], | [value_if_false] ) |
| | 판단 상황 | 참일 때 표시할 값 | 거짓일 때 표시할 값 |
| ⓐ | [첫날 팔린 책] >= 100 | "잘했다" | "못했다" |
| ⓐ' | [첫날 팔린 책] >= 1,000 | "진짜 잘했다" | ⓐ |
| ⓒ | [거즈 재고] < 50 | "주문함" | "주문 안 함" |
| ⓒ | [근무일] = 휴일 | "추가수당 지급" | "기본급만 지급" |

여기서 포인트. IF 함수의 구조는 단순한 편이지만 앞으로 다룰 함수는 복잡하다. 절대 함수를 무작정 외우려 들지 말 것!

엑셀에서 어느 셀에 =IF(까지 입력하면 IF 함수에 대한 툴팁tooltip IF(**logical_test**, [value_if_true], [value_if_false]) 이 나타난다. 함수가 잘 기억나지 않을 때마다 네이버나 구글에 검색하지 말고 이 툴팁을 활용하는 습관을 들이면 새로운 함수에도 금방 적응할 수 있다(앞에 제시된 IF 함수 사용법 역시 툴팁에 설명된 그대로다. 절대 외울 필요가 없다).

logical_test는 말 그대로 논리 검사다. 판단할 상황을 적어주면 된다. 그다음 콤마(,)를 찍고 두 번째 칸에는 참일 때 표시할 값 〔value_if_true〕를 적어준다. 세 번째 칸에는 거짓일 때 표시할 값 〔value_if_false〕를 적어준다.

수식을 입력할 때는 내용을 속으로 말하면서 적으면 실수도 줄고 한결 수월하다. '만일 첫날 팔린 책이 100보다 크면 "잘했다"를 출력하고, 아니면 "못했다"를 출력해라.' 라고 말이다.

## 진짜 실무에서 마주치는 문제 상황

좀 더 상황에 몰입하기 위해 여기서부터는 가정을 해보자. '나'는 사무용품을 파는 온라인몰 회사에서 영업관리를 맡고 있다. 입사한 지겨우 3개월 된 사원이다. 월 마감을 끝낸 김 대리는 한가한 틈을 타 연차를 냈다. 그런데 팀장이 날 갑자기 부르더니 지난 5월의 판매실적이 왜 이렇게 나쁘냐며 꾸짖는다. 그 원인을 당장 분석해서 가져오라는데….

이런 과제가 떨어지면 가장 먼저 할 일은 정말 실적이 나쁜지 내 눈으로 직접 확인하는 것이다. 때론 이 데이터를 찾는 과정부터 문제가 되기도 한다. 다행히 김 대리가 보낸 메일에서 지난달 실적이 정리된 파일을 찾았다.

| 순번 | 상품명 | 기준월 | 실적수량 |
|---|---|---|---|
| 1 | 스프링노트A | 5월 | 640 |
| 2 | 스프링노트B | 5월 | 380 |
| 3 | 스프링노트C | 5월 | 420 |
| 4 | 스프링노트D | 5월 | 160 |
| 5 | 무지노트A | 5월 | 550 |
| 6 | 무지노트B | 5월 | 470 |
| 7 | 무지노트C | 5월 | 220 |
| 8 | 무지노트D | 5월 | 190 |
| 9 | 무지노트E | 5월 | 260 |
| 10 | 무지노트F | 5월 | 140 |
| 11 | 컬러노트A | 5월 | 330 |
| 12 | 컬러노트B | 5월 | 370 |
| 13 | 컬러노트C | 5월 | 410 |

5월 판매실적

그런데 막상 데이터를 봐도 지난달 판매실적이 나쁜지 잘 모르겠다. 전월인 4월보다 나빴다는 건지, 5월 목표 대비 나빴다는 건지, 전년 동월보다 나빴다는 건지 지시자(팀장)에게 잽싸게 확인한다. '목표 대비'란다. 지난달 상품별 판매목표가 함께 담긴 파일을 다시 찾아냈다. (실습파일-4장 예제-'5월_판매목표 및 실적.xlsx' 파일 참고)

A1 | 순번

| | A | B | C | D | E |
|---|---|---|---|---|---|
| 1 | 순번 | 상품명 | 기준월 | 목표수량 | 실적수량 |
| 2 | 1 | 스프링노트A | 5월 | 600 | 640 |
| 3 | 2 | 스프링노트B | 5월 | 350 | 380 |
| 4 | 3 | 스프링노트C | 5월 | 400 | 420 |
| 5 | 4 | 스프링노트D | 5월 | 150 | 160 |
| 6 | 5 | 무지노트A | 5월 | 500 | 550 |
| 7 | 6 | 무지노트B | 5월 | 450 | 470 |
| 8 | 7 | 무지노트C | 5월 | 200 | 220 |
| 9 | 8 | 무지노트D | 5월 | 200 | 190 |
| 10 | 9 | 무지노트E | 5월 | 250 | 260 |
| 11 | 10 | 무지노트F | 5월 | 150 | 140 |
| 12 | 11 | 컬러노트A | 5월 | 350 | 330 |
| 13 | 12 | 컬러노트B | 5월 | 350 | 370 |
| 14 | 13 | 컬러노트C | 5월 | 400 | 410 |

5월 판매실적

위에서부터 상품 몇 개를 비교해보니 목표를 훌쩍 넘긴 것도 있고 그렇지 않은 것도 있다. 그렇다면 먼저 상품별 판매목표 달성 여부를 알아보기 쉽게 표현해보는 게 어떨까?

## 논리적으로 접근해보기

우리에게 이미 주어진 값과 문제해결을 위해 추가로 필요한 값을 떠올려본다.

주어진 값(raw data)

**상품명, 상품별 판매목표수량, 상품별 판매실적수량**

추가로 필요한 값

**상품별 판매목표 달성 여부**

상품별 판매목표 달성 여부는 F열 첫 행에 〔달성여부〕로 정리한다. 상품별 실적수량이 목표수량 이상이면 〔달성여부〕 값을 "달성"으로, 그 아래로 팔렸으면 "미달"로 적어준다.

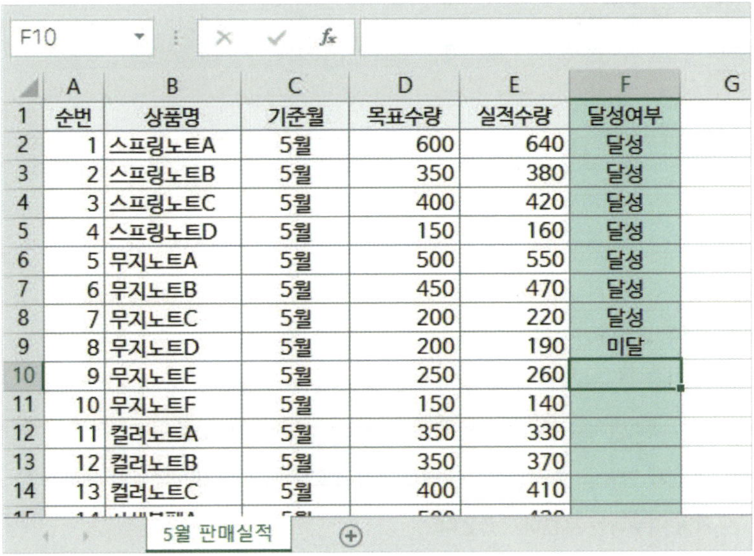

F10

| | A | B | C | D | E | F |
|---|---|---|---|---|---|---|
| 1 | 순번 | 상품명 | 기준월 | 목표수량 | 실적수량 | 달성여부 |
| 2 | 1 | 스프링노트A | 5월 | 600 | 640 | 달성 |
| 3 | 2 | 스프링노트B | 5월 | 350 | 380 | 달성 |
| 4 | 3 | 스프링노트C | 5월 | 400 | 420 | 달성 |
| 5 | 4 | 스프링노트D | 5월 | 150 | 160 | 달성 |
| 6 | 5 | 무지노트A | 5월 | 500 | 550 | 달성 |
| 7 | 6 | 무지노트B | 5월 | 450 | 470 | 달성 |
| 8 | 7 | 무지노트C | 5월 | 200 | 220 | 달성 |
| 9 | 8 | 무지노트D | 5월 | 200 | 190 | 미달 |
| 10 | 9 | 무지노트E | 5월 | 250 | 260 | |
| 11 | 10 | 무지노트F | 5월 | 150 | 140 | |
| 12 | 11 | 컬러노트A | 5월 | 350 | 330 | |
| 13 | 12 | 컬러노트B | 5월 | 350 | 370 | |
| 14 | 13 | 컬러노트C | 5월 | 400 | 410 | |

5월 판매실적

'이 정도쯤이야 눈으로 보고 금방 채울 수 있겠지' 하고 생각했다면 오산이다. 스크롤을 내리니 50개의 상품명이 눈에 들어온다. '우리가 취급하는 상품이 이렇게 많았던가?'

| | A | B | C | D | E | F | G |
|---|---|---|---|---|---|---|---|
| 40 | 39 | 사인펜B | 5월 | 300 | 290 | | |
| 41 | 40 | 수정테이프A | 5월 | 450 | 450 | | |
| 42 | 41 | 수정테이프B | 5월 | 550 | 560 | | |
| 43 | 42 | 수정테이프C | 5월 | 250 | 240 | | |
| 44 | 43 | 포스트잇A | 5월 | 750 | 750 | | |
| 45 | 44 | 포스트잇B | 5월 | 500 | 520 | | |
| 46 | 45 | 포스트잇C | 5월 | 250 | 260 | | |
| 47 | 46 | 클립A | 5월 | 750 | 750 | | |
| 48 | 47 | 클립B | 5월 | 800 | 800 | | |
| 49 | 48 | 클립C | 5월 | 400 | 410 | | |
| 50 | 49 | 복사용지A | 5월 | 850 | 860 | | |
| 51 | 50 | 복사용지B | 5월 | 500 | 480 | | |
| 52 | | | | | | | |
| 53 | | | | | | | |

5월 판매실적

**로 데이터(raw data)**

① 가공 전 아무런 작업도 하지 않은 날것의(raw) 데이터. 시스템이나 기계에서 내려받거나 여러 사람의 파일을 하나로 취합한 데이터를 가리킨다.

② 전체 현황을 보고 양식에 맞춰 집계하기 위해 사용한 기반 데이터. 이때는 가공 여부와는 무관하게 쓰인다.

### 엑셀력이 필요한 순간 #1

당황할 건 없다. 엑셀 함수는 이럴 때 쓰라고 있는 거니까. 앞서 언급한 IF 함수를 사용해 F열을 채워보자. 스프링노트A 행의 〔달성여부〕 값에 해당하는 F2셀에 =(등호)를 치고 수식을 적는다.

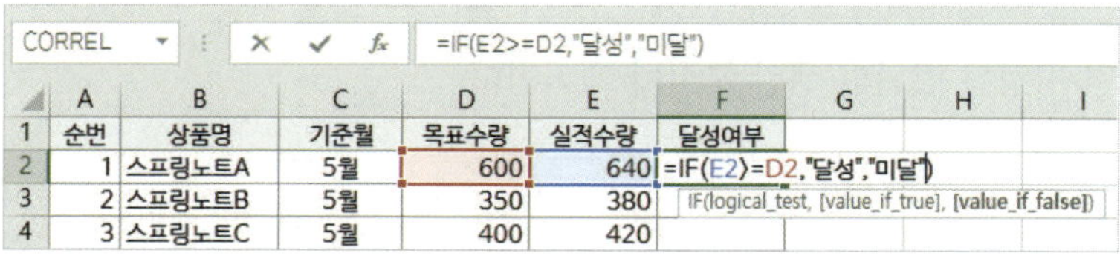

CORREL | =IF(E2>=D2,"달성","미달")

| | A | B | C | D | E | F | G | H | I |
|---|---|---|---|---|---|---|---|---|---|
| 1 | 순번 | 상품명 | 기준월 | 목표수량 | 실적수량 | 달성여부 | | | |
| 2 | 1 | 스프링노트A | 5월 | 600 | 640 | =IF(E2>=D2,"달성","미달") | | | |
| 3 | 2 | 스프링노트B | 5월 | 350 | 380 | IF(logical_test, [value_if_true], [value_if_false]) | | | |
| 4 | 3 | 스프링노트C | 5월 | 400 | 420 | | | | |

[달성여부] = IF( E2 >= D2, “달성”, “미달” )

**만일 E2 셀값이 D2 셀값보다 크거나 같으면 “달성”으로,**

**아니면 “미달”로 표시해라.**

첫 번째 상품에 수식을 입력하면 거의 끝이다. 이제 그 밑에 있는 나머지 셀은 일일이 입력할 필요 없이 수식을 복사해서 붙여 넣으면 된다.

방법은 두 가지다. 첫 번째는 채우기 핸들을 사용하는 방법이다. 이 방법은 원하는 대로 동작하지 않을 때가 종종 있고, 그렇다고 하나하나 따져가며 확인하기엔 머리가 아프니 언제든 정확하게 동작하는 두 번째 방법을 권한다.

### 방법 1. 채우기 핸들 활용하기

마우스 커서를 F2셀 오른쪽 아래(↘) 모퉁이에 두면 십자 모양의 '채우기 핸들(+)'이 생긴다. 그 위치를 더블클릭하면 F2셀과 동일한 수식이 〔목표수량〕과 〔실적수량〕에 값이 있는 나머지 〔달성여부〕 셀에 자동으로 채워진다. 만약 드래그해서 원하는 지점까지 끌어다 놓으면 지정된 범위의 셀만 수식이 채워진다.

F2 =IF(E2>=D2,"달성","미달")

| | A | B | C | D | E | F | G |
|---|---|---|---|---|---|---|---|
| 1 | 순번 | 상품명 | 기준월 | 목표수량 | 실적수량 | 달성여부 | |
| 2 | 1 | 스프링노트A | 5월 | 600 | 640 | 달성 | |
| 3 | 2 | 스프링노트B | 5월 | 350 | 380 | | |
| 4 | 3 | 스프링노트C | 5월 | 400 | 420 | | |
| 5 | 4 | 스프링노트D | 5월 | 150 | 160 | | |
| 6 | 5 | 무지노트A | 5월 | 500 | 550 | | |
| 7 | 6 | 무지노트B | 5월 | 450 | 470 | | |
| 8 | 7 | 무지노트C | 5월 | 200 | 220 | | |

5월 판매실적

F2 =IF(E2>=D2,"달성","미달")

| | A | B | C | D | E | F | G |
|---|---|---|---|---|---|---|---|
| 1 | 순번 | 상품명 | 기준월 | 목표수량 | 실적수량 | 달성여부 | |
| 2 | 1 | 스프링노트A | 5월 | 600 | 640 | 달성 | |
| 3 | 2 | 스프링노트B | 5월 | 350 | 380 | 달성 | |
| 4 | 3 | 스프링노트C | 5월 | 400 | 420 | 달성 | |
| 5 | 4 | 스프링노트D | 5월 | 150 | 160 | 달성 | |
| 6 | 5 | 무지노트A | 5월 | 500 | 550 | 달성 | |
| 7 | 6 | 무지노트B | 5월 | 450 | 470 | 달성 | |
| 8 | 7 | 무지노트C | 5월 | 200 | 220 | 달성 | |

5월 판매실적

### 방법 2. 복사 → 붙여 넣기

F2셀을 Ctrl+C를 눌러 복사한다. 붙여 넣을 영역 선택은 첫 셀부터 마지막 셀까지 드래그하거나, 첫 셀을 복사한 다음 Shift키를 누른 상태에서 마지막 셀을 클릭하면 된다. 그다음 Ctrl+V를 눌러 붙여 넣는다. 이렇게 원하는 테이블이 완성됐다.

(실습파일-4장 예제-답안-'5월 판매목표 및 실적_IF 결과.xlsx' 파일 참고)

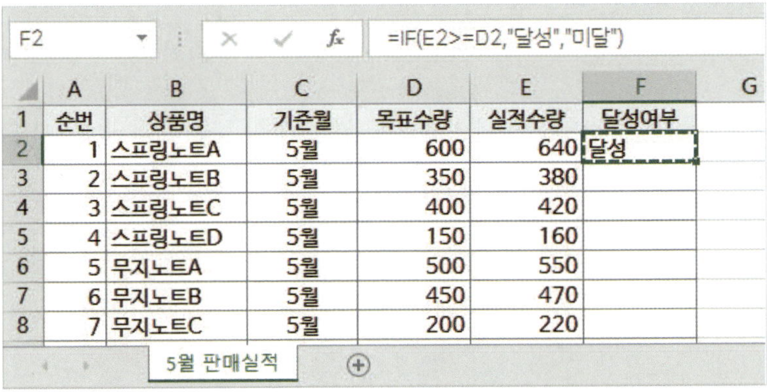

F2 =IF(E2>=D2,"달성","미달")

| | A | B | C | D | E | F | G |
|---|---|---|---|---|---|---|---|
| 1 | 순번 | 상품명 | 기준월 | 목표수량 | 실적수량 | 달성여부 | |
| 2 | 1 | 스프링노트A | 5월 | 600 | 640 | 달성 | |
| 3 | 2 | 스프링노트B | 5월 | 350 | 380 | | |
| 4 | 3 | 스프링노트C | 5월 | 400 | 420 | | |
| 5 | 4 | 스프링노트D | 5월 | 150 | 160 | | |
| 6 | 5 | 무지노트A | 5월 | 500 | 550 | | |
| 7 | 6 | 무지노트B | 5월 | 450 | 470 | | |
| 8 | 7 | 무지노트C | 5월 | 200 | 220 | | |

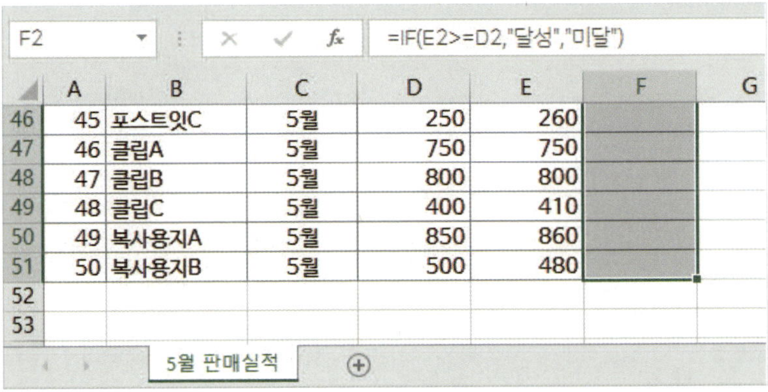

5월 판매실적

F2 =IF(E2>=D2,"달성","미달")

| | A | B | C | D | E | F | G |
|---|---|---|---|---|---|---|---|
| 46 | 45 | 포스트잇C | 5월 | 250 | 260 | | |
| 47 | 46 | 클립A | 5월 | 750 | 750 | | |
| 48 | 47 | 클립B | 5월 | 800 | 800 | | |
| 49 | 48 | 클립C | 5월 | 400 | 410 | | |
| 50 | 49 | 복사용지A | 5월 | 850 | 860 | | |
| 51 | 50 | 복사용지B | 5월 | 500 | 480 | | |
| 52 | | | | | | | |
| 53 | | | | | | | |

5월 판매실적

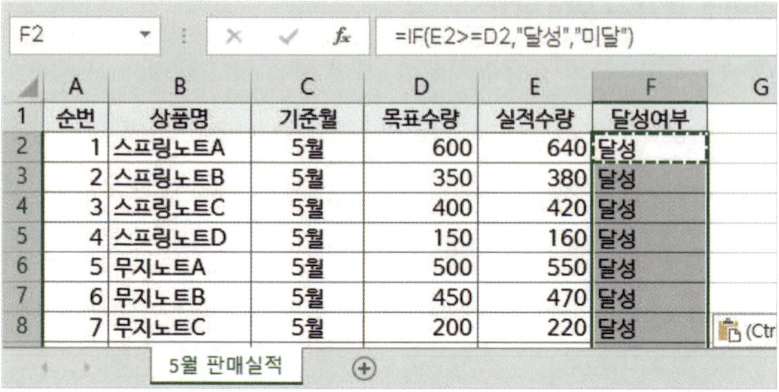

F2 =IF(E2>=D2,"달성","미달")

| | A | B | C | D | E | F | G |
|---|---|---|---|---|---|---|---|
| 1 | 순번 | 상품명 | 기준월 | 목표수량 | 실적수량 | 달성여부 | |
| 2 | 1 | 스프링노트A | 5월 | 600 | 640 | 달성 | |
| 3 | 2 | 스프링노트B | 5월 | 350 | 380 | 달성 | |
| 4 | 3 | 스프링노트C | 5월 | 400 | 420 | 달성 | |
| 5 | 4 | 스프링노트D | 5월 | 150 | 160 | 달성 | |
| 6 | 5 | 무지노트A | 5월 | 500 | 550 | 달성 | |
| 7 | 6 | 무지노트B | 5월 | 450 | 470 | 달성 | |
| 8 | 7 | 무지노트C | 5월 | 200 | 220 | 달성 | (Ctr |

5월 판매실적

# 엑셀을 두고 왜 손가락으로 세나요? [COUNTIF]

## 나만의 가설 세우고 검증하기

얼핏 보기엔 달성이나 미달이나 개수가 비슷한 것 같지만, 실적이 나빴다는 건 판매목표수량을 미달한 품목수가 많았다는 이야기가 아닐까? 정말 그런지 〔달성여부〕가 "달성"인 품목의 수를 세어보자.

주어진 값

**상품명, 상품별 판매목표수량, 상품별 판매실적수량, 상품별 판매목표 달성 여부**

추가로 필요한 값

**[달성여부] 값이 "달성"인 품목수**

이걸 하나씩 센다면 중간에 틀려서 몇 번이고 다시 세어야 할 것이다. 엑셀을 좀 써본 사람이라면 필터를 걸고 [달성여부]가 "달성"인 셀의 개수를 셀 것이다. 아래처럼 말이다.

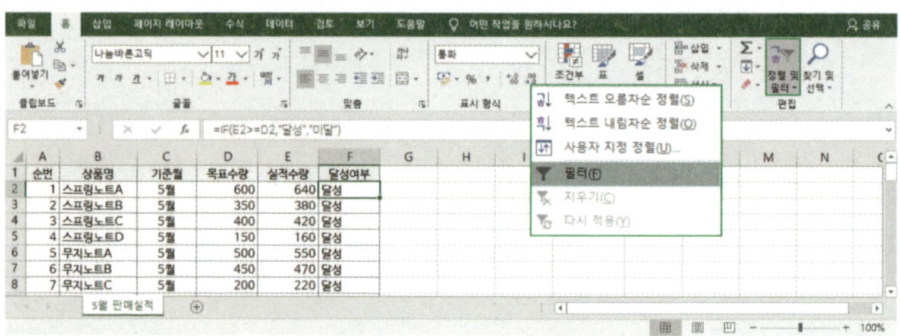


'상단 홈-정렬 및 필터-필터' 순서로 클릭하거나 값이 채워진 영역 내 아무 셀에서 Ctrl+Shift+L을 누른다.

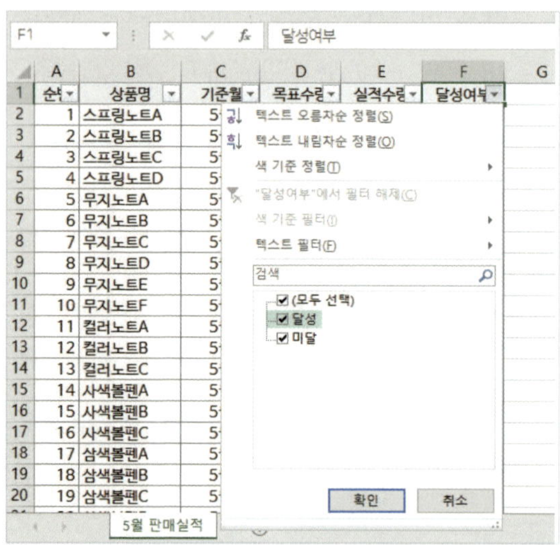

[달성여부] 오른쪽에 생성된 역삼각형 버튼을 누른 다음, (모두 선택)을 체크 해제하고 "달성"만 선택한 다음 확인 버튼을 누른다.

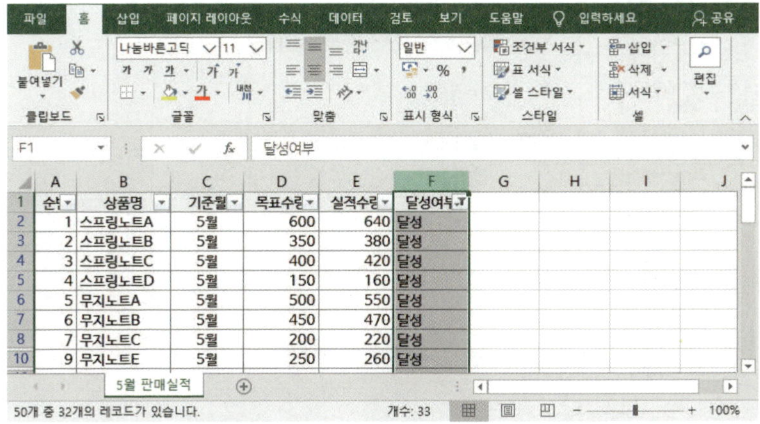

| | A | B | C | D | E | F |
|---|---|---|---|---|---|---|
| 1 | 순 | 상품명 | 기준월 | 목표수 | 실적수 | 달성여 |
| 2 | 1 | 스프링노트A | 5월 | 600 | 640 | 달성 |
| 3 | 2 | 스프링노트B | 5월 | 350 | 380 | 달성 |
| 4 | 3 | 스프링노트C | 5월 | 400 | 420 | 달성 |
| 5 | 4 | 스프링노트D | 5월 | 150 | 160 | 달성 |
| 6 | 5 | 무지노트A | 5월 | 500 | 550 | 달성 |
| 7 | 6 | 무지노트B | 5월 | 450 | 470 | 달성 |
| 8 | 7 | 무지노트C | 5월 | 200 | 220 | 달성 |
| 10 | 9 | 무지노트E | 5월 | 250 | 260 | 달성 |



F열을 클릭하면 선택한 영역 중 값이 채워진 셀의 수가 맨 아래 상태 표시줄 오른쪽에 나오는데, F1셀을 제외하면 32개다. 즉, 50개 품목 중 목표를 달성한 상품은 32개, 목표에 미달한 상품은 18개다.

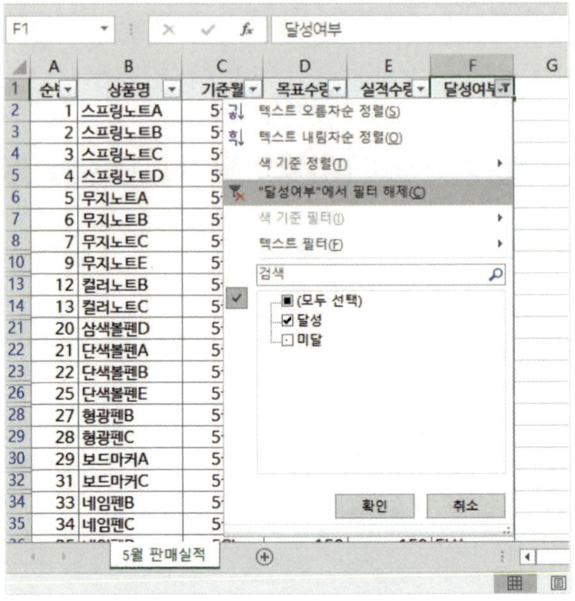


다시 〔달성여부〕 셀의 역삼각형 버튼을 눌러 필터를 해제한다.

## 엑셀력이 필요한 순간 #2

그런데 "달성" 품목 개수와 "미달" 품목 개수를 셀 때마다 매번 이렇게 필터를 걸기에는 너무 번거롭다. 엑셀의 최대 강점은 '재사용성'이다. 실적값이 중간에 바뀌어도 필터를 다시 걸지 않아도 되는 방법이 있다. 우선 필터를 없애기 위해 '정렬 및 필터' 탭에서 필터를 꺼주거나 아무 셀에서 다시 Ctrl+Shift+L을 누른다.

F1 | 달성여부

| | A | B | C | D | E | F |
|---|---|---|---|---|---|---|
| 1 | 순번 | 상품명 | 기준월 | 목표수량 | 실적수량 | 달성여부 |
| 2 | 1 | 스프링노트A | 5월 | 600 | 640 | 달성 |
| 3 | 2 | 스프링노트B | 5월 | 350 | 380 | 달성 |
| 4 | 3 | 스프링노트C | 5월 | 400 | 420 | 달성 |
| 5 | 4 | 스프링노트D | 5월 | 150 | 160 | 달성 |
| 6 | 5 | 무지노트A | 5월 | 500 | 550 | 달성 |
| 7 | 6 | 무지노트B | 5월 | 450 | 470 | 달성 |
| 8 | 7 | 무지노트C | 5월 | 200 | 220 | 달성 |
| 9 | 8 | 무지노트D | 5월 | 200 | 190 | 미달 |

5월 판매실적

'5월 판매실적' 시트 옆의 (+) 버튼을 눌러 새 시트를 만든다. 새 시트 탭을 마우스로 더블클릭해서 이름을 '요약'으로 바꾼 다음, A1셀과 B1셀에 각각 〔달성품목수〕와 〔미달품목수〕를 적어준다. A2와 B2에 각각 달성 품목수와 미달 품목수를 구할 것이다.

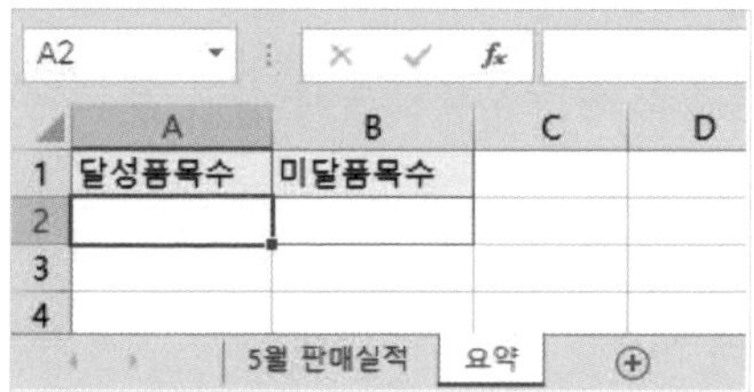

A2

| | A | B | C | D |
|---|---|---|---|---|
| 1 | 달성품목수 | 미달품목수 | | |
| 2 | | | | |
| 3 | | | | |
| 4 | | | | |

5월 판매실적 | 요약

어떤 조건에 해당하는 셀의 수를 셀 때는 '만일 ~라면 세어라.'라는 뜻의 COUNTIF 함수를 쓴다.

| COUNTIF의 사용 | | |
|---|---|---|
| = COUNTIF( | range, | criteria ) |
| | 찾아야 하는 셀 범위 | 찾을 값(기준) |
| | '5월 판매실적' 시트의 F열 | "달성" |
| | '5월 판매실적' 시트의 F열 | "미달" |
| | '5월 판매실적' 시트의 E열 | ">=100" |
| | '5월 판매실적' 시트의 E열 | "<100" |

함수 첫 번째 값인 range에는 찾아야 하는 셀 범위를 적어준다. 다른 시트의 값을 따올 때는 그 시트를 선택하고 원하는 영역을 마우스로 드래그하면 '5월 판매실적'!F2:F51과 같은 형태로 불러올 수 있다. 간편하게 열 전체를 범위로 지정하는 방법도 있다. 마찬가지로 시트를 선택한 다음 F열을 클릭하면 '5월 판매실적'!F:F와 같이 열 전체를 불러온다. 콤마(,)를 찍고 두 번째 칸에는 criteria, 범위 내에서 찾을 값의 기준을 적어준다.

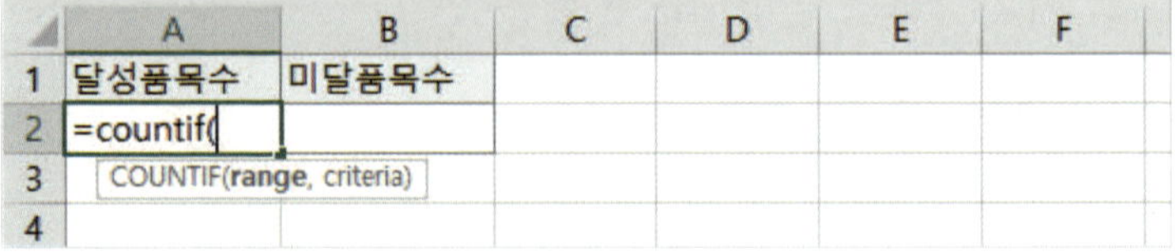

CORREL | × ✓ fx | =countif(

| | A | B | C | D | E | F |
|---|---|---|---|---|---|---|
| 1 | 달성품목수 | 미달품목수 | | | | |
| 2 | =countif( | | | | | |
| 3 | COUNTIF(**range**, criteria) | | | | | |
| 4 | | | | | | |

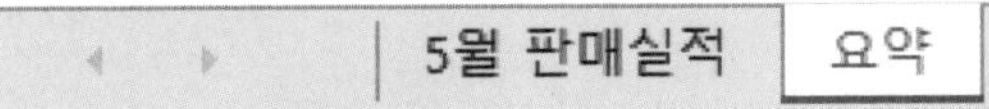


A1 =' 5월 판매실적'!

| | A | B | C | D | E | F |
|---|---|---|---|---|---|---|
| 1 | 순번 | 상품명 | 기준월 | 목표수량 | 실적수량 | 달성여부 |
| 2 | 1 | 스프링노트A | 5월 | 600 | 640 | 달성 |
| 3 | 2 | 스프링노트B | 5월 | 350 | 380 | 달성 |

CORREL =COUNTIF('5월 판매실적'!F:F,"달성")

찾아야 하는 셀 범위는 현재 위치한 '요약' 시트가 아니라 '5월 판매실적' 시트다. COUNTIF를 쓰고 괄호를 연 상태에서 '5월 판매실적' 시트와 영역(F열)을 순서대로 클릭하면 '5월 판매실적'!F:F라는 값이 수식입력줄에 자동으로 입력된다. 이제 콤마(,)를 찍고 이 값들이 "달성"이면 세겠다고 수식을 마저 적어준다. 참고로 이렇게 시트를 넘나들 때는 입력 중인 셀이 보이지 않기 때문에 수식입력줄을 보면서 수식을 적으면 된다. 같은 방식으로 미달 품목수도 세어본다.

B2 =COUNTIF('5월 판매실적'!F:F,"미달")

| | A | B | C | D | E | F |
|---|---|---|---|---|---|---|
| 1 | 달성품목수 | 미달품목수 | | | | |
| 2 | 32 | 18 | | | | |
| 3 | | | | | | |
| 4 | | | | | | |

5월 판매실적 | 요약

[달성품목수] = COUNTIF( '5월 판매실적'!F:F, "달성" )
'5월 판매실적' 시트의 F열에서 "달성"인 셀을 찾아 세어라.

[미달품목수] = COUNTIF( '5월 판매실적'!F:F, "미달" )
'5월 판매실적' 시트의 F열에서 "미달"인 셀을 찾아 세어라.

달성 품목수와 미달 품목수를 모두 구했다. **(실습파일-4장 예제-답안-'5월 판매목표 및 실적_COUNTIF 결과.xlsx' 파일 참고)** 물론 앞서 본 것처럼 필터를 거는 편이 더 빠를 수 있다. 하지만 엑셀의 강점이 뭐라고 했던가? '재사용성'이다.

엑셀의 수식을 이용하면 로 데이터가 바뀔 때마다 [달성품목수]와 [미달품목수] 값이 자동으로 갱신되기 때문에 매번 다시 집계할 필요가 없다.

**시트명**

**현재 위치한 시트에 수식을 입력할 때는 현재 시트명이 생략되는데, 수식 입력 중 다른 시트를 오가다 보면 현재 시트명이 함께 표시될 때가 있다. 결과는 같지만 수식이 길어지고 헷갈릴 수 있어서 같은 시트 내의 영역에서는 시트명을 지워주는 게 낫다.**

# 엑셀을 두고 왜 노가다를 하나요? [VLOOKUP]

## 때론 처음부터 다시 시작

판매목표수량을 달성한 품목수가 더 많은데도 실적이 나빴다니…. 미달인 품목에서 실적을 다 깎아 먹었을 것이다. 다시 처음으로 돌아가서 상품별 실적에 주목해보자. 상품별 단가를 불러온다.

주어진 값

**상품명, 상품별 판매목표수량, 상품별 판매실적수량, 상품별 판매목표 달성여부 at '5월_판매목표 및 실적.xlsx'**

추가로 필요한 값

상품별 단가 from '판매단가표.xlsx'

김 대리가 전에 보내준 '판매단가표.xlsx' 파일을 열어 '단가표' 시트를 원래 작업하던 통합 문서로 가져온다. (실습파일-4장 예제-'판매단가표.xlsx' 파일 참고)

| | A | B | C | D |
|---|---|---|---|---|
| 1 | 상품명 | 단가 | | |
| 2 | 네임펜A | 700 | | |
| 3 | 네임펜B | | | |
| 4 | 네임펜C | | | |
| 5 | 네임펜D | | | |
| 6 | 단색볼펜A | | | |
| 7 | 단색볼펜B | | | |
| 8 | 단색볼펜C | | | |
| 9 | 단색볼펜D | | | |
| 10 | 단색볼펜E | | | |
| 11 | 무지노트A | | | |
| 12 | 무지노트B | | | |
| 13 | 무지노트C | | | |

삽입(I)...
삭제(D)
이름 바꾸기(R)
이동/복사(M)...
코드 보기(V)
시트 보호(P)...
탭 색(T)
숨기기(H)
숨기기 취소(U)...
모든 시트 선택(S)

'단가표' 시트에서 마우스 오른쪽 버튼을 누르고 이동/복사를 클릭하면 아래와 같은 창이 뜬다.

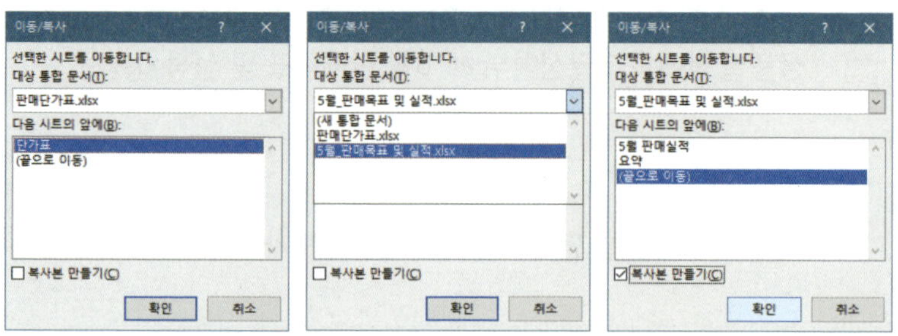

이동/복사 창에서 옮겨 갈 시트를 선택해준다. '대상 통합 문서'를 '5월_판매목표 및 실적.xlsx'로 지정한다.

하단의 시트 중 하나를 선택하면 그 시트의 앞으로 이동한다. '(끝으로 이동)'을 선택하면 해당 통합 문서의 마지막 시트로 이동한다. '복사본 만들기'에 체크하면 '판매단가표.xlsx' 파일에는 '단가표' 시트가 그대로 남겨진 상태로 복사만 된다. '판매단가표.xlsx'처럼 시트가 하나인 파일은 '복사본 만들기'에 체크하지 않고 시트 이동을 하면 그대로 닫힌다. 수정사항 저장 없이 닫히기 때문에 파일은 원본 상태로 유지된다. 반대로 여러 시트가 있을 땐 파일이 열린 상태로 그 시트만 옮겨 가기 때문에 시트가 사라진 상태에서 저장하지 않도록 주의한다.

F1 | 달성여부

| | A | B | C | D | E | F | G |
|---|---|---|---|---|---|---|---|
| 1 | 순번 | 상품명 | 기준월 | 목표수량 | 실적수량 | 달성여부 | 단가 |
| 2 | 1 | 스프링노트A | 5월 | 600 | 640 | 달성 | |
| 3 | 2 | 스프링노트B | 5월 | 350 | 380 | 달성 | |
| 4 | 3 | 스프링노트C | 5월 | 400 | 420 | 달성 | |
| 5 | 4 | 스프링노트D | 5월 | 150 | 160 | 달성 | |
| 6 | 5 | 무지노트A | 5월 | 500 | 550 | 달성 | |
| 7 | 6 | 무지노트B | 5월 | 450 | 470 | 달성 | |
| 8 | 7 | 무지노트C | 5월 | 200 | 220 | 달성 | |

5월 판매실적 | 요약 | 단가 ...

준비 개수: 51 100%

원본 통합 문서의 '5월 판매실적' 시트 G1셀에 [단가]를 입력해준다. 문서에 통일성을 주려면 A~F열과 같은 서식을 G열에도 동일하게 적용해야 한다. F열을 선택한 다음 Ctrl+C를 눌러 복사한다.

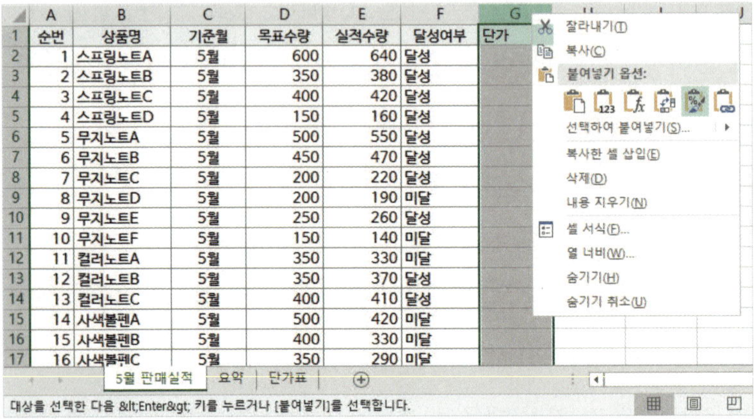

| | A | B | C | D | E | F | G |
|---|---|---|---|---|---|---|---|
| 1 | 순번 | 상품명 | 기준월 | 목표수량 | 실적수량 | 달성여부 | 단가 |
| 2 | 1 | 스프링노트A | 5월 | 600 | 640 | 달성 | |
| 3 | 2 | 스프링노트B | 5월 | 350 | 380 | 달성 | |
| 4 | 3 | 스프링노트C | 5월 | 400 | 420 | 달성 | |
| 5 | 4 | 스프링노트D | 5월 | 150 | 160 | 달성 | |
| 6 | 5 | 무지노트A | 5월 | 500 | 550 | 달성 | |
| 7 | 6 | 무지노트B | 5월 | 450 | 470 | 달성 | |
| 8 | 7 | 무지노트C | 5월 | 200 | 220 | 달성 | |
| 9 | 8 | 무지노트D | 5월 | 200 | 190 | 미달 | |
| 10 | 9 | 무지노트E | 5월 | 250 | 260 | 달성 | |
| 11 | 10 | 무지노트F | 5월 | 150 | 140 | 미달 | |
| 12 | 11 | 컬러노트A | 5월 | 350 | 330 | 미달 | |
| 13 | 12 | 컬러노트B | 5월 | 350 | 370 | 달성 | |
| 14 | 13 | 컬러노트C | 5월 | 400 | 410 | 달성 | |
| 15 | 14 | 사색볼펜A | 5월 | 500 | 420 | 미달 | |
| 16 | 15 | 사색볼펜B | 5월 | 400 | 330 | 미달 | |
| 17 | 16 | 사색볼펜C | 5월 | 350 | 290 | 미달 | |

잘라내기(T)
복사(C)
붙여넣기 옵션:
선택하여 붙여넣기(S)...
복사한 셀 삽입(E)
삭제(D)
내용 지우기(N)
셀 서식(F)...
열 너비(W)...
숨기기(H)
숨기기 취소(U)

5월 판매실적 | 요약 | 단가표

대상을 선택한 다음 <Enter> 키를 누르거나 [붙여넣기]를 선택합니다.

그다음 G열에서 오른쪽 버튼을 누르고 붙여넣기 옵션에서 붓과 %로 표현된 '서식 붙여넣기( )'를 클릭한다. 양식이 완성됐다.

이제 '단가표' 시트에서 각 상품명에 해당하는 〔단가〕를 찾아 '5월 판매실적' 시트에 적어준다.

## 엑셀력이 필요한 순간 #3

만일 이 값을 시트를 오가며 일일이 눈으로 보고 타자로 친다면? 물론 몇 시간이면 금방 다 칠 수 있다. 하지만 아무도 그러고 싶지는 않을 것이다. 값을 따올 테이블이 같은 시트에 있어도 귀찮기는 마찬가지다. 이때 사용하는 게 VLOOKUP이다.

VLOOKUP은 이렇게 서로 다른 데이터 테이블에서 특정 키값(상품명)을 기준으로 다른 한쪽에만 존재하는 어떤 값(단가)을 따오고 싶을 때 사용한다.

쉽게 말해 한쪽에는 〔이름〕-〔성별〕이 짝지어 있고 다른 한쪽에는 〔이름〕-〔나이〕가 짝지어 있으면, 〔이름〕을 키key로 〔나이〕 값을 따와 〔이름〕-〔성별〕-〔나이〕 테이블을 만들 수 있다.

CORREL | fx =VLOOKUP(

| | A | B | C | D | E | F | G | H |
|---|---|---|---|---|---|---|---|---|
| 1 | 순번 | 상품명 | 기준월 | 목표수량 | 실적수량 | 달성여부 | 단가 | |
| 2 | 1 | 스프링노트A | 5월 | 600 | 640 | 달성 | =VLOOKUP( | |
| 3 | 2 | 스프링노트B | 5월 | 350 | 380 | 달성 | VLOOKUP(lookup_value, | |
| 4 | 3 | 스프링노트C | 5월 | 400 | 420 | 달성 | | |
| 5 | 4 | 스프링노트D | 5월 | 150 | 160 | 달성 | | |
| 6 | 5 | 무지노트A | 5월 | 500 | 550 | 달성 | | |
| 7 | 6 | 무지노트B | 5월 | 450 | 470 | 달성 | | |
| 8 | 7 | 무지노트C | 5월 | 200 | 220 | 달성 | | |
| 9 | 8 | 무지노트D | 5월 | 200 | 190 | 미달 | | |

5월 판매실적 | 요약 | 단가표

A1 | fx 상품명

| | A | B | C | D |
|---|---|---|---|---|
| 1 | 상품명 | 단가 | | |
| 2 | 네임펜A | 700 | | |
| 3 | 네임펜B | 700 | | |
| 4 | 네임펜C | 700 | | |
| 5 | 네임펜D | 800 | | |
| 6 | 단색볼펜A | 900 | | |
| 7 | 단색볼펜B | 800 | | |
| 8 | 단색볼펜C | 800 | | |

5월 판매실적 | 요약 | 단가표

이게 바로 VLOOKUP이 직장에서 자주 쓰이는 이유다. 직장에서는 각 데이터가 하나의 목적으로 정갈하게 정리된 게 아니라 여러 곳에 흩어져 있기 때문이다. 따라서 태생이 서로 다른 데이터를 한데 모아 입맛대로 가공하는 건 직장인들이 밥 먹듯 해야 할 일이다. 그만큼 VLOOKUP을 자주 쓴다는 얘기다.

**VLOOKUP의 사용**

| =VLOOKUP( | lookup_value, | table_array, | col_index_num, | [range_lookup]) |
|---|---|---|---|---|
| | 찾을 값 | 찾을 범위 | 그 값으로부터 오른쪽으로 몇 번째 열 값 | 정확히? 유사하게? |
| | "공여사" | [이름]-[성별] 테이블 | 2 | FALSE |
| | "스프링노트A" | '단가표' 시트의 A:B열 | 2 | FALSE |

VLOOKUP은 말 그대로 지정한 범위 안에서 수직으로Vertical 내려가면서 특정 값을 찾아서Lookup 그 값으로부터 N번째 열에 있는 값을 출력해준다. 엑셀 연산은 항상 왼쪽에서 오른쪽으로, 위에서 아래로 작동하기 때문에 그 값을 기준으로 '오른쪽 몇 번째에 있는지'

를 세어서 적어줘야 한다.

이때 마지막 옵션에는 정확하게 일치하는 값을 찾을지, 유사하게 일치하는 값을 찾을지 선택할 수 있는데 일반적으로 완전히 같은 값을 찾을 때는 FALSE를 쓴다. 숫자 0을 적어도 FALSE의 의미가 된다.

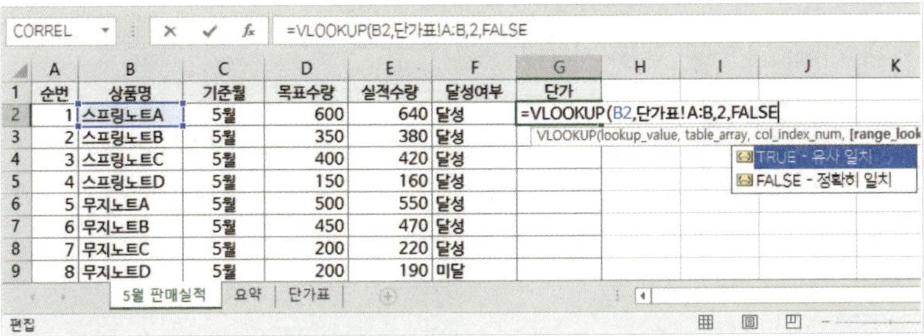

CORREL =VLOOKUP(B2,단가표!A:B,2,FALSE

| | A | B | C | D | E | F | G |
|---|---|---|---|---|---|---|---|
| 1 | 순번 | 상품명 | 기준월 | 목표수량 | 실적수량 | 달성여부 | 단가 |
| 2 | 1 | 스프링노트A | 5월 | 600 | 640 | 달성 | =VLOOKUP(B2,단가표!A:B,2,FALSE |
| 3 | 2 | 스프링노트B | 5월 | 350 | 380 | 달성 | |
| 4 | 3 | 스프링노트C | 5월 | 400 | 420 | 달성 | |
| 5 | 4 | 스프링노트D | 5월 | 150 | 160 | 달성 | |
| 6 | 5 | 무지노트A | 5월 | 500 | 550 | 달성 | |
| 7 | 6 | 무지노트B | 5월 | 450 | 470 | 달성 | |
| 8 | 7 | 무지노트C | 5월 | 200 | 220 | 달성 | |
| 9 | 8 | 무지노트D | 5월 | 200 | 190 | 미달 | |

VLOOKUP(lookup_value, table_array, col_index_num, [range_look

TRUE - 유사 일치

FALSE - 정확히 일치

5월 판매실적 | 요약 | 단가표

편집

[단가] = VLOOKUP(B2, 단가표!A:B, 2, FALSE)

B2와 정확히 같은 값을

'단가표' 시트의 A~B열 범위에서 찾아서

그로부터 오른쪽으로 두 번째 열에 있는 셀의 값을 출력해라.

**VLOOKUP + TRUE**

마지막 옵션에 TRUE를 주는 것은 지양하자. '유사하게 일치한다'는 기준이 모호하기 때문이다. 우리에게는 동작 구조를 알 수 없는 '블랙박스'와 같다.

"스프링노트A"를 '단가표' 시트의 A:B열에서 찾아 그 값에서 두 번째 열에 있는 2,200원이라는 값을 따왔다. =VLOOKUP("스프링노트A", 단가표!A:B, 2, FALSE)라고 적을 수도 있지만 재사용을 위해 "스프링노트A"를 적는 대신 B2셀을 선택해주었다.

G2 | =VLOOKUP(B2,단가표!A:B,2,FALSE)

| | A | B | C | D | E | F | G |
|---|---|---|---|---|---|---|---|
| 1 | 순번 | 상품명 | 기준월 | 목표수량 | 실적수량 | 달성여부 | 단가 |
| 2 | 1 | 스프링노트A | 5월 | 600 | 640 | 달성 | 2,200 |
| 3 | 2 | 스프링노트B | 5월 | 350 | 380 | 달성 | |
| 4 | 3 | 스프링노트C | 5월 | 400 | 420 | 달성 | |
| 5 | 4 | 스프링노트D | 5월 | 150 | 160 | 달성 | |
| 6 | 5 | 무지노트A | 5월 | 500 | 550 | 달성 | |
| 7 | 6 | 무지노트B | 5월 | 450 | 470 | 달성 | |
| 8 | 7 | 무지노트C | 5월 | 200 | 220 | 달성 | |
| 9 | 8 | 무지노트D | 5월 | 200 | 190 | 미달 | |

5월 판매실적 | 요약 | 단가표

B34 | 2200

| | A | B | C | D |
|---|---|---|---|---|
| 31 | 수정테이프A | 2,500 | | |
| 32 | 수정테이프B | 3,000 | | |
| 33 | 수정테이프C | 2,300 | | |
| 34 | 스프링노트A | 2,200 | | |
| 35 | 스프링노트B | 2,500 | | |
| 36 | 스프링노트C | 2,500 | | |
| 37 | 스프링노트D | 3,000 | | |
| 38 | 유성매직A | 900 | | |

5월 판매실적 | 요약 | 단가표

엑셀에서의 기본 복사 기능은 '수식'+'서식' 복사다. 아래 셀들에도 같은 수식을 넣어주기 위해 G2셀을 Ctrl+C로 복사한다.

G51 | =VLOOKUP(B51,단가표!A:B,2,FALSE)

| | A | B | C | D | E | F | G | H |
|---|---|---|---|---|---|---|---|---|
| 44 | 43 | 포스트잇A | 5월 | 750 | 750 | 달성 | 2,000 | |
| 45 | 44 | 포스트잇B | 5월 | 500 | 520 | 달성 | 3,000 | |
| 46 | 45 | 포스트잇C | 5월 | 250 | 260 | 달성 | 3,000 | |
| 47 | 46 | 클립A | 5월 | 750 | 750 | 달성 | 4,000 | |
| 48 | 47 | 클립B | 5월 | 800 | 800 | 달성 | 4,500 | |
| 49 | 48 | 클립C | 5월 | 400 | 410 | 달성 | 4,500 | |
| 50 | 49 | 복사용지A | 5월 | 850 | 860 | 달성 | 5,000 | |
| 51 | 50 | 복사용지B | 5월 | 500 | 480 | 미달 | 6,000 | (Ctrl) |
| 52 | | | | | | | | |

5월 판매실적 | 요약 | 단가표

대상을 선택한 다음 <Enter> 키를 누르거나 [붙여넣기]를 선... 평균: 2,192 개수: 50 합계: 109,600

G2셀을 선택한 상태에서 Shift키를 누른 채로 마지막 G51셀을 클릭하면 G2:G51 범위가 선택된다. 이제 Ctrl+V로 붙여 넣으면 선택

된 영역에 G2셀과 같은 수식이 채워진다. 이때 채우기 핸들을 드래그하거나 더블클릭해도 되는데, 더블클릭은 왼쪽 모든 셀에 값이 채워져 있을 때만 잘 작동한다(실무에서는 왼쪽 일부 셀이 빈 경우가 더 많다. 즉, 채우기 핸들이 먹히지 않을 수 있다는 얘기다).

이렇게 〔상품명〕을 키값으로 '단가표' 시트에서 〔단가〕 값을 불러와 '5월 판매실적' 시트에 표시하는 데 성공했다. 직장에서 VLOOKUP을 사용하는 일은 정말 흔하다. 모르면 모를까 알면서 안 쓸 이유가 없다. 단가표, 조직도, 등급표와 같은 기준 정보 테이블에서 특정 키값을 기준으로 어떤 다른 값을 따올 때마다 쓰게 될 함수다.

**시트명 표기**

**수식을 입력할 때 참조할 시트명에 띄어쓰기가 없으면 따옴표(")가 생략된다.**

**HLOOKUP**

**HLOOKUP은 수직이 아니라 수평으로Horizontal 값을 찾아 불러오는 함수다. 'HLOOKUP(찾을 값, 찾을 범위, 그 값으로부터 몇 번째 행 값, FALSE)'과 같은 형태로 쓸 수 있다. 그런데 직장에서 다루는 데이터는 대부분 첫 행에 항목명이 있고 그 아래로 값들이 쭉 펼쳐진 형태다. 이 때문에 일반적으로 HLOOKUP보다는 VLOOKUP을 더 많이 쓴다. 다만 다루는 데이터의 구조가 첫 열에 항목명이 있고, 그 오른쪽으로 내용이 펼쳐지는 형태일 때는 HLOOKUP을 쓸 수 있다는 걸 알아두자.**

마지막으로 G열을 선택한 상태에서 오른쪽 정렬을 해준다. 숫자가 가운데나 왼쪽 정렬이 되어 있으면 크기 비교가 잘 되지 않기 때문이다. 그러니 숫자만큼은 꼭 세 자리 끊어 읽기와 오른쪽 정렬을 습관화한다.

G2 =VLOOKUP(B2,단가표!A:B,2,FALSE)

| | A | B | C | D | E | F | G |
|---|---|---|---|---|---|---|---|
| 1 | 순번 | 상품명 | 기준월 | 목표수량 | 실적수량 | 달성여부 | 단가 |
| 2 | 1 | 스프링노트A | 5월 | 600 | 640 | 달성 | 2,200 |
| 3 | 2 | 스프링노트B | 5월 | 350 | 380 | 달성 | 2,500 |
| 4 | 3 | 스프링노트C | 5월 | 400 | 420 | 달성 | 2,500 |
| 5 | 4 | 스프링노트D | 5월 | 150 | 160 | 달성 | 3,000 |
| 6 | 5 | 무지노트A | 5월 | 500 | 550 | 달성 | 1,500 |
| 7 | 6 | 무지노트B | 5월 | 450 | 470 | 달성 | 1,500 |
| 8 | 7 | 무지노트C | 5월 | 200 | 220 | 달성 | 1,500 |
| 9 | 8 | 무지노트D | 5월 | 200 | 190 | 미달 | 1,500 |

5월 판매실적 | 요약 | 단가표

**세 자리 끊어 읽기**

**숫자에 '세 자리 끊어 읽기' 서식을 지정하려면 셀 서식 단축키인 Ctrl+1을 누른 다음, '사용자 지정'에서 네 번째에 있는 '#,##0'을 설정하면 된다.**

## 새로운 값 정의하기

이제 상품별 목표수량과 실적수량에 단가를 각각 곱해 목표금액, 실적금액을 구할 수 있다. H1셀과 I1셀에 '목표금액', '실적금액'을 각각 적어준다. 조금 전 지정한 G열의 숫자 서식을 H열과 I열에도 동일하게 적용한다.

G1 | 단가

| | B | C | D | E | F | G | H | I |
|---|---|---|---|---|---|---|---|---|
| 1 | 상품명 | 기준월 | 목표수량 | 실적수량 | 달성여부 | 단가 | 목표금액 | 실적금액 |
| 2 | 스프링노트A | 5월 | 600 | 640 | 달성 | 2,200 | | |
| 3 | 스프링노트B | 5월 | 350 | 380 | 달성 | 2,500 | | |
| 4 | 스프링노트C | 5월 | 400 | 420 | 달성 | 2,500 | | |
| 5 | 스프링노트D | 5월 | 150 | 160 | 달성 | 3,000 | | |

G열을 선택해 Ctrl+C로 복사한다.

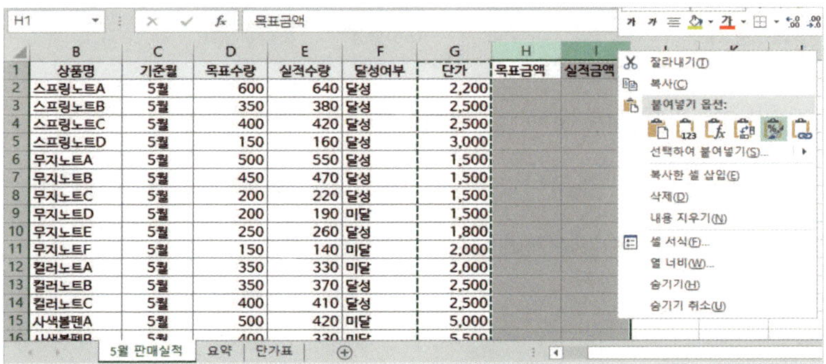

H1 | 목표금액

| | B | C | D | E | F | G | H | I |
|---|---|---|---|---|---|---|---|---|
| 1 | 상품명 | 기준월 | 목표수량 | 실적수량 | 달성여부 | 단가 | 목표금액 | 실적금액 |
| 2 | 스프링노트A | 5월 | 600 | 640 | 달성 | 2,200 | | |
| 3 | 스프링노트B | 5월 | 350 | 380 | 달성 | 2,500 | | |
| 4 | 스프링노트C | 5월 | 400 | 420 | 달성 | 2,500 | | |
| 5 | 스프링노트D | 5월 | 150 | 160 | 달성 | 3,000 | | |
| 6 | 무지노트A | 5월 | 500 | 550 | 달성 | 1,500 | | |
| 7 | 무지노트B | 5월 | 450 | 470 | 달성 | 1,500 | | |
| 8 | 무지노트C | 5월 | 200 | 220 | 달성 | 1,500 | | |
| 9 | 무지노트D | 5월 | 200 | 190 | 미달 | 1,500 | | |
| 10 | 무지노트E | 5월 | 250 | 260 | 달성 | 1,800 | | |
| 11 | 무지노트F | 5월 | 150 | 140 | 미달 | 2,000 | | |
| 12 | 컬러노트A | 5월 | 350 | 330 | 미달 | 2,000 | | |
| 13 | 컬러노트B | 5월 | 350 | 370 | 달성 | 2,500 | | |
| 14 | 컬러노트C | 5월 | 400 | 410 | 달성 | 2,500 | | |
| 15 | 사색볼펜A | 5월 | 500 | 420 | 미달 | 5,000 | | |



H열, I열을 마우스로 드래그해 연달아 선택한 다음, 마우스 오른쪽 버튼을 눌러 서식을 붙여 넣는다.

H2

| | B | C | D | E | F | G | H | I |
|---|---|---|---|---|---|---|---|---|
| 1 | 상품명 | 기준월 | 목표수량 | 실적수량 | 달성여부 | 단가 | 목표금액 | 실적금액 |
| 2 | 스프링노트A | 5월 | 600 | 640 | 달성 | 2,200 | | |
| 3 | 스프링노트B | 5월 | 350 | 380 | 달성 | 2,500 | | |
| 4 | 스프링노트C | 5월 | 400 | 420 | 달성 | 2,500 | | |
| 5 | 스프링노트D | 5월 | 150 | 160 | 달성 | 3,000 | | |

H열과 I열에 G열과 동일한 서식이 적용됐다. 처음부터 서식만 복사한 다음, 그 서식을 지정할 범위를 선택하는 방법도 있다.

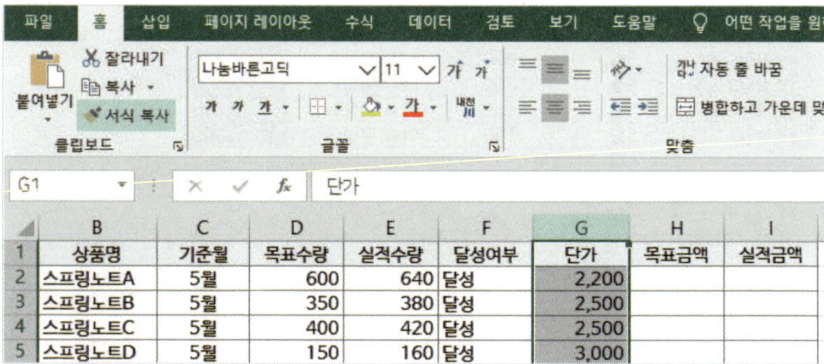


| | B | C | D | E | F | G | H | I |
|---|---|---|---|---|---|---|---|---|
| 1 | 상품명 | 기준월 | 목표수량 | 실적수량 | 달성여부 | 단가 | 목표금액 | 실적금액 |
| 2 | 스프링노트A | 5월 | 600 | 640 | 달성 | 2,200 | | |
| 3 | 스프링노트B | 5월 | 350 | 380 | 달성 | 2,500 | | |
| 4 | 스프링노트C | 5월 | 400 | 420 | 달성 | 2,500 | | |
| 5 | 스프링노트D | 5월 | 150 | 160 | 달성 | 3,000 | | |

G열을 누르고 화면 상단 홈 탭의 '서식 복사'를 누르면 기본 마우스 포인터에 붓 모양(✚🖌)이 붙는데, 이때 서식을 적용할 범위(H~I열)를 마우스로 드래그해 선택해주면 된다.

G2 =D2*G2

| | B | C | D | E | F | G | H | I |
|---|---|---|---|---|---|---|---|---|
| 1 | 상품명 | 기준월 | 목표수량 | 실적수량 | 달성여부 | 단가 | 목표금액 | 실적금액 |
| 2 | 스프링노트A | 5월 | 600 | 640 | 달성 | 2,200 | =D2*G2 | |
| 3 | 스프링노트B | 5월 | 350 | 380 | 달성 | 2,500 | | |
| 4 | 스프링노트C | 5월 | 400 | 420 | 달성 | 2,500 | | |
| 5 | 스프링노트D | 5월 | 150 | 160 | 달성 | 3,000 | | |

H2셀(=D2*G2)과 I2셀(=E2*G2)에 수식을 넣은 다음, 아래를 채워 보자. [목표금액]은 [목표수량]×[단가]로, [실적금액]은 [실적수량]×[단가]로 계산되어 나타나는 것을 볼 수 있다.

H2 =D2*G2

| | B | C | D | E | F | G | H | I |
|---|---|---|---|---|---|---|---|---|
| 1 | 상품명 | 기준월 | 목표수량 | 실적수량 | 달성여부 | 단가 | 목표금액 | 실적금액 |
| 2 | 스프링노트A | 5월 | 600 | 640 | 달성 | 2,200 | 1,320,000 | 1,408,000 |
| 3 | 스프링노트B | 5월 | 350 | 380 | 달성 | 2,500 | 875,000 | 950,000 |
| 4 | 스프링노트C | 5월 | 400 | 420 | 달성 | 2,500 | 1,000,000 | 1,050,000 |
| 5 | 스프링노트D | 5월 | 150 | 160 | 달성 | 3,000 | 450,000 | 480,000 |
| 6 | 무지노트A | 5월 | 500 | 550 | 달성 | 1,500 | 750,000 | 825,000 |
| 7 | 무지노트B | 5월 | 450 | 470 | 달성 | 1,500 | 675,000 | 705,000 |
| 8 | 무지노트C | 5월 | 200 | 220 | 달성 | 1,500 | 300,000 | 330,000 |

이렇게 상품별 목표금액과 실적금액을 모두 구했다.

(실습파일-4장 예제-답안-'5월 판매목표 및 실적_VLOOKUP 결과.xlsx' 파일 참고)

# 엑셀을 두고 왜 계산기로 더해요? [SUMIF]

## 상상 아닌 데이터로 바라보기

상품별 목표금액과 실적금액을 알았으니, 이번엔 목표 미달 품목들의 판매실적이 얼마나 나빴는지 확인할 차례다. 판매목표 미달 품목의 목표금액과 실적금액 합계를 각각 구해 비교해보자.

주어진 값

상품명, 상품별 판매목표 달성 여부,
상품별 판매목표금액, 상품별 판매실적금액

구할 값

판매목표 미달 품목의 목표금액 합계, 실적금액 합계

조건에 해당하는 값만 더해주고 싶을 땐 SUMIF 함수를 쓰면 된다. 이름 그대로 "이 조건에 해당하면 더해라."라는 뜻이다.
그런데 이 SUMIF를 다루기 전에 먼저 알아야 할 함수들이 있다. 바로 SUM과 SUBTOTAL이다.

### 기본 합계 함수 SUM

SUM은 말 그대로 원하는 값을 더해주는 함수다. 괄호 안에 더할 범위를 콤마(,)로 구분해준다. 범위는 셀 단위로 클릭하거나, 드래그해 영역으로 지정할 수도 있다. Ctrl키를 누른 상태로 셀이나 영역을 하나씩 선택하면 콤마(,)가 자동으로 찍힌다. +기호를 사용해 수식을 입력하는 것보다 훨씬 간편하다.

| SUM의 사용 | | | |
|---|---|---|---|
| =SUM( | number1, | [number2], | … ) |
| | 더할 범위1 | 더할 범위2 | 더할 범위 N |
| | A1 | B1:B5 | … |
| | A:A | B:B | … |

J1 | =sum(H2:H51)

| | A | B | C | D | E | F | G | H | I | J | K |
|---|---|---|---|---|---|---|---|---|---|---|---|
| 1 | 순번 | 상품명 | 기준월 | 목표수량 | 실적수량 | 달성여부 | 단가 | 목표금액 | 실적금액 | =sum(H2:H51) | |
| 2 | 1 | 스프링노트A | 5월 | 600 | 640 | 달성 | 2,200 | 1,320,000 | 1,408,000 | | |
| 3 | 2 | 스프링노트B | 5월 | 350 | 380 | 달성 | 2,500 | 875,000 | 950,000 | | |
| 4 | 3 | 스프링노트C | 5월 | 400 | 420 | 달성 | 2,500 | 1,000,000 | 1,050,000 | | |
| 5 | 4 | 스프링노트D | 5월 | 150 | 160 | 달성 | 3,000 | 450,000 | 480,000 | | |
| 6 | 5 | 무지노트A | 5월 | 500 | 550 | 달성 | 1,500 | 750,000 | 825,000 | | |

판매목표금액 합계를 구하려면 SUM의 범위를 H2셀에서 H51셀까지로 지정하면 된다. 그 범위에 공통된 서식이 있다면 서식까지 알아서 불러온다.

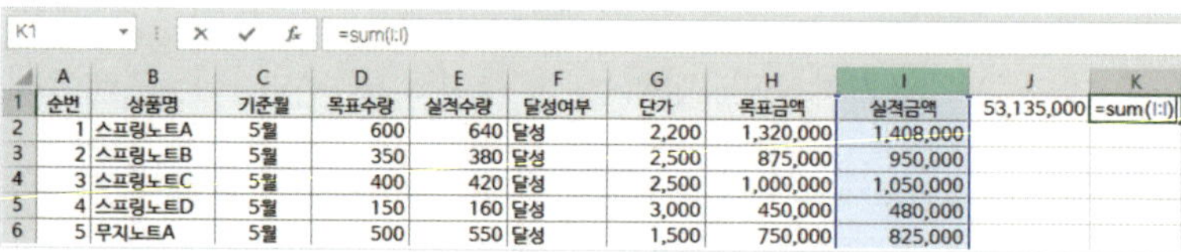

K1 | =sum(I:I)

| | A | B | C | D | E | F | G | H | I | J | K |
|---|---|---|---|---|---|---|---|---|---|---|---|
| 1 | 순번 | 상품명 | 기준월 | 목표수량 | 실적수량 | 달성여부 | 단가 | 목표금액 | 실적금액 | 53,135,000 | =sum(I:I) |
| 2 | 1 | 스프링노트A | 5월 | 600 | 640 | 달성 | 2,200 | 1,320,000 | 1,408,000 | | |
| 3 | 2 | 스프링노트B | 5월 | 350 | 380 | 달성 | 2,500 | 875,000 | 950,000 | | |
| 4 | 3 | 스프링노트C | 5월 | 400 | 420 | 달성 | 2,500 | 1,000,000 | 1,050,000 | | |
| 5 | 4 | 스프링노트D | 5월 | 150 | 160 | 달성 | 3,000 | 450,000 | 480,000 | | |
| 6 | 5 | 무지노트A | 5월 | 500 | 550 | 달성 | 1,500 | 750,000 | 825,000 | | |

이번에는 바로 옆 K1셀에 실적금액 합계를 구해본다. 더할 범위는 I열(I:I) 전체를 선택한다. 이렇게 첫 행까지 포함해 I열 전체(I:I)를 더하더라도 결과는 같다. SUM 함수에서 알아서 숫자만 더해주기 때문이다.

| H | I | J | K |
|---|---|---|---|
| 목표금액 | 실적금액 | 53,135,000 | 52353500 |
| 1,320,000 | 1,408,000 | | |
| 875,000 | 950,000 | | |

다만 이번에는 첫 행(I1셀)까지 선택해서 지정된 범위에 공통된 서식이 없다 보니 서식이 자동으로 지정되지 않았다. K1셀에서 셀 서식 단축키인 Ctrl+1을 누른 다음, '사용자 지정'에서 형식을 '#,##0'으로 지정해준다.

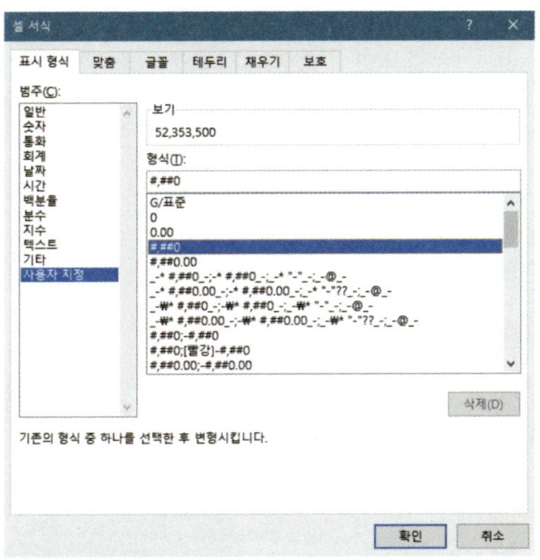


이제 목표 미달 품목에 대한 합계를 구하기 위해 Ctrl+Shift+L을 눌러 필터를 생성한다(또는 1행을 선택한 후 상단 데이터 탭-정렬 및 필터-필터 클릭).

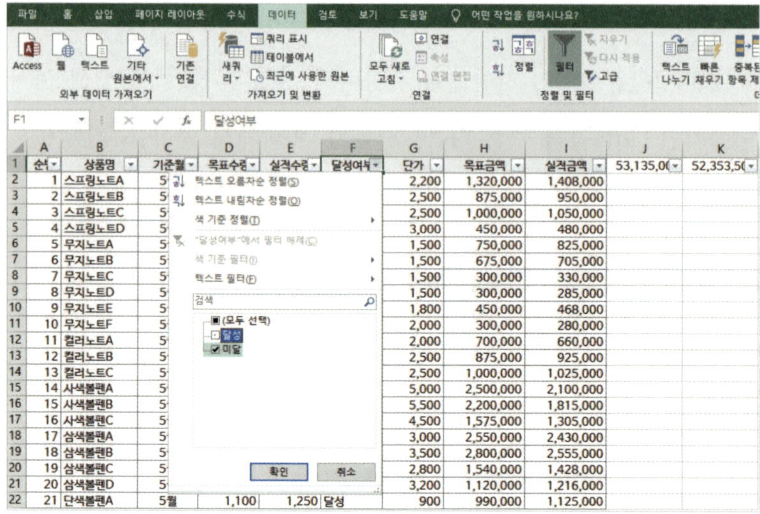

느낌상 필터에서 [달성여부]를 '미달'로 체크하고 SUM을 해주면 될 것 같은데…. 과연 그럴까?

**SUMPRODUCT**

SUMPRODUCT 함수를 이용하면 굳이 [목표금액], [실적금액] 열을 만들지 않고도 단번에 각 합계 금액을 구할 수 있다. J1셀은 D열 [목표수량]과 G열 [단가]의 곱(PRODUCT)을 모두 합친(SUM) 값인데, 이는 '=SUMPRODUCT(D:D, G:G)'의 결과와 같다. K1셀 역시 E열 [실적수량]과 G열 [단가]에 대해 '=SUMPRODUCT(E:E, G:G)'로 구할 수 있다. 다만 예제처럼 분석이 목적이라면 하나씩 풀어 쓰는 편이 낫다.

J1 | =SUM(H2:H51)

| | A | B | C | D | E | F | G | H | I | J | K |
|---|---|---|---|---|---|---|---|---|---|---|---|
| 1 | 순번 | 상품명 | 기준월 | 목표수량 | 실적수량 | 달성여부 | 단가 | 목표금액 | 실적금액 | 53,135,0( | 52,353,5( |
| 9 | 8 | 무지노트D | 5월 | 200 | 190 | 미달 | 1,500 | 300,000 | 285,000 | | |
| 11 | 10 | 무지노트F | 5월 | 150 | 140 | 미달 | 2,000 | 300,000 | 280,000 | | |
| 12 | 11 | 컬러노트A | 5월 | 350 | 330 | 미달 | 2,000 | 700,000 | 660,000 | | |

K1 | =SUM(I:I)

| | A | B | C | D | E | F | G | H | I | J | K |
|---|---|---|---|---|---|---|---|---|---|---|---|
| 1 | 순번 | 상품명 | 기준월 | 목표수량 | 실적수량 | 달성여부 | 단가 | 목표금액 | 실적금액 | 53,135,0( | 52,353,5( |
| 9 | 8 | 무지노트D | 5월 | 200 | 190 | 미달 | 1,500 | 300,000 | 285,000 | | |
| 11 | 10 | 무지노트F | 5월 | 150 | 140 | 미달 | 2,000 | 300,000 | 280,000 | | |
| 12 | 11 | 컬러노트A | 5월 | 350 | 330 | 미달 | 2,000 | 700,000 | 660,000 | | |

필터를 걸어도 J1셀과 K1셀 모두 값이 그대로다.

## 부분 합계(집계) 함수 SUBTOTAL

필터를 건 뒤 눈에 보이는 영역만 집계하려면 SUBTOTAL을 써야 한다.

**SUBTOTAL의 사용**

| =SUBTOTAL( | function_num, | ref1, | [ref2], | … ) |
|---|---|---|---|---|
| | 함수 번호 | 참조할 영역1 | 참조할 영역 2 | 참조할 영역 N |
| | 9(SUM) | A1 | B1:B5 | … |
| | 1(AVERAGE) | A:A | B:B | … |

SUBTOTAL은 부분SUB을 집계TOTAL하는 함수다. 필터가 걸린 영역의 합계뿐 아니라 평균, 개수, 최댓값, 최솟값 등도 구할 수 있다. SUBTOTAL 함수의 첫 번째 값으로는 function_num(함수 번호)이 오는데 '=SUBTOTAL('을 입력하면 번호별로 어떤 함수가 짝지어지는지 화면에 표시된다.

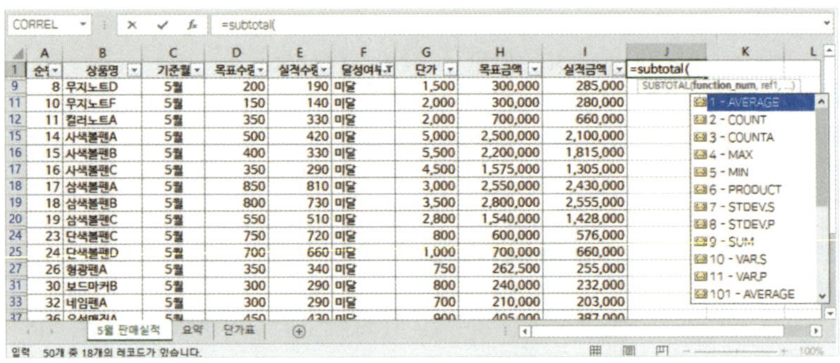

| | A | B | C | D | E | F | G | H | I | J |
|---|---|---|---|---|---|---|---|---|---|---|
| 1 | 순번 | 상품명 | 기준월 | 목표수량 | 실적수량 | 달성여부 | 단가 | 목표금액 | 실적금액 | =subtotal( |
| 9 | 8 | 무지노트D | 5월 | 200 | 190 | 미달 | 1,500 | 300,000 | 285,000 | |
| 11 | 10 | 무지노트F | 5월 | 150 | 140 | 미달 | 2,000 | 300,000 | 280,000 | |
| 12 | 11 | 컬러노트A | 5월 | 350 | 330 | 미달 | 2,000 | 700,000 | 660,000 | |
| 15 | 14 | 사색볼펜A | 5월 | 500 | 420 | 미달 | 5,000 | 2,500,000 | 2,100,000 | |
| 16 | 15 | 사색볼펜B | 5월 | 400 | 330 | 미달 | 5,500 | 2,200,000 | 1,815,000 | |
| 17 | 16 | 사색볼펜C | 5월 | 350 | 290 | 미달 | 4,500 | 1,575,000 | 1,305,000 | |
| 18 | 17 | 삼색볼펜A | 5월 | 850 | 810 | 미달 | 3,000 | 2,550,000 | 2,430,000 | |
| 19 | 18 | 삼색볼펜B | 5월 | 800 | 730 | 미달 | 3,500 | 2,800,000 | 2,555,000 | |
| 20 | 19 | 삼색볼펜C | 5월 | 550 | 510 | 미달 | 2,800 | 1,540,000 | 1,428,000 | |
| 24 | 23 | 단색볼펜C | 5월 | 750 | 720 | 미달 | 800 | 600,000 | 576,000 | |
| 25 | 24 | 단색볼펜D | 5월 | 700 | 660 | 미달 | 1,000 | 700,000 | 660,000 | |
| 27 | 26 | 형광펜A | 5월 | 350 | 340 | 미달 | 750 | 262,500 | 255,000 | |
| 31 | 30 | 보드마커B | 5월 | 300 | 290 | 미달 | 800 | 240,000 | 232,000 | |
| 33 | 32 | 네임펜A | 5월 | 300 | 290 | 미달 | 700 | 210,000 | 203,000 | |



function_num으로 1을 입력하면 필터 후 보이는 영역의 평균값(AVERAGE)을, 2는 숫자가 포함된 셀의 개수(COUNT)를, 3은 값이 채워진 셀의 개수(COUNTA)를 구해준다.

| I | J | K | L | M | N |
|---|---|---|---|---|---|
| 실적금액 | 53,135,00 | 52,353,50 | | | |
| 285,000 | =count | | | | |
| 280,000 | COUNT | 범위에서 숫자가 포함된 셀의 개수를 구한다. | | | |
| 660,000 | COUNTA | | | | |
| 2,100,000 | COUNTBLANK | | | | |
| 1,815,000 | COUNTIF | | | | |
| 1,305,000 | COUNTIFS | | | | |
| 2,430,000 | | | | | |

function_num에서 쓸 수 있는 집계 함수별 기능은 빈 셀에 괄호 없이 함수명까지만 입력하면 툴팁으로 확인할 수 있다. 역시나 외울 필요가 없다.

SUBTOTAL 함수도 SUM 함수와 마찬가지로 콤마(,)로 구분해서 여러 대상을 지정할 수 있다. 우리는 화면에 보이는 〔목표금액〕의 합계를 구하기 위해 SUM의 function_num인 9를 입력해주면 된다.

그 뒤로는 참조할reference 영역이 온다. 즉, function_num에서 지정한 함수를 써서 집계할 영역을 의미한다.

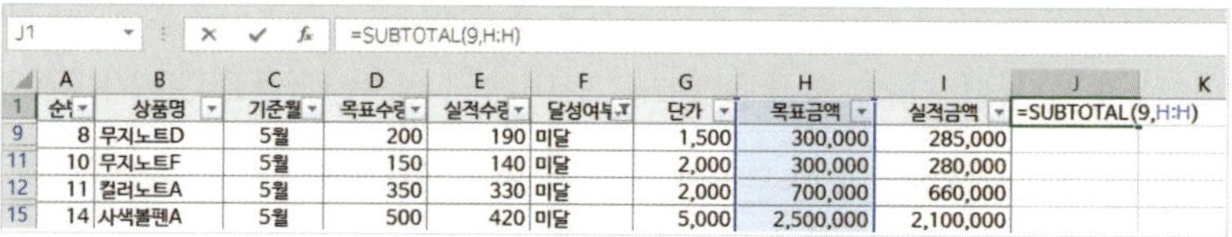

J1 =SUBTOTAL(9,H:H)

| | A | B | C | D | E | F | G | H | I | J | K |
|---|---|---|---|---|---|---|---|---|---|---|---|
| 1 | 순 | 상품명 | 기준월 | 목표수량 | 실적수량 | 달성여부 | 단가 | 목표금액 | 실적금액 | =SUBTOTAL(9,H:H) | |
| 9 | 8 | 무지노트D | 5월 | 200 | 190 | 미달 | 1,500 | 300,000 | 285,000 | | |
| 11 | 10 | 무지노트F | 5월 | 150 | 140 | 미달 | 2,000 | 300,000 | 280,000 | | |
| 12 | 11 | 컬러노트A | 5월 | 350 | 330 | 미달 | 2,000 | 700,000 | 660,000 | | |
| 15 | 14 | 사색볼펜A | 5월 | 500 | 420 | 미달 | 5,000 | 2,500,000 | 2,100,000 | | |

= SUBTOTAL(9,H:H)

**현재의 필터 상태에서 H열의 SUM(9)을 구해라.**

이번에는 전과 다르게 범위를 H2:H51이 아닌 H열(H:H)로 지정한다. 이렇게 열 전체로 범위를 지정하면 데이터가 51행 아래로 더 쌓이더라도 기존 수식을 수정할 필요가 없다.

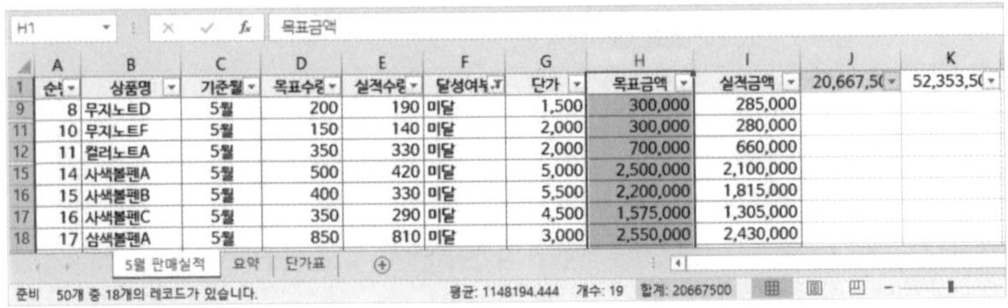

H1 | 목표금액

| | A | B | C | D | E | F | G | H | I | J | K |
|---|---|---|---|---|---|---|---|---|---|---|---|
| 1 | 순( | 상품명 | 기준월 | 목표수량 | 실적수량 | 달성여부 | 단가 | 목표금액 | 실적금액 | 20,667,5( | 52,353,5( |
| 9 | 8 | 무지노트D | 5월 | 200 | 190 | 미달 | 1,500 | 300,000 | 285,000 | | |
| 11 | 10 | 무지노트F | 5월 | 150 | 140 | 미달 | 2,000 | 300,000 | 280,000 | | |
| 12 | 11 | 컬러노트A | 5월 | 350 | 330 | 미달 | 2,000 | 700,000 | 660,000 | | |
| 15 | 14 | 사색볼펜A | 5월 | 500 | 420 | 미달 | 5,000 | 2,500,000 | 2,100,000 | | |
| 16 | 15 | 사색볼펜B | 5월 | 400 | 330 | 미달 | 5,500 | 2,200,000 | 1,815,000 | | |
| 17 | 16 | 사색볼펜C | 5월 | 350 | 290 | 미달 | 4,500 | 1,575,000 | 1,305,000 | | |
| 18 | 17 | 삼색볼펜A | 5월 | 850 | 810 | 미달 | 3,000 | 2,550,000 | 2,430,000 | | |

5월 판매실적 | 요약 | 단가표

준비 50개 중 18개의 레코드가 있습니다. 평균: 1148194.444 개수: 19 합계: 20667500

J1셀의 값이 H열 전체를 선택했을 때 하단에 나타나는 합계와 동일하다는 걸 알 수 있다. 하단의 평균과 개수도 각각 function_num1(AVERAGE)과 3(COUNTA)을 했을 때 나오는 값이다. 참고로 H1셀 값은 숫자가 아니기 때문에 function_num이 1일 때는 이 값을 제외한 18개 항목에 대해 평균을 낸다. 반면 3일 때는 COUNTA가 값이 채워진 셀의 개수이기 때문에 H1셀을 포함한 19개로 나온다.

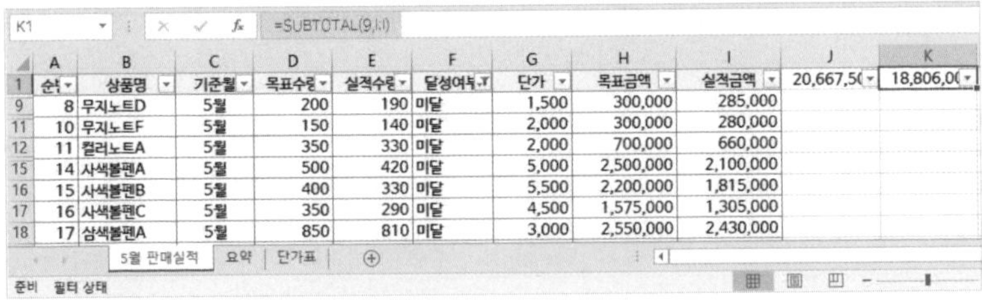

K1 | =SUBTOTAL(9,I:I)

| | A | B | C | D | E | F | G | H | I | J | K |
|---|---|---|---|---|---|---|---|---|---|---|---|
| 1 | 순( | 상품명 | 기준월 | 목표수량 | 실적수량 | 달성여부 | 단가 | 목표금액 | 실적금액 | 20,667,5( | 18,806,0( |
| 9 | 8 | 무지노트D | 5월 | 200 | 190 | 미달 | 1,500 | 300,000 | 285,000 | | |
| 11 | 10 | 무지노트F | 5월 | 150 | 140 | 미달 | 2,000 | 300,000 | 280,000 | | |
| 12 | 11 | 컬러노트A | 5월 | 350 | 330 | 미달 | 2,000 | 700,000 | 660,000 | | |
| 15 | 14 | 사색볼펜A | 5월 | 500 | 420 | 미달 | 5,000 | 2,500,000 | 2,100,000 | | |
| 16 | 15 | 사색볼펜B | 5월 | 400 | 330 | 미달 | 5,500 | 2,200,000 | 1,815,000 | | |
| 17 | 16 | 사색볼펜C | 5월 | 350 | 290 | 미달 | 4,500 | 1,575,000 | 1,305,000 | | |
| 18 | 17 | 삼색볼펜A | 5월 | 850 | 810 | 미달 | 3,000 | 2,550,000 | 2,430,000 | | |

5월 판매실적 | 요약 | 단가표

준비 필터 상태

K1셀에서도 I열에 대한 합계를 구해주었다. SUBTOTAL의 묘미는 이 상태에서 필터를 바꿔도 동작한다는 것이다.

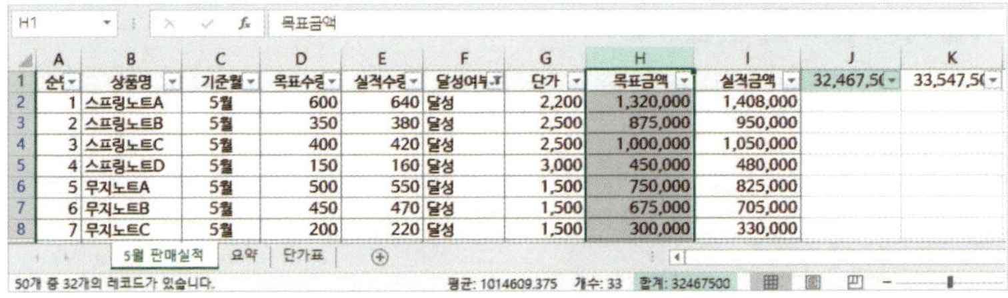

H1 | 목표금액

| | A | B | C | D | E | F | G | H | I | J | K |
|---|---|---|---|---|---|---|---|---|---|---|---|
| 1 | 순( | 상품명 | 기준월 | 목표수량 | 실적수량 | 달성여부 | 단가 | 목표금액 | 실적금액 | 32,467,5( | 33,547,5( |
| 2 | 1 | 스프링노트A | 5월 | 600 | 640 | 달성 | 2,200 | 1,320,000 | 1,408,000 | | |
| 3 | 2 | 스프링노트B | 5월 | 350 | 380 | 달성 | 2,500 | 875,000 | 950,000 | | |
| 4 | 3 | 스프링노트C | 5월 | 400 | 420 | 달성 | 2,500 | 1,000,000 | 1,050,000 | | |
| 5 | 4 | 스프링노트D | 5월 | 150 | 160 | 달성 | 3,000 | 450,000 | 480,000 | | |
| 6 | 5 | 무지노트A | 5월 | 500 | 550 | 달성 | 1,500 | 750,000 | 825,000 | | |
| 7 | 6 | 무지노트B | 5월 | 450 | 470 | 달성 | 1,500 | 675,000 | 705,000 | | |
| 8 | 7 | 무지노트C | 5월 | 200 | 220 | 달성 | 1,500 | 300,000 | 330,000 | | |

5월 판매실적 | 요약 | 단가표

50개 중 32개의 레코드가 있습니다. 평균: 1014609.375 개수: 33 합계: 32467500

[달성여부] 값을 필터에서 '달성'으로 바꿔주자 J1셀과 K1셀의 값이 자동으로 새 필터 영역에 대한 합계로 바뀌었다.

그러나 SUBTOTAL의 치명적인 단점은 필터를 해제하면(Ctrl + Shift + L) 구해놓은 부분의 집계 결과가 사라진다는 것이다.

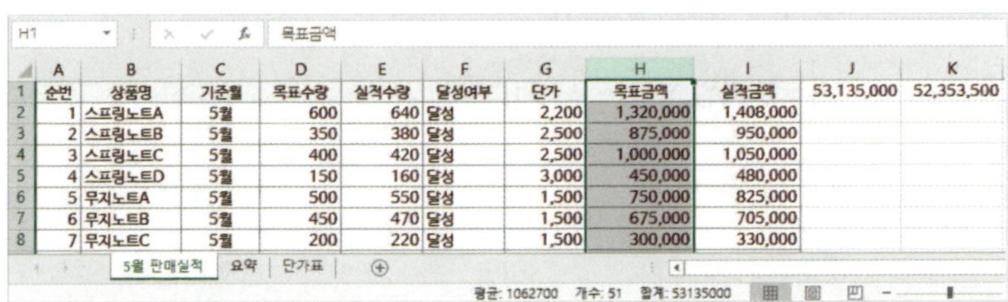

H1 | 목표금액

| | A | B | C | D | E | F | G | H | I | J | K |
|---|---|---|---|---|---|---|---|---|---|---|---|
| 1 | 순번 | 상품명 | 기준월 | 목표수량 | 실적수량 | 달성여부 | 단가 | 목표금액 | 실적금액 | 53,135,000 | 52,353,500 |
| 2 | 1 | 스프링노트A | 5월 | 600 | 640 | 달성 | 2,200 | 1,320,000 | 1,408,000 | | |
| 3 | 2 | 스프링노트B | 5월 | 350 | 380 | 달성 | 2,500 | 875,000 | 950,000 | | |
| 4 | 3 | 스프링노트C | 5월 | 400 | 420 | 달성 | 2,500 | 1,000,000 | 1,050,000 | | |
| 5 | 4 | 스프링노트D | 5월 | 150 | 160 | 달성 | 3,000 | 450,000 | 480,000 | | |
| 6 | 5 | 무지노트A | 5월 | 500 | 550 | 달성 | 1,500 | 750,000 | 825,000 | | |
| 7 | 6 | 무지노트B | 5월 | 450 | 470 | 달성 | 1,500 | 675,000 | 705,000 | | |
| 8 | 7 | 무지노트C | 5월 | 200 | 220 | 달성 | 1,500 | 300,000 | 330,000 | | |

5월 판매실적 | 요약 | 단가표

평균: 1062700 개수: 51 합계: 53135000

필터를 해제하자 모든 게 원래대로 돌아왔다. 본래 과제였던 '미달' 품목에 대한 목표금액과 실적금액 합계 대신 전체 품목에 대한 금액 합계로 되돌아왔다.

**엑셀력이 필요한 순간 #4**

간과해서는 안 될 부분이다. 필터와 SUBTOTAL 조합으로 원하는 조건의 값을 편하게 집계할 수 있지만, 반복적인 데이터 가공 작업에서는 독이 된다.

이런 이유로 SUBTOTAL은 값을 일회성으로 산출할 때만 사용한다. 필터를 걸었을 때 나온 집계값이 계속해서 필요할 때는 SUMIF를 쓰면 된다.

**SUMIF의 사용**

| =SUMIF( | range, | criteria, | [sum_range]) |
|---|---|---|---|
| | 비교할 범위 | 기준값 | 더할 범위 |
| | F:F [달성여부] | "미달" | H:H [목표금액] |
| | F:F [달성여부] | "미달" | I:I [실적금액] |
| | E:E [실적수량] | ">=100" | I:I [실적금액] |
| | E:E [실적수량] | "<100" | I:I [실적금액] |

SUMIF의 개념은 조금 복잡한데, 크게 보면 '만일 ~라면 더해라'라는 뜻이다. 더 정확하게는 '이 범위range에 있는 값이 기준criteria을 충족한다면 [sum_range]에 해당하는 값을 더해라.'라고 할 수 있다.

= SUMIF(F:F,“미달”,H:H)

F열에서 그 값이 “미달”인 셀을 찾아

같은 행에 위치한 H열값(목표금액)을 더해라.

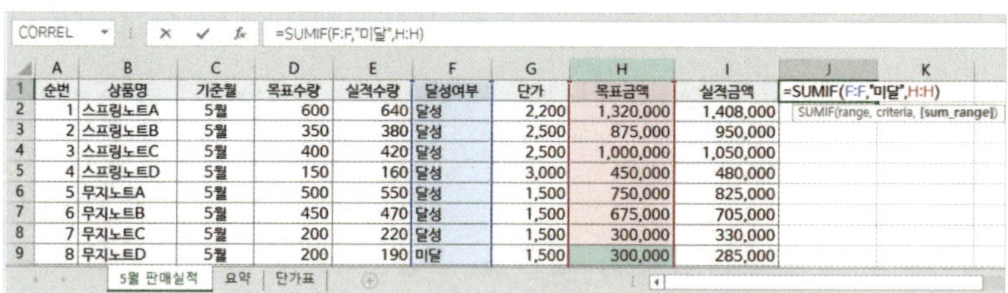

CORREL =SUMIF(F:F,"미달",H:H)

| | A | B | C | D | E | F | G | H | I | J | K |
|---|---|---|---|---|---|---|---|---|---|---|---|
| 1 | 순번 | 상품명 | 기준월 | 목표수량 | 실적수량 | 달성여부 | 단가 | 목표금액 | 실적금액 | =SUMIF(F:F,"미달",H:H) | |
| 2 | 1 | 스프링노트A | 5월 | 600 | 640 | 달성 | 2,200 | 1,320,000 | 1,408,000 | SUMIF(range, criteria, [sum_range]) | |
| 3 | 2 | 스프링노트B | 5월 | 350 | 380 | 달성 | 2,500 | 875,000 | 950,000 | | |
| 4 | 3 | 스프링노트C | 5월 | 400 | 420 | 달성 | 2,500 | 1,000,000 | 1,050,000 | | |
| 5 | 4 | 스프링노트D | 5월 | 150 | 160 | 달성 | 3,000 | 450,000 | 480,000 | | |
| 6 | 5 | 무지노트A | 5월 | 500 | 550 | 달성 | 1,500 | 750,000 | 825,000 | | |
| 7 | 6 | 무지노트B | 5월 | 450 | 470 | 달성 | 1,500 | 675,000 | 705,000 | | |
| 8 | 7 | 무지노트C | 5월 | 200 | 220 | 달성 | 1,500 | 300,000 | 330,000 | | |
| 9 | 8 | 무지노트D | 5월 | 200 | 190 | 미달 | 1,500 | 300,000 | 285,000 | | |

5월 판매실적 | 요약 | 단가표

F열(F:F)이라는 범위에서 값이 '미달'인 첫 번째 셀은 아홉 번째 행이다. 그러면 H열(H:H)에서 아홉 번째에 위치하는 300,000을 더해주는 것이다. 그다음에 오는 '미달' 상품의 목표금액 값도 이런 식으로 하나씩 차례대로 더해준다.

**SUMIF의 활용**

**셀 안에 있는 숫자를 다른 값과 비교하고 싶을 때도 SUMIF를 쓸 수 있다. =SUMIF(E:E,“>=100”,I:I)와 같이 말이다. '100개 이상 팔린 상품의 판매실적금액을 더해라'라는 뜻이다.**

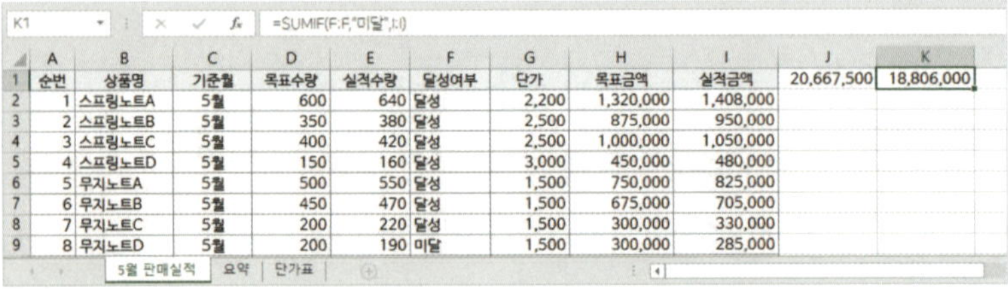

K1 =SUMIF(F:F,"미달",I:I)

| | A | B | C | D | E | F | G | H | I | J | K |
|---|---|---|---|---|---|---|---|---|---|---|---|
| 1 | 순번 | 상품명 | 기준월 | 목표수량 | 실적수량 | 달성여부 | 단가 | 목표금액 | 실적금액 | 20,667,500 | 18,806,000 |
| 2 | 1 | 스프링노트A | 5월 | 600 | 640 | 달성 | 2,200 | 1,320,000 | 1,408,000 | | |
| 3 | 2 | 스프링노트B | 5월 | 350 | 380 | 달성 | 2,500 | 875,000 | 950,000 | | |
| 4 | 3 | 스프링노트C | 5월 | 400 | 420 | 달성 | 2,500 | 1,000,000 | 1,050,000 | | |
| 5 | 4 | 스프링노트D | 5월 | 150 | 160 | 달성 | 3,000 | 450,000 | 480,000 | | |
| 6 | 5 | 무지노트A | 5월 | 500 | 550 | 달성 | 1,500 | 750,000 | 825,000 | | |
| 7 | 6 | 무지노트B | 5월 | 450 | 470 | 달성 | 1,500 | 675,000 | 705,000 | | |
| 8 | 7 | 무지노트C | 5월 | 200 | 220 | 달성 | 1,500 | 300,000 | 330,000 | | |
| 9 | 8 | 무지노트D | 5월 | 200 | 190 | 미달 | 1,500 | 300,000 | 285,000 | | |

5월 판매실적 | 요약 | 단가표

이렇게 〔달성여부〕가 '미달'인 품목의 목표금액 합계와 실적금액 합계를 구했다. (실습파일-4장 예제-답안-'5월 판매목표 및 실적_SUMIF 결과.xlsx' 파일 참고)

SUMIF를 활용해 J1셀과 K1셀의 값을 구한 건 분석 중에서도 아주 단편적이다. SUMIF는 '하나'의 조건에 해당하는 값들을 더하기'만' 하기 때문이다. 앞서 배운 COUNTIF도 마찬가지다. 팀장이 내준 과제는 지난달 판매실적이 저조했던 원인을 찾아 당장 가져오라는 것이었다. 짧은 시간 안에 다각도로 분석해야 하는데, 어느 세월에 수식을 치고 앉아 있겠는가.

**IFS, COUNTIFS, SUMIFS**

IF, COUNTIF, SUMIF가 각각 '이 조건에 해당하면 △△△를 출력해라/세어라/더해라'라는 뜻이라면, 조건이 여러 개일 때는 IFS, COUNTIFS, SUMIFS를 쓸 수 있다. 모두 알아두면 유용한 함수지만, 기본 함수만으로도 원하는 수식을 충분히 표현할 수 있으므로 참고만 해두자.

# 엑셀을 쓰는데 이거 모르면 답 없죠! [$절대참조$]

### 참조의 개념(feat. 상대참조)

직장인 엑셀 기본기에서 꼭 강조하고 싶은 기능이 바로 '참조'다. 참조란 등호(=) 뒤에 오는 셀의 위치에 있는 값을 따오라는 뜻인데, 이 기능 덕분에 엑셀의 편리함이 극대화된다.

| A1 | fx | 100 |
|---|---|---|

| | A | B | C | D |
|---|---|---|---|---|
| 1 | 100 | | | |
| 2 | | | | |

새 시트의 A1셀에 100이라는 값을 입력한 다음, 또 다른 셀에 '=A1'을 입력해보자. A1을 셀 위치로 인식해 그 셀에 들어 있는 '100'이라는 값을 결과로 보여줄 것이다. 즉, 등호 뒤의 'A1'은 A1이

라는 텍스트가 아니라 A1셀의 위치에 있는 값을 내놓으란 뜻이다. 기본적인 참조의 개념이다.

앞선 예제에서 상품별 판매목표수량의 달성 여부를 구했을 때를 떠올려보자.

CORREL | =IF(E2>=D2,"달성","미달")

| | A | B | C | D | E | F | G | H |
|---|---|---|---|---|---|---|---|---|
| 1 | 순번 | 상품명 | 기준월 | 목표수량 | 실적수량 | 달성여부 | | |
| 2 | 1 | 스프링노트A | 5월 | 600 | 640 | =IF(E2>=D2,"달성","미달") | | |
| 3 | 2 | 스프링노트B | 5월 | 350 | 380 | 달성 | | |
| 4 | 3 | 스프링노트C | 5월 | 400 | 420 | 달성 | | |

F2셀에 열심히 수식을 작성한 다음, 셀을 그대로 복사해 아래 셀들에 붙여 넣었다.

CORREL | =IF(E3>=D3,"달성","미달")

| | A | B | C | D | E | F | G | H |
|---|---|---|---|---|---|---|---|---|
| 1 | 순번 | 상품명 | 기준월 | 목표수량 | 실적수량 | 달성여부 | | |
| 2 | 1 | 스프링노트A | 5월 | 600 | 640 | 달성 | | |
| 3 | 2 | 스프링노트B | 5월 | 350 | 380 | =IF(E3>=D3,"달성","미달") | | |
| 4 | 3 | 스프링노트C | 5월 | 400 | 420 | 달성 | | |

F3셀에 들어간 수식을 한번 살펴보자. F2셀에 참조할 셀로 입력한 E2와 D2가 각각 E3과 D3으로 바뀌어 있다(E2→E3, D2→D3). 수식을 한 칸 아래에 붙여 넣자 참조할 셀 위치도 한 칸 아래로 이동한 것이다. 이를 '상대참조'라 한다.

이렇듯 엑셀에서는 셀을 복사해 붙여 넣거나 잘라서 붙여 넣을 때 수식 안에서 셀 간의 상대적인 위치를 참조한다. 채우기 핸들(**+**)로 자동 채우기를 할 때도 마찬가지다.

CORREL | × ✓ *fx* | =VLOOKUP(D3,A3:B8,2,FALSE)

| | A | B | C | D | E | F | G | H |
|---|---|---|---|---|---|---|---|---|
| 1 | <전체 명단> | | | <참석자 명단> | | | | |
| 2 | 이름 | 나이 | | 이름 | 나이 | | | |
| 3 | 김과장 | 35 | | 이대리 | =VLOOKUP(D3,A3:B8,2,FALSE) | | | |
| 4 | 박차장 | 41 | | 오부장 | | | | |
| 5 | 오부장 | 44 | | 박차장 | | | | |
| 6 | 이대리 | 32 | | | | | | |
| 7 | 장팀장 | 48 | | | | | | |
| 8 | 최실장 | 38 | | | | | | |
| 9 | | | | | | | | |

그런데 상대참조를 사용하다 보면 위와 같이 반대의 니즈가 생길 때도 있다. **(실습파일-4장 예제-'참조의 개념.xlsx' 파일 참고)** 참석자 명단을 작성하면서 이름을 키값으로 전체 명단에서 〔나이〕 값을 찾아 불러오는 상황이다. 이때는 이 대리(D3), 오 부장(D4), 박 차장(D5)을 전체 명단이라는 고정된 영역(A3:B8)에서 찾아야 한다.

## 엑셀력이 필요한 순간 #5

여기서 만약 E3셀을 그대로 복사해 E5셀에 넣어주면, 찾는 값은 'D3(이대리)→D5(박차장)'로 맞게 옮겨 가지만 찾을 영역까지

'A3:B8→A5:B10'과 같이 아래로 두 칸씩 밀리는 문제가 있다.

CORREL | =VLOOKUP(D5,A5:B10,2,FALSE)

| | A | B | C | D | E | F | G | H |
|---|---|---|---|---|---|---|---|---|
| 1 | <전체 명단> | | | <참석자 명단> | | | | |
| 2 | 이름 | 나이 | | 이름 | 나이 | | | |
| 3 | 김과장 | 35 | | 이대리 | 32 | | | |
| 4 | 박차장 | 41 | | 오부장 | 44 | | | |
| 5 | 오부장 | 44 | | 박차장 | =VLOOKUP(D5,A5:B10,2,FALSE) | | | |
| 6 | 이대리 | 32 | | | | | | |
| 7 | 장팀장 | 48 | | | | | | |
| 8 | 최실장 | 38 | | | | | | |
| 9 | | | | | | | | |
| 10 | | | | | | | | |

찾는 영역에 '박차장'이 없기 때문에 '#N/A(Not Available)' 에러가 뜬다(241쪽 수식 에러 참고).

이럴 땐 참조 위치가 상대적으로 움직이지 않도록 셀 위치를 고정한 상태로 복사해야 한다. 이를 '절대참조'라 한다.

A3 | =VLOOKUP(D3,A3:B8

| | A | B | C | D | E | F | G | H |
|---|---|---|---|---|---|---|---|---|
| 1 | <전체 명단> | | | <참석자 명단> | | | | |
| 2 | 이름 | 나이 | | 이름 | 나이 | | | |
| 3 | 김과장 | 35 | | 이대리 | =VLOOKUP(D3,A3:B8 | | | |
| 4 | 박차장 | 41 | | 오부장 | VLOOKUP(lookup_value, **table_array**, col_index_num, | | | |
| 5 | 오부장 | 44 | | 박차장 | | | | |
| 6 | 이대리 | 32 | | | | | | |
| 7 | 장팀장 | 48 | | | | | | |
| 8 | 최실장 | 38 | | | | | | |
| 9 | | | | | | | | |

사용 방법도 간단하다. E3셀에 수식을 입력할 때 A3:B8을 드래그한 다음, F4키를 눌러주면 된다.

A3 | =VLOOKUP(D3,$A$3:$B$8

|  | A | B | C | D | E | F | G | H |
|---|---|---|---|---|---|---|---|---|
| 1 | <전체 명단> |  |  | <참석자 명단> |  |  |  |  |
| 2 | 이름 | 나이 |  | 이름 | 나이 |  |  |  |
| 3 | 김과장 | 35 |  | 이대리 | =VLOOKUP(D3,$A$3:$B$8 |  |  |  |
| 4 | 박차장 | 41 |  | 오부장 | VLOOKUP(lookup_value, **table_array**, col_index_num, |  |  |  |
| 5 | 오부장 | 44 |  | 박차장 |  |  |  |  |
| 6 | 이대리 | 32 |  |  |  |  |  |  |
| 7 | 장팀장 | 48 |  |  |  |  |  |  |
| 8 | 최실장 | 38 |  |  |  |  |  |  |
| 9 |  |  |  |  |  |  |  |  |

A3:B8이라는 글자 사이사이에 달러$ 표시가 붙었다. A3셀과 B8셀을 각각 고정한 것이다. $A$3은 열을 뜻하는 A와 행을 뜻하는 3에 각각 달러 표시를 붙여 참조할 행과 열 위치를 고정한다는 뜻이다.

CORREL | =VLOOKUP(D5,$A$3:$B$8,2,FALSE)

|  | A | B | C | D | E | F | G | H |
|---|---|---|---|---|---|---|---|---|
| 1 | <전체 명단> |  |  | <참석자 명단> |  |  |  |  |
| 2 | 이름 | 나이 |  | 이름 | 나이 |  |  |  |
| 3 | 김과장 | 35 |  | 이대리 | 32 |  |  |  |
| 4 | 박차장 | 41 |  | 오부장 | 44 |  |  |  |
| 5 | 오부장 | 44 |  | 박차장 | =VLOOKUP(D5,$A$3:$B$8,2,FALSE) |  |  |  |
| 6 | 이대리 | 32 |  |  |  |  |  |  |
| 7 | 장팀장 | 48 |  |  |  |  |  |  |
| 8 | 최실장 | 38 |  |  |  |  |  |  |
| 9 |  |  |  |  |  |  |  |  |

이렇게 수식을 마저 채우면 E5셀에서도 $A$3:$B$8 영역에서 '박차장'을 찾아 그 값으로부터 오른쪽으로 두 번째 열에 있는 박 차장의 나이(41)를 가져올 수 있다.

참고로 $를 A 앞에만 붙여 A행만 고정하거나 3 앞에만 붙여 3열만 고정할 수도 있다. 행과 열 중 한쪽만 변화를 주어 수식을 재사용하고 싶을 때 사용한다.

이때도 F4키를 이용하면 쉽게 입력할 수 있다. F4키를 한 번 누를 때마다 참조하는 영역에서 고정하는 대상이 달라지기 때문이다.

| 기본 입력 | F4x1회 | F4x2회 | F4x3회 | F4x4회 |
|---|---|---|---|---|
| A3 | $A$3 | A$3 | $A3 | A3 |
| A3:B8 | $A$3:$B$8 | A$3:B$8 | $A3:$B8 | A3:B8 |

위 표의 수식과 결괏값을 보면서 원하는 형태로 고정될 때까지 F4키를 더 눌러주면 된다. 실무에서는 범위부터 지정한 다음, 고정할 필요가 있으면 그때 가서 F4키를 눌러 절대참조를 걸어준다.

참조를 잘 쓸 수 있을 때까지 적응하려면 머리가 아프겠지만 참조를 모르면서 직장인 엑셀을 잘할 수는 없다. 복잡한 함수 몇 개 더 아는 것보다 참조를 잘 활용하는 게 더 쓸모 있다는 걸 기억하자.

# 복잡한 데이터도 클릭 한 방에 요약한다! [피벗테이블 I]

## 세상 간편한 피벗테이블 사용법

피벗테이블은 원본 데이터 중 요약해서 보고 싶은 항목만을 행, 열, 값이라는 각 영역에 끌어놓기만 하면 알아서 보고 양식을 만들어주는 '드래그 앤드 드롭drag and drop' 방식의 엑셀 기능이다.

참고로 '피벗Pivot'은 어떤 축을 중심으로 물체를 회전시키는 것을 의미하는데, 피벗테이블을 이용해 요약하고 싶은 항목을 가로축과 세로축에 자유롭게 두면 보고 양식을 유동적으로 생성할 수 있다.

사무용품 판매실적 예제를 피벗테이블을 활용해 다시 풀어보자. 작업하던 파일을 그대로 사용할 것이다. **(실습파일-4장 예제-답안-'5월_판매 목표 및 실적_SUMIF 결과.xlsx' 파일 참고)**

| | A | B | C | D | E | F | G | H | I | J | K |
|---|---|---|---|---|---|---|---|---|---|---|---|
| 1 | 순번 | 상품명 | 기준월 | 목표수량 | 실적수량 | 달성여부 | 단가 | 목표금액 | 실적금액 | 20,667,500 | 18,806,000 |
| 2 | 1 | 스프링노트A | 5월 | 600 | 640 | 달성 | 2,200 | 1,320,000 | 1,408,000 | | |
| 3 | 2 | 스프링노트B | 5월 | 350 | 380 | 달성 | 2,500 | 875,000 | 950,000 | | |
| 4 | 3 | 스프링노트C | 5월 | 400 | 420 | 달성 | 2,500 | 1,000,000 | 1,050,000 | | |
| 5 | 4 | 스프링노트D | 5월 | 150 | 160 | 달성 | 3,000 | 450,000 | 480,000 | | |
| 6 | 5 | 무지노트A | 5월 | 500 | 550 | 달성 | 1,500 | 750,000 | 825,000 | | |
| 7 | 6 | 무지노트B | 5월 | 450 | 470 | 달성 | 1,500 | 675,000 | 705,000 | | |
| 8 | 7 | 무지노트C | 5월 | 200 | 220 | 달성 | 1,500 | 300,000 | 330,000 | | |
| 9 | 8 | 무지노트D | 5월 | 200 | 190 | 미달 | 1,500 | 300,000 | 285,000 | | |
| 10 | 9 | 무지노트E | 5월 | 250 | 260 | 달성 | 1,800 | 450,000 | 468,000 | | |
| 11 | 10 | 무지노트F | 5월 | 150 | 140 | 미달 | 2,000 | 300,000 | 280,000 | | |
| 12 | 11 | 컬러노트A | 5월 | 350 | 330 | 미달 | 2,000 | 700,000 | 660,000 | | |

먼저 피벗테이블로 분석할 데이터의 범위를 지정한다. '5월 판매실적' 시트의 'A1:I51' 또는 'A:I'를 마우스로 드래그하면 된다. 그다음 상단의 '삽입' 탭에서 '피벗테이블' 버튼을 클릭한다.

**첫 행의 값**

**참고로 피벗테이블을 'A:I'와 같이 열을 기준으로 생성하면, 나중에 로 데이터가 51행 아래로 더 쌓이더라도 새로 범위를 지정할 필요가 없다. 단, 이렇게 열로 범위를 지정할 때는 그 열의 1행값을 항목명으로 인식하기 때문에 1행이 비어 있으면 에러가 뜬다. 첫 행은 꼭 값을 채우도록 하자.**

아래와 같이 설정창이 뜰 것이다.

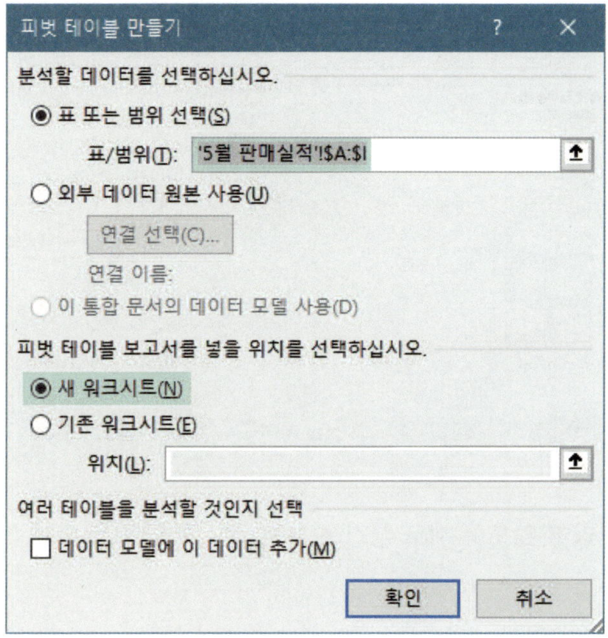


범위가 '5월 판매실적'!$A:$I로 지정된 걸 확인할 수 있다. 피벗테이블은 기본적으로 새 워크시트에 생성되는데, '기존 워크시트'에 체크하면 원하는 셀 위치에 만들 수도 있다. 확인 버튼을 누른다.

여기서부터는 무작정 따라해보자. 피벗테이블은 사용법이 워낙 직관적이어서 설명이 더 어렵다. 그러니 겁먹을 필요 없다.

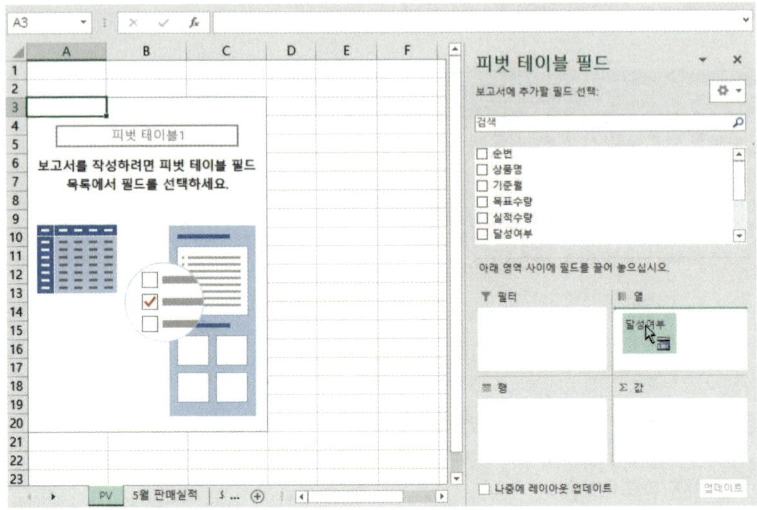


시트들이 헷갈리지 않도록 새로 생긴 시트는 'PV'로 이름을 바꿔주었다.

피벗테이블을 구성하기 위해 오른쪽 창 상단의 항목들을 하나씩 끌어다가 아래의 네 가지 영역에 갖다 놓을 것이다. 보통은 열 영역과 행 영역에 먼저 항목을 두어 이 데이터의 정체가 뭔지 파악하곤 한다. 가장 먼저 [달성여부] 항목을 마우스로 드래그해서 열 영역에 가져다 놓자.

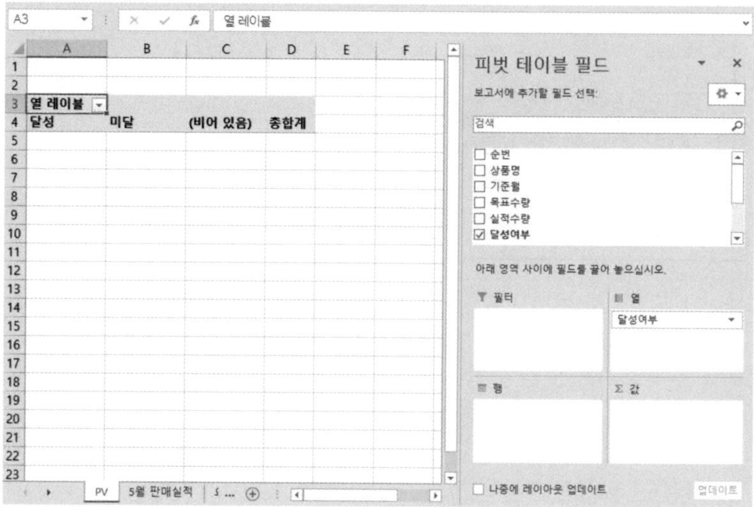


〔달성여부〕 값인 '달성', '미달'이 각 열에 자동으로 들어가 있다. '(비어 있음)'은 〔달성여부〕 값이 빈 셀이 있기 때문에 나타난다. 원본 시트의 51행 아래에 있는 셀들이다.

이번에는 〔달성여부〕 값이 '달성'인 품목수와 '미달'인 품목수를 각각 집계하기 위해 〔상품명〕 항목을 마찬가지로 마우스로 드래그해서 값 영역에 갖다 두자.

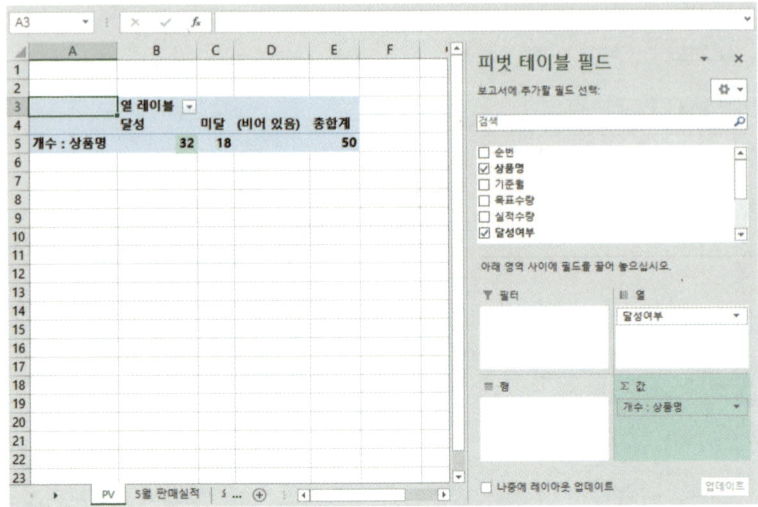


값 영역을 보면 [상품명]이 '개수'로 자동 집계되는데, 여기서 '개수'는 값이 채워진 셀의 수를 말한다.

보기에 거슬리는 값은 테이블에서 숨기는 게 좋다. 피벗테이블에서 열 레이블 옆의 역삼각형 버튼을 눌러 [달성여부] 값 중 '(비어 있음)'은 필터를 해제한다.

**피벗테이블 설정**

**이 설정은 142쪽에서 잠깐 다룬 COUNTA 함수처럼 값이 채워진 셀만 센다. 따라서 [상품명] 값이 빈 셀이 없어야만 원하는 결과(달성 여부별 품목수)가 나온다.**

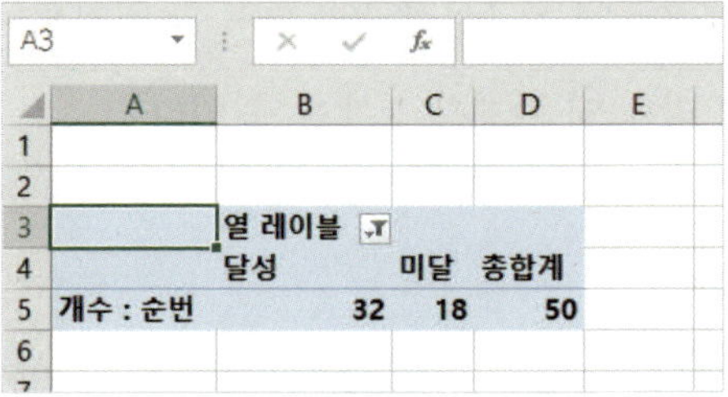


이렇게 〔달성여부〕 값에 따른 품목수를 구했다. '달성'은 32개, '미달'은 18개, 전체 품목수는 50개다. COUNTIF로 구한 결과와 같다. 함수 입력 없이 마우스 클릭만으로 손쉽게 '개수(달성 여부별 품목수)'를 집계한 것이다.

## 어떤 집계도 마우스 클릭으로 해결 가능

앞서 SUMIF로 구했던 달성 여부에 따른 목표금액 합계와 실적금액 합계도 마우스 클릭 두 번 만에 구할 수 있다.

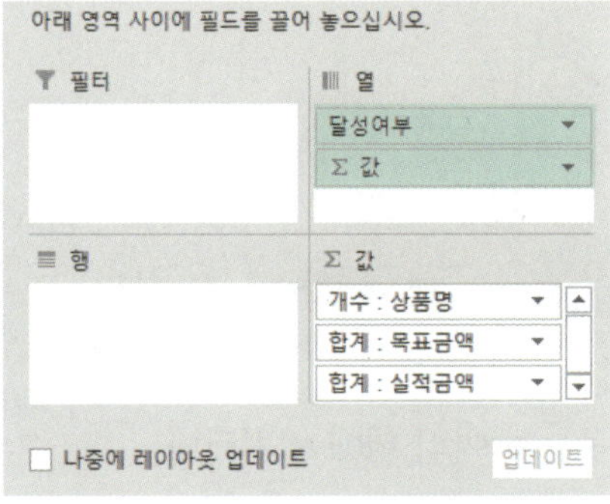

〔목표금액〕과 〔실적금액〕까지 값 영역으로 끌어다 놓으면 달성 여부별 각 금액 합계를 집계할 수 있다.

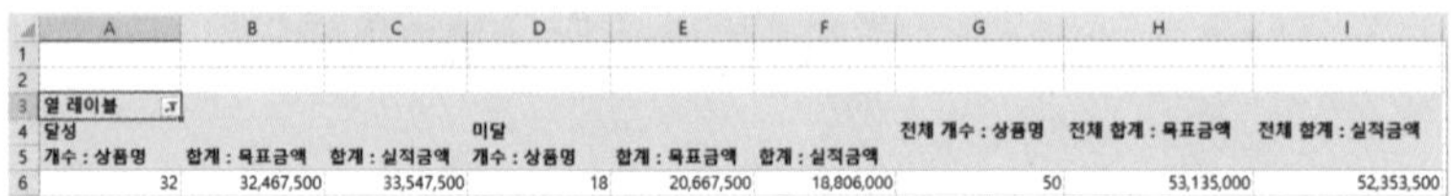

| 열 레이블 | | | | | | | | |
|---|---|---|---|---|---|---|---|---|
| 달성 | | | 미달 | | | 전체 개수 : 상품명 | 전체 합계 : 목표금액 | 전체 합계 : 실적금액 |
| 개수 : 상품명 | 합계 : 목표금액 | 합계 : 실적금액 | 개수 : 상품명 | 합계 : 목표금액 | 합계 : 실적금액 | | | |
| 32 | 32,467,500 | 33,547,500 | 18 | 20,667,500 | 18,806,000 | 50 | 53,135,000 | 52,353,500 |

그런데 테이블이 가로로 너무 길어서 한눈에 들어오지 않는다. 열 영역에 있는 〔Σ 값〕 항목을 행 영역으로 옮겨보자.

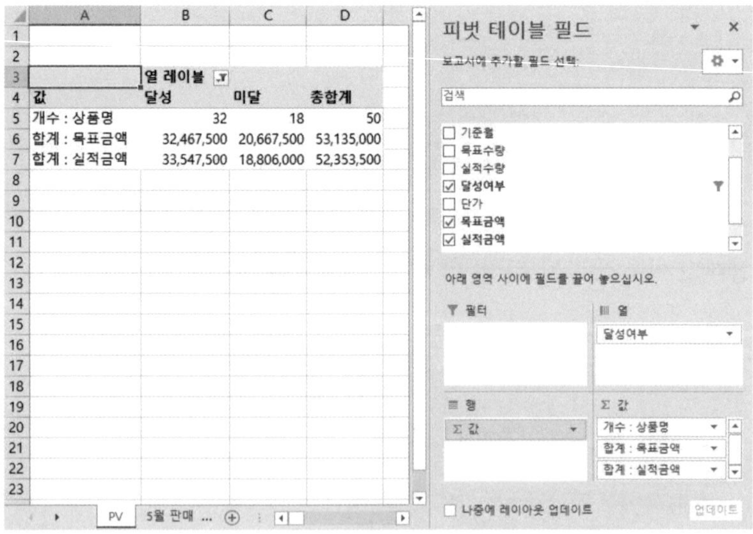

| | 열 레이블 | | |
|---|---|---|---|
| 값 | 달성 | 미달 | 총합계 |
| 개수 : 상품명 | 32 | 18 | 50 |
| 합계 : 목표금액 | 32,467,500 | 20,667,500 | 53,135,000 |
| 합계 : 실적금액 | 33,547,500 | 18,806,000 | 52,353,500 |



집계하고자 하는 '값 영역'의 항목들이 여러 행에 펼쳐졌다.

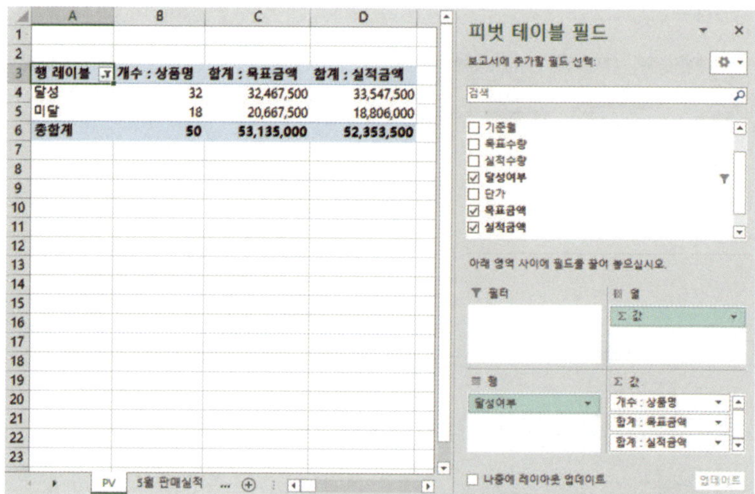


이번엔 열 영역의 〔달성여부〕와 행 영역의 〔Σ 값〕 항목의 위치를 서로 바꿔주었다. 〔달성여부〕 값인 '달성'과 '미달'이 행에 펼쳐지고, 집계값인 상품명 개수, 목표금액 합계, 실적금액 합계가 각 열에 표시됐다.

## 집계값에 대한 원본 데이터 보기

여기 하이라이트가 있다. 피벗테이블을 생성한 나에게도, 이 파일을 넘겨받은 사람에게도 꼭 필요한 기능이다.

피벗테이블 영역 내 값을 아무거나 하나 더블클릭해보자.

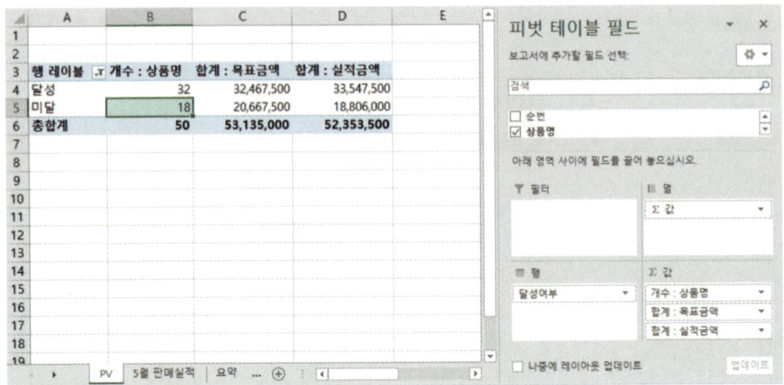

| 행 레이블 | 개수 : 상품명 | 합계 : 목표금액 | 합계 : 실적금액 |
|---|---|---|---|
| 달성 | 32 | 32,467,500 | 33,547,500 |
| 미달 | 18 | 20,667,500 | 18,806,000 |
| 총합계 | 50 | 53,135,000 | 52,353,500 |



〔달성여부〕 미달에 해당하는 품목수인 '18'을 더블클릭한다.

| 순번 | 상품명 | 기준월 | 목표수량 | 실적수량 | 달성여부 | 단가 | 목표금액 | 실적금액 |
|---|---|---|---|---|---|---|---|---|
| 50 | 복사용지B | 5월 | 500 | 480 | 미달 | 6000 | 3000000 | 2880000 |
| 42 | 수정테이프 | 5월 | 250 | 240 | 미달 | 2300 | 575000 | 552000 |
| 39 | 사인펜B | 5월 | 300 | 290 | 미달 | 700 | 210000 | 203000 |
| 36 | 유성매직A | 5월 | 450 | 430 | 미달 | 900 | 405000 | 387000 |
| 32 | 네임펜A | 5월 | 300 | 290 | 미달 | 700 | 210000 | 203000 |
| 30 | 보드마커B | 5월 | 300 | 290 | 미달 | 800 | 240000 | 232000 |
| 26 | 형광펜A | 5월 | 350 | 340 | 미달 | 750 | 262500 | 255000 |
| 8 | 무지노트D | 5월 | 200 | 190 | 미달 | 1500 | 300000 | 285000 |
| 24 | 단색볼펜D | 5월 | 700 | 660 | 미달 | 1000 | 700000 | 660000 |
| 10 | 무지노트F | 5월 | 150 | 140 | 미달 | 2000 | 300000 | 280000 |
| 11 | 컬러노트A | 5월 | 350 | 330 | 미달 | 2000 | 700000 | 660000 |
| 23 | 단색볼펜C | 5월 | 750 | 720 | 미달 | 800 | 600000 | 576000 |
| 19 | 삼색볼펜C | 5월 | 550 | 510 | 미달 | 2800 | 1540000 | 1428000 |
| 14 | 사색볼펜A | 5월 | 500 | 420 | 미달 | 5000 | 2500000 | 2100000 |
| 15 | 사색볼펜B | 5월 | 400 | 330 | 미달 | 5500 | 2200000 | 1815000 |
| 16 | 사색볼펜C | 5월 | 350 | 290 | 미달 | 4500 | 1575000 | 1305000 |
| 17 | 삼색볼펜A | 5월 | 850 | 810 | 미달 | 3000 | 2550000 | 2430000 |
| 18 | 삼색볼펜B | 5월 | 800 | 730 | 미달 | 3500 | 2800000 | 2555000 |

Sheet1 | PV | 5월 판매실적 | 요약 | 단가표

그에 해당하는 원본 데이터가 새로운 시트에 생성되었다. 요란스럽게 필터를 걸고 자시고 할 필요가 없다. 더블클릭 한 번만으로 요약된 값의 원본 데이터가 어떻게 생겼는지 단번에 알 수 있다.

값을 확인했으니 'Sheet1'은 삭제한다(시트명 우클릭 – 삭제).

|  | A | B | C | D |
|---|---|---|---|---|
| 1 |  |  |  |  |
| 2 |  |  |  |  |
| 3 | **행 레이블** | **개수 : 상품명** | **합계 : 목표금액** | **합계 : 실적금액** |
| 4 | 달성 | 32 | 32,467,500 | 33,547,500 |
| 5 | 미달 | 18 | 20,667,500 | 18,806,000 |
| 6 | **총합계** | **50** | **53,135,000** | **52,353,500** |
| 7 |  |  |  |  |

PV | 5월 판매실적 | 요약 ...

이렇듯 엑셀의 피벗테이블 기능은 데이터 분석 작업에서 아주 유용하며 매우 빠르고 쉽다. 요약·집계뿐 아니라 집계한 데이터를 펼쳐보는 것까지 가능하다. 데이터가 복잡할수록 그 위력을 발휘하는 구조다.

직장인들이 복잡한 데이터로 보고 양식을 만들 때 함수 대신 피벗테이블을 사용해야만 하는 이유다.

# 보고 양식을 그림 그리듯 그린다고? [피벗테이블 2]

## 피벗테이블 필드의 이해

피벗테이블을 구성하기 위해 우리가 옮긴 '항목'을 '필드'라고 한다.

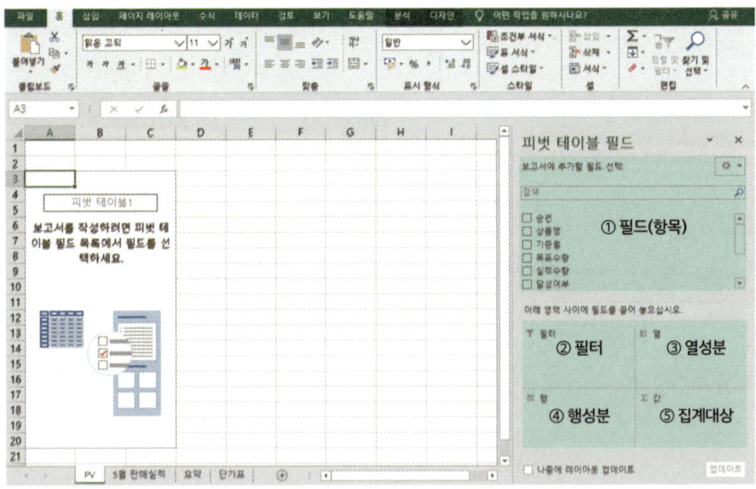

책에서는 이해를 돕기 위해 '항목'으로 지칭했다. 앞서 잠깐 본 것처럼, 피벗테이블을 만들 땐 원본 데이터의 첫 행에 있는 ① 항목들을 마우스로 끌어다가 아래의 ②~⑤ 영역에 놓는다.

이번엔 이 영역들이 무엇을 의미하는지 살펴보자.

## 피벗테이블의 구조

### ① 보고서에 추가할 필드 영역

선택한 범위에서 가장 첫 행에 있는 항목 이름이 보인다. 분석하고자 하는 항목들을 하나씩 다른 영역에 끌어다 놓으면 된다.

### ② 필터 영역

해당 항목을 기준으로 필터가 걸린 데이터 테이블에 대해서만 요약·집계해준다.

### ③ 행 영역 ④ 열 영역

해당 항목의 셀값을 각 행 또는 열에 펼쳐서 보여준다.

### ⑤ 값 영역

해당 항목의 셀값을 집계해준다. 이 값이 텍스트라면 셀이 채워진 개수를 세어주고, 숫자라면 개수뿐만 아니라 합계, MIN(최솟값), MAX(최댓값), 평균 등을 나타낼 수 있다.

### 피벗테이블에 필터 걸기

드래그 앤드 드롭으로 데이터를 쉽게 요약·집계하는 것 외에도 피벗테이블에는 또 다른 강점이 있다. 바로 필터다. 데이터가 이미 요약·집계된 상태에서도 필터를 걸 수 있다.

이번엔 필터 기능을 연습하기 위해 165쪽에서 작성한 피벗테이블 영역(A3:D6)을 복사해서 옆의 F3셀에 붙여보자.

| | A | B | C | D | E | F |
|---|---|---|---|---|---|---|
| 1 | | | | | | |
| 2 | | | | | | |
| 3 | **행 레이블** | **개수 : 상품명** | **합계 : 목표금액** | **합계 : 실적금액** | | |
| 4 | 달성 | 32 | 32,467,500 | 33,547,500 | | |
| 5 | 미달 | 18 | 20,667,500 | 18,806,000 | | |
| 6 | **총합계** | **50** | **53,135,000** | **52,353,500** | | |
| 7 | | | | | | |

원본 데이터를 다시 선택해 새로운 피벗테이블을 만드는 것보다 이미 원하는 양식으로 구성된 테이블을 복사하면 시간을 줄일 수 있다.

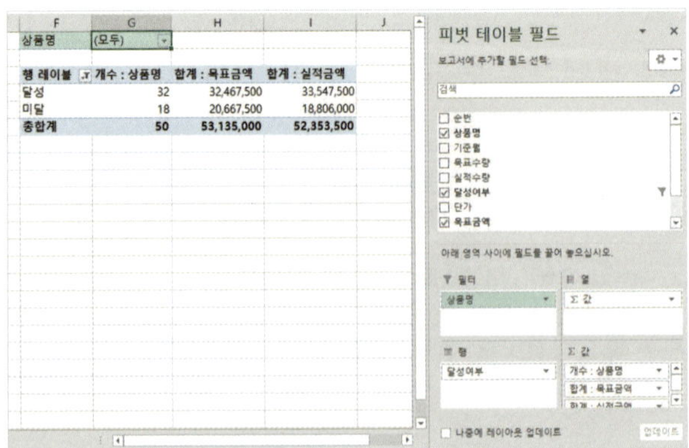

피벗테이블의 필터 영역에 〔상품명〕 항목을 끌어다 놓으면 F1셀에 〔상품명〕 필터를 걸 수 있는 행이 하나 추가된다. G1셀의 '(모두)' 표시 옆의 역삼각형 버튼을 눌러보자.

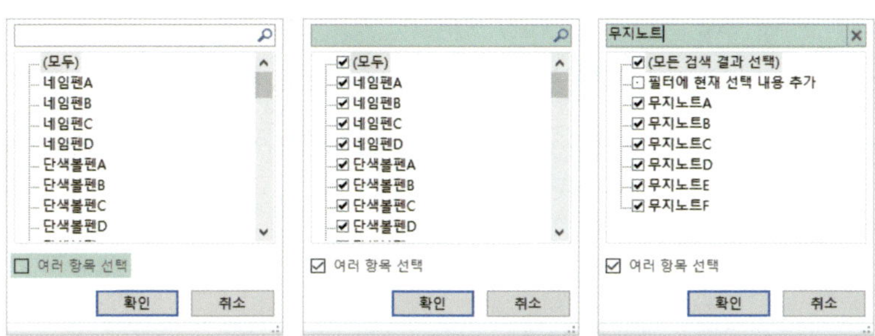


필터 창에서 하단의 '여러 항목 선택'을 누른 다음, '무지노트'가 들어간 값만 검색해서 필터를 걸어준다.

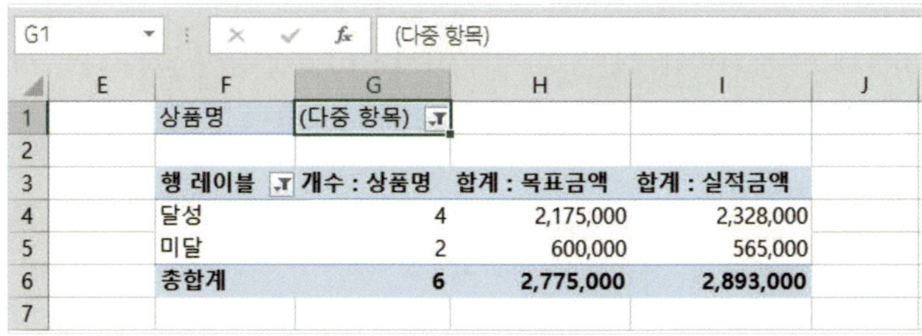
G1 (다중 항목)

| | E | F | G | H | I | J |
|---|---|---|---|---|---|---|
| 1 | | 상품명 | (다중 항목) | | | |
| 2 | | | | | | |
| 3 | | 행 레이블 | 개수 : 상품명 | 합계 : 목표금액 | 합계 : 실적금액 | |
| 4 | | 달성 | 4 | 2,175,000 | 2,328,000 | |
| 5 | | 미달 | 2 | 600,000 | 565,000 | |
| 6 | | 총합계 | 6 | 2,775,000 | 2,893,000 | |
| 7 | | | | | | |

〔상품명〕 '개수'의 총합계인 '6'을 더블클릭한다.

| | A | B | C | D | E | F | G | H | I |
|---|---|---|---|---|---|---|---|---|---|
| 1 | 순번 | 상품명 | 기준월 | 목표수량 | 실적수량 | 달성여부 | 단가 | 목표금액 | 실적금액 |
| 2 | 9 | 무지노트E | 5월 | 250 | 260 | 달성 | 1800 | 450000 | 468000 |
| 3 | 7 | 무지노트C | 5월 | 200 | 220 | 달성 | 1500 | 300000 | 330000 |
| 4 | 5 | 무지노트A | 5월 | 500 | 550 | 달성 | 1500 | 750000 | 825000 |
| 5 | 6 | 무지노트B | 5월 | 450 | 470 | 달성 | 1500 | 675000 | 705000 |
| 6 | 10 | 무지노트F | 5월 | 150 | 140 | 미달 | 2000 | 300000 | 280000 |
| 7 | 8 | 무지노트D | 5월 | 200 | 190 | 미달 | 1500 | 300000 | 285000 |
| 8 | | | | | | | | | |

〔상품명〕에 '무지노트'라는 텍스트가 들어간 6개 품목에 대한 원본 데이터를 확인할 수 있다. 확인을 마쳤으니 이 시트는 또 삭제해주자.

## 값 집계 유형 바꾸기

피벗테이블에서는 항목을 값 영역에 끌어다 놓으면 기본적으로 숫자는 합계, 텍스트는 개수로 집계되는데, 이를 사용자가 지정할 수 있다.

처음에 만든 피벗테이블을 다시 복사해 A10셀에 붙여 넣은 다음 필드에서 〔단가〕 항목을 값 영역 맨 아래로 끌어다 놓자.

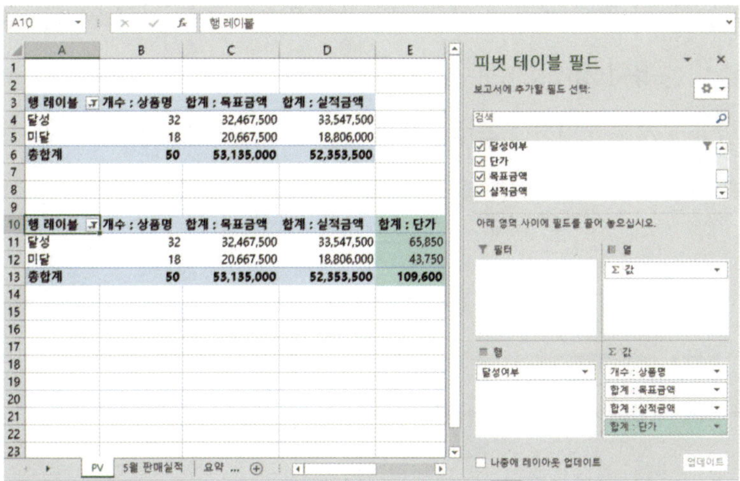


| 행 레이블 | 개수 : 상품명 | 합계 : 목표금액 | 합계 : 실적금액 |
|---|---|---|---|
| 달성 | 32 | 32,467,500 | 33,547,500 |
| 미달 | 18 | 20,667,500 | 18,806,000 |
| 총합계 | 50 | 53,135,000 | 52,353,500 |

| 행 레이블 | 개수 : 상품명 | 합계 : 목표금액 | 합계 : 실적금액 | 합계 : 단가 |
|---|---|---|---|---|
| 달성 | 32 | 32,467,500 | 33,547,500 | 65,850 |
| 미달 | 18 | 20,667,500 | 18,806,000 | 43,750 |
| 총합계 | 50 | 53,135,000 | 52,353,500 | 109,600 |

E13셀에 〔단가〕 값의 '합계'가 집계됐다. 이처럼 항목값이 숫자일 땐 '합계'로, 텍스트일 땐 '개수'로 우선 집계된다. 〔단가〕 값의 '합계'가 아닌 다른 값을 집계하고 싶다면 '합계 : 단가'란을 클릭해보자.

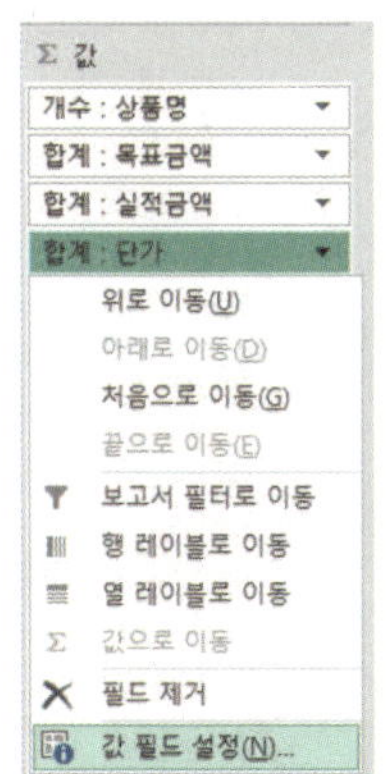


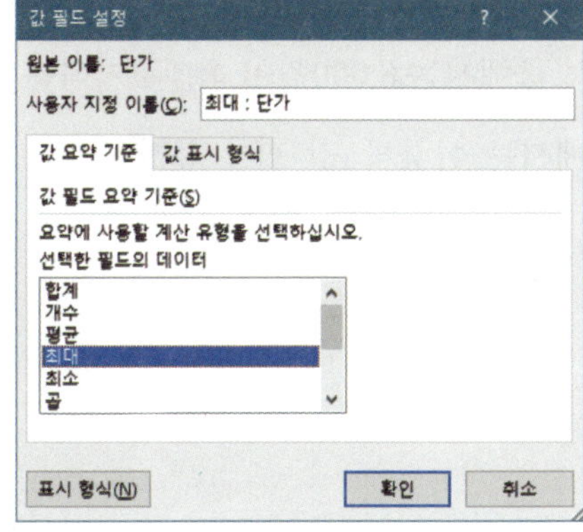

메뉴의 '값 필드 설정'을 클릭하면 창이 뜨는데, 여기서 요약에 사용할 계산 유형(집계할 유형)을 선택하면 된다.

'합계', '개수', '평균', '최대', '최소' 등 여러 집계 유형 중 '최대'를 선택한다('확인' 버튼 클릭 또는 '최대' 더블클릭).

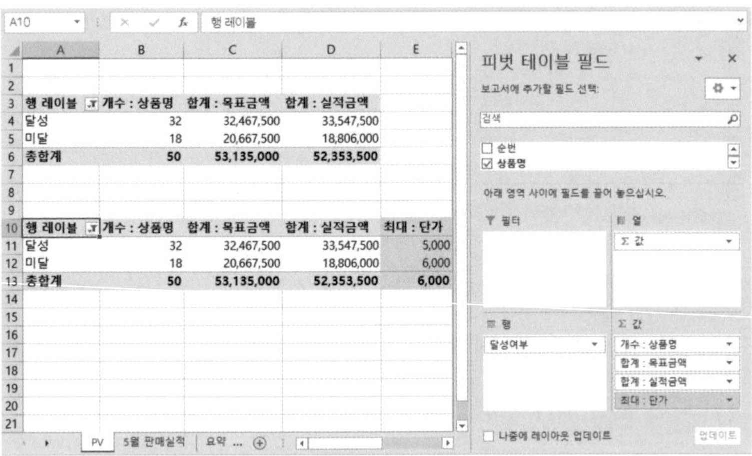

| 행 레이블 | 개수 : 상품명 | 합계 : 목표금액 | 합계 : 실적금액 |
|---|---|---|---|
| 달성 | 32 | 32,467,500 | 33,547,500 |
| 미달 | 18 | 20,667,500 | 18,806,000 |
| 총합계 | 50 | 53,135,000 | 52,353,500 |

| 행 레이블 | 개수 : 상품명 | 합계 : 목표금액 | 합계 : 실적금액 | 최대 : 단가 |
|---|---|---|---|---|
| 달성 | 32 | 32,467,500 | 33,547,500 | 5,000 |
| 미달 | 18 | 20,667,500 | 18,806,000 | 6,000 |
| 총합계 | 50 | 53,135,000 | 52,353,500 | 6,000 |



[달성여부]가 '달성'인 품목 중에서 [단가]의 최댓값은 5,000원이고, '미달'인 품목 중에서는 6,000원이 최댓값이라는 걸 알 수 있다.

피벗테이블에서는 이렇게 '값 필드 설정'으로 [Σ 값] 항목에 대한 집계 유형도 자유롭게 변경할 수 있다.

# 데이터가 바뀌어도 순식간에 새로고침! [피벗테이블 3]

## 원본 데이터의 값이 달라졌다면?

피벗테이블이 참조하는 원본 데이터의 범위는 그대로인데, 그 값에 변동이 있을 때가 있다. 이때는 피벗테이블의 셀을 아무거나 선택한 다음, '데이터' 또는 '분석' 탭에서 '새로고침' 버튼을 눌러준다.

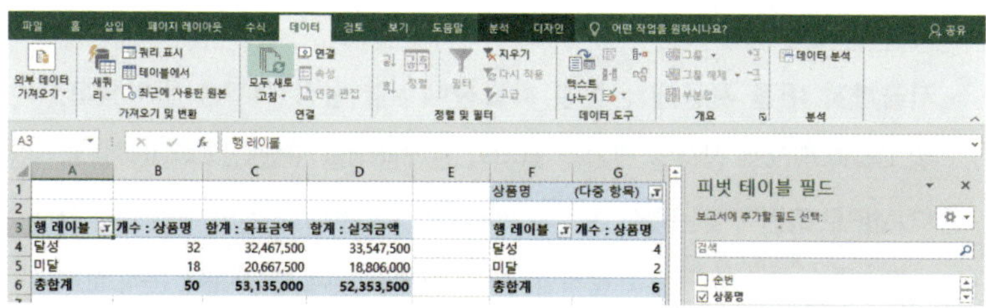

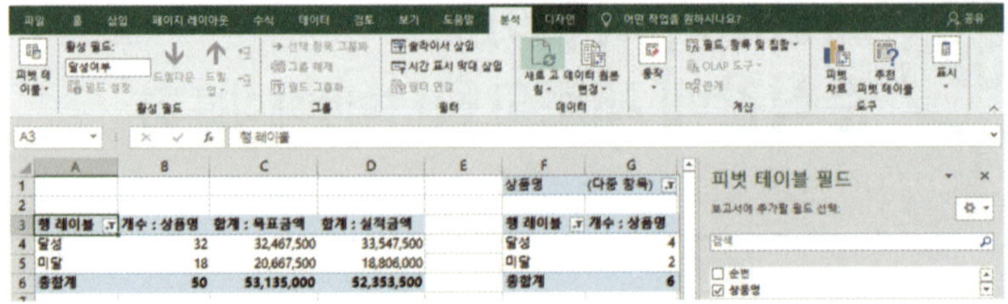


그러면 통합 문서 내 모든 피벗테이블의 내용이 갱신된다. 참고로 단축키(Ctrl+Alt+F5)를 사용할 때는 따로 셀을 선택할 필요가 없다.

## 원본 데이터에 항목을 추가하려면?

다시 팀장이 내준 과제를 떠올려보자. 지난 5월의 판매실적금액이 저조한 원인을 찾아야 한다. 어떤 요인이 있을지 몰라 피벗테이블의 행 영역과 열 영역에 이리저리 배치해봤지만 큰 소득은 없었다.

### 피벗테이블을 쓰는 이유

**지금까지 IF를 사용해 상품별 목표판매수량 달성 여부를 알아냈고, VLOOKUP으로 상품별 단가를 불러와 판매금액을 구했다. COUNTIF와 SUMIF로 조건에 맞는 셀의 개수와 합계까지 계산했다. 하지만 매번 집계 함수를 직접 쓰면서 다각도로 분석하기에는 한계가 있다. 이 때문에 분석 항목을 자유자재로 변경할 수 있는 피벗테이블을 사용한다.**

| 행 레이블 | 개수 : 상품명 | 합계 : 목표금액 | 합계 : 실적금액 |
|---|---|---|---|
| 달성 | 32 | 32,467,500 | 33,547,500 |
| 미달 | 18 | 20,667,500 | 18,806,000 |
| **총합계** | **50** | **53,135,000** | **52,353,500** |

지금까지 알아낸 사실은 판매목표수량을 달성한 품목이 더 많지만, 실적금액은 목표금액에 못 미쳤다는 점이다. 분명 비싼 게 덜 팔렸을 것이다.

분석 결과라기엔 너무 두루뭉술하다. 실무에서는 데이터를 좀 더 자세히 들여다보기 위해 다른 데이터를 더 갖다 붙인다. 어떻게? 원본 테이블에 항목을 추가하고, VLOOKUP 함수를 써서 특정 키값을 기준으로 항목값을 따온 다음, 피벗테이블로 다시 집계하는 것이다.

'주력상품 구분.xlsx' 파일을 열어 '주력상품' 시트를 작업 중이던 통합 문서로 이동한다. (실습파일-4장 예제-'주력상품 구분.xlsx' 파일 참고)

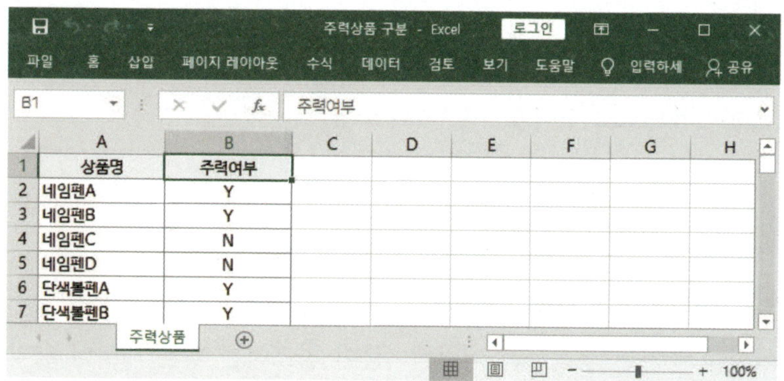

| 상품명 | 주력여부 |
|---|---|
| 네임펜A | Y |
| 네임펜B | Y |
| 네임펜C | N |
| 네임펜D | N |
| 단색볼펜A | Y |
| 단색볼펜B | Y |

| 상품명 | 주력여부 |
|---|---|
| 네임펜A | Y |
| 네임펜B | Y |
| 네임펜C | N |
| 네임펜D | N |
| 단색볼펜A | Y |
| 단색볼펜B | Y |
| 단색볼펜C | Y |
| 단색볼펜D | N |
| 단색볼펜E | N |
| 무지노트A | Y |
| 무지노트B | Y |

PV | 5월 판매실적 | 주력상품 | 요약 | 단가표

[상품명]을 기준으로 우리 회사의 '주력상품인지 아닌지' 하는 [주력여부] 값을 '주력상품' 시트에서 따올 수 있다.

CORREL =VLOOKUP(B2,주력상품!A:B,2,FALSE)

| 순번 | 상품명 | 기준월 | 목표수량 | 실적수량 | 달성여부 | 단가 | 목표금액 | 실적금액 | 주력여부 | 20,667,500 | 18,806,000 |
|---|---|---|---|---|---|---|---|---|---|---|---|
| 1 | 스프링노트A | 5월 | 600 | 640 | 달성 | 2,200 | 1,320,000 | 1,408,000 | =VLOOKUP(B2,주력상품! A:B,2,FALSE) | | |
| 2 | 스프링노트B | 5월 | 350 | 380 | 달성 | 2,500 | 875,000 | 950,000 | Y | | |
| 3 | 스프링노트C | 5월 | 400 | 420 | 달성 | 2,500 | 1,000,000 | 1,050,000 | N | | |
| 4 | 스프링노트D | 5월 | 150 | 160 | 달성 | 3,000 | 450,000 | 480,000 | N | | |
| 5 | 무지노트A | 5월 | 500 | 550 | 달성 | 1,500 | 750,000 | 825,000 | Y | | |
| 6 | 무지노트B | 5월 | 450 | 470 | 달성 | 1,500 | 675,000 | 705,000 | Y | | |
| 7 | 무지노트C | 5월 | 200 | 220 | 달성 | 1,500 | 300,000 | 330,000 | N | | |
| 8 | 무지노트D | 5월 | 200 | 190 | 미달 | 1,500 | 300,000 | 285,000 | N | | |
| 9 | 무지노트E | 5월 | 250 | 260 | 달성 | 1,800 | 450,000 | 468,000 | N | | |
| 10 | 무지노트F | 5월 | 150 | 140 | 미달 | 2,000 | 300,000 | 280,000 | N | | |
| 11 | 컬러노트A | 5월 | 350 | 330 | 미달 | 2,000 | 700,000 | 660,000 | N | | |
| 12 | 컬러노트B | 5월 | 350 | 370 | 달성 | 2,500 | 875,000 | 925,000 | N | | |

PV | 5월 판매실적 | 주력상품 | 요약 | 단가표

J열에서 마우스 오른쪽 버튼을 눌러 열 삽입을 한 다음, 위와 같이 [주력여부] 항목을 추가한다. VLOOKUP을 써서 [상품명]을 키값으로 '주력상품' 시트의 A:B열의 두 번째 값인 [주력여부] 값을 따오고 아래쪽으로도 수식을 모두 채워줬다.

## 원본 데이터의 범위를 수정하려면?

이렇게 추가된 항목들은 피벗테이블이 참조하는 원본 데이터 영역

을 새로 잡아주어야 집계에 반영된다.

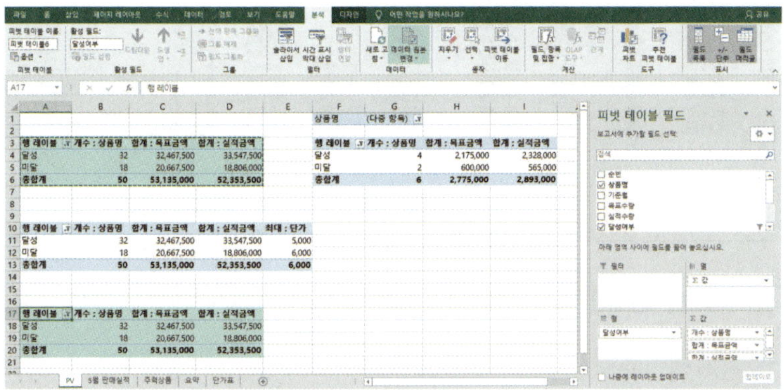

처음에 만든 피벗테이블(A3:D6)을 복사해 아래쪽 셀에 붙여 넣었다. 새로 복사해온 피벗테이블을 선택한 상태로 상단의 분석 탭에서 '데이터 원본 변경'을 클릭한다.

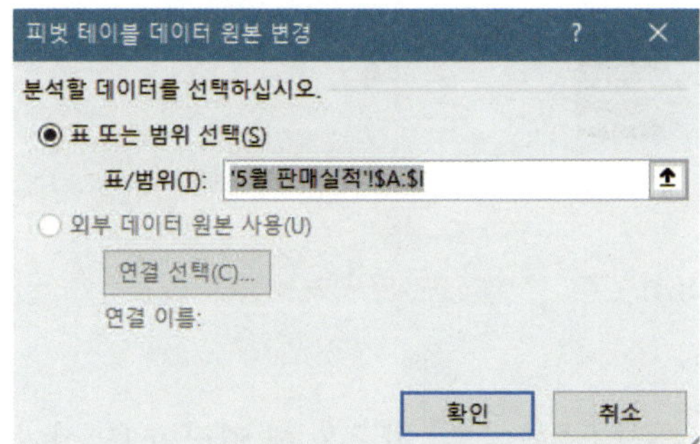


위와 같은 창이 뜨면 이 창을 무시하고 창의 뒤에 보이는 시트 영역을 드래그해 원하는 범위를 선택한다.

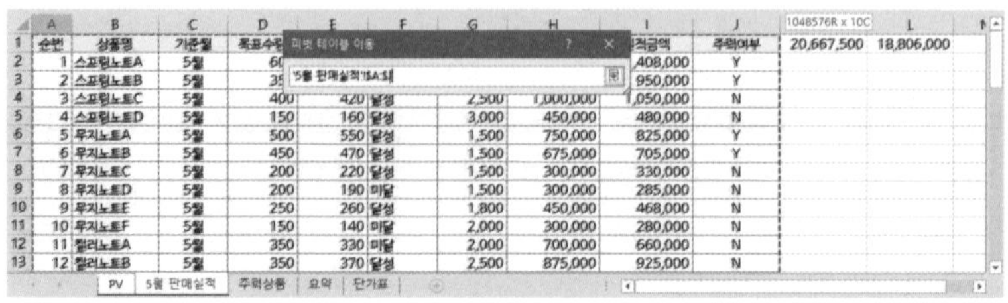

'5월 판매실적' 시트의 A:J열을 마우스로 드래그한 다음, 확인 버튼을 누르면 분석할 원본 데이터의 범위가 바뀌면서 피벗테이블의 내용이 업데이트된다.

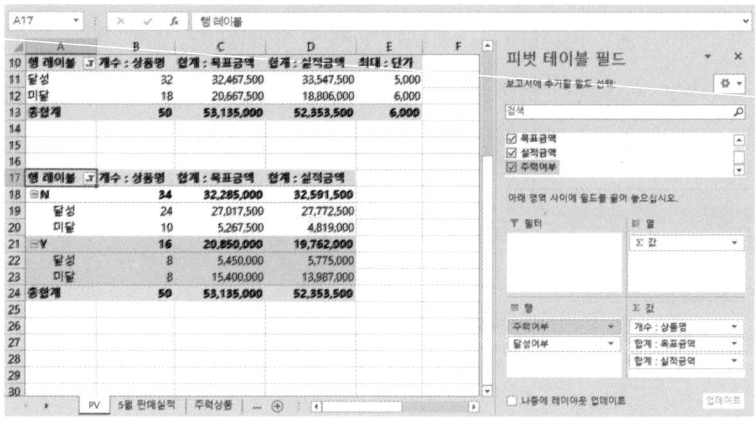

피벗테이블 필드에 새로 생긴 〔주력여부〕 항목을 행 영역의 〔달성여부〕 위로 끌어다 놓았다.

〔주력여부〕 값이 'Y'인 상품의 〔달성여부〕에 따른 집계값을 살펴보

자. 총 16개 주력상품 중 [달성여부]가 '달성'인 품목 수가 8개, '미달'인 품목 수가 8개로 동일하다.

여기서 평상시에 잘 팔리던 주력상품이 덜 팔렸다고 추정할 수 있다. 나아가 지난달 주력상품의 홍보를 축소한 게 영향을 주었다는 분석도 할 수 있다.

정답은 없다. 피벗테이블을 활용하면서 너도 모르고 나도 모르는 데이터를 마음껏 갖고 놀다가, 어떤 흐름이 눈에 띄면 그때부터 실무 지식과 연계해 파고들면 된다.

제5장

# 직장인 엑셀, 실전 뽀개기

이제는 실전에서 어떤 프로세스로 엑셀을 활용하는지 익힐 차례다. 직무가 달라도 엑셀로 하는 일은 대체로 비슷하다. 과제가 떨어지면 어떤 식으로 원하는 결과를 얻어낼지 기획한 다음, 의도에 맞게 데이터를 수집하고 가공한다. 엑셀을 충분히 활용해 이 과정을 자동화한다. 4장에서 다진 기본기에 이 사이클까지 숙지한다면, 직장인 엑셀에서 더 배울 건 없다. 옵션으로 단축키와 수식 에러 정도만 알아두면 된다. 그 이상은? 몰라도 된다. 몰라도 다 해결할 방법이 있다.

## 01 어떻게 만들 것인가? [기획]

어떤 엑셀 문제든 시작 단계에서는 가장 먼저 어떻게 처리할지 기획해야 한다. 어떤 데이터를 수집할지, 어떻게 가공해서 보고서를 만들지, 이 과정을 어떻게 자동화할지 개략적인 그림을 그려야 한다.
이번에 떨어진 문제는 직원들의 거주 현황을 파악해 거점 오피스를 둘 만한 지역을 찾고, 다음 달부터는 직원들의 지역별 거주 현황을 상시 보고하는 것이다. 따라서 가장 먼저 직원들의 지역별 거주지가 담긴 파일이 필요하다.
생각해보니 갖고 있던 직원 명부에 등본 주소가 들어 있다. 하지만 등본 주소가 실거주지와 다른 직원도 있다. 따라서 등본 주소를 기본으로 사용하되, 실거주지가 다르면 해당 직원에게 직접 주소를 받아야 한다. 당연히 두 주소가 같은 직원까지 취합할 필요는 없다.

| 필요한 데이터 | 직원들의 거주지 주소 |
|---|---|
| 있는 데이터 | 거주지가 등본과 같은 직원들의 주소 |
| 없는 데이터 | 거주지가 등본과 다른 직원들의 주소 |

기존 직원 명부의 등본 주소에는 지번과 동호수까지 표기되어 있다. 따라서 거주지 주소를 취합할 땐 같은 주소 양식으로 받는다. 단, 지역별 현황을 파악해 거점 근무지를 정하는 게 목적이므로 '시군구' 또는 '읍면동' 단위로 묶어주려면 한 차례 가공이 필요하다(여기서는 '시군구' 단위로 묶어줄 것이다).

마지막으로 사장님이 매월 초마다 보고하라고 지시했기 때문에 1개월마다 현황을 다시 집계해야 한다. 연간 12회다. 이러한 주기적인 보고 양식을 매번 작성하는 일은 결코 쉽지 않다. 수작업이 많을수록 더 그렇다. 따라서 자동화가 필요하다.

# 어디서 가져올 것인가?

## [수집]

### 다른 파일에서 갖다 쓰기

가장 먼저 데이터를 확인해본다. (실습파일-5장 예제-'직원 명부.xlsx' 파일 참고)

| | A | B | C | D | E | F | G |
|---|---|---|---|---|---|---|---|
| 1 | 순번 | 부서명 | 사번 | 이름 | 성별 | 생년월일 | 등본 주소 |
| 2 | 1 | 총무팀 | 2013062 | 강미영 | 여 | 1988.09.08 | 서울특별시 동작구 신대방동 395-66 보라매삼성쉐르빌 0동 0호 |
| 3 | 2 | 총무팀 | 2007033 | 강은지 | 여 | 1981.04.11 | 서울특별시 중랑구 면목동 1510 면목두산2.3차 0동 0호 |
| 4 | 3 | 총무팀 | 2015122 | 강준서 | 남 | 1987.02.10 | 서울특별시 중랑구 면목동 1505 아남리치카운티 0동 0호 |
| 5 | 4 | 총무팀 | 2011069 | 김서현 | 여 | 1981.10.16 | 서울특별시 은평구 신사동 365 신사한신휴플러스 0동 0호 |
| 6 | 5 | 총무팀 | 2003108 | 김예진 | 여 | 1978.08.01 | 서울특별시 용산구 동자동 45 동부센트레빌아스테리움서울 0동 0호 |
| 7 | 6 | 총무팀 | 2013044 | 김지훈 | 남 | 1987.09.20 | 서울특별시 송파구 장지동 849 송파파인타운3단지 0동 0호 |
| 8 | 7 | 총무팀 | 2003062 | 박경희 | 여 | 1975.01.27 | 서울특별시 송파구 가락동 80 송파성원상떼빌 0동 0호 |
| 9 | 8 | 총무팀 | 2015061 | 박서연 | 여 | 1985.06.15 | 서울특별시 성북구 길음동 1287 래미안길음센터피스 0동 0호 |
| 10 | 9 | 총무팀 | 2018002 | 박서윤 | 여 | 1993.07.09 | 서울특별시 성북구 길음동 1286-7 길음뉴타운9단지제2 0동 0호 |
| 11 | 10 | 총무팀 | 2003052 | 박정호 | 남 | 1977.01.12 | 서울특별시 성동구 마장동 784 마장세림 0동 0호 |
| 12 | 11 | 총무팀 | 2010062 | 윤예준 | 남 | 1982.09.01 | 서울특별시 마포구 신수동 453 신수대원칸타빌 0동 0호 |
| 13 | 12 | 총무팀 | 2015102 | 윤정희 | 여 | 1985.09.09 | 서울특별시 마포구 대흥동 660 마포태영제2 0동 0호 |
| 14 | 13 | 총무팀 | 2018012 | 이미숙 | 여 | 1993.08.19 | 서울특별시 동작구 본동 487 본동한신휴플러스 0동 0호 |
| 15 | 14 | 총무팀 | 2003118 | 이승민 | 남 | 1977.12.07 | 서울특별시 동대문구 답십리동 989-1 답십리우성그린 0동 0호 |
| 16 | 15 | 총무팀 | 2013072 | 이예지 | 여 | 1985.12.24 | 서울특별시 도봉구 방학동 738 방학신동아5단지 0동 0호 |
| 17 | 16 | 물류관리팀 | 2007028 | 강은경 | 여 | 1979.12.19 | 서울특별시 은평구 진관동 132 은평뉴타운폭포동4단지제3 0동 0호 |
| 18 | 17 | 물류관리팀 | 2016039 | 김미영 | 여 | 1986.03.13 | 서울특별시 종로구 창신동 702 창신쌍용1단지 0동 0호 |
| 19 | 18 | 물류관리팀 | 2019117 | 김민재 | 남 | 1994.03.21 | 서울특별시 은평구 진관동 59-18 은평뉴타운솔하임 0동 0호 |
| 20 | 19 | 물류관리팀 | 2019031 | 김민지 | 여 | 1993.03.25 | 서울특별시 은평구 진관동 2 은평뉴타운상림마을7단지 0동 0호 |
| 21 | 20 | 물류관리팀 | 2019122 | 김수민 | 여 | 1991.06.08 | 서울특별시 은평구 갈현동 545 코오롱하늘채아파트 0동 0호 |
| 22 | 21 | 물류관리팀 | 2010125 | 김예준 | 남 | 1980.02.07 | 서울특별시 용산구 문배동 3-3 이안용산프리미어 0동 0호 |
| 23 | 22 | 물류관리팀 | 2015092 | 김지훈 | 남 | 1990.10.21 | 서울특별시 양천구 목동 916 목동현대하이페리온 0동 0호 |
| 24 | 23 | 물류관리팀 | 2010071 | 박도현 | 남 | 1984.07.02 | 서울특별시 성북구 하월곡동 219 하월곡동신 0동 0호 |
| 25 | 24 | 물류관리팀 | 2013061 | 박상훈 | 남 | 1988.02.07 | 서울특별시 노원구 월계동 780 월계청백3단지 0동 0호 |

직원 명부

파일을 보면 '직원 명부' 시트에 〔순번〕, 〔부서명〕, 〔사번〕, 〔이름〕, 〔성별〕, 〔생년월일〕, 〔등본 주소〕 열이 있다(스크롤을 내리면 행은 177개다). 이 중 당장 필요한 값은 구분 기준으로 쓸 〔사번〕과 우리에게 필요한 〔등본 주소〕, 두 가지뿐이다. 그렇다면 나머지 열은 삭제해야 할까? 그렇지 않다. 사번이 고유한 값은 맞지만 나중에 추가로 분석할 때 성별이나 나이가 필요할지도 모른다.

용량 문제만 없다면 가장 많은 정보가 담긴 테이블을 그대로 쓰는 게 좋다. 불필요한 항목이라고 생각해 삭제했는데 나중에 다시 넣어야 하는 난감한 상황만큼은 피하자.

| | A | B | C | D | E | F | G | H | I |
|---|---|---|---|---|---|---|---|---|---|
| 1 | 순번 | 부서명 | 사번 | 이름 | 성별 | 생년월일 | 등본 주소 | 거주지 주소 | 지역 구분 |
| 2 | 1 | 총무팀 | 2013062 | 강미영 | 여 | 1988.09.08 | 서울특별시 동작구 신대방동 395-66 보라매삼성쉐르빌 0동 0호 | | |
| 3 | 2 | 총무팀 | 2007033 | 강은지 | 여 | 1981.04.11 | 서울특별시 중랑구 면목동 1510 면목두산2.3차 0동 0호 | | |
| 4 | 3 | 총무팀 | 2015122 | 강준서 | 남 | 1987.02.10 | 서울특별시 중랑구 면목동 1505 아남리치카운티 0동 0호 | | |
| 5 | 4 | 총무팀 | 2011069 | 김서현 | 여 | 1981.10.16 | 서울특별시 은평구 신사동 365 신사한신휴플러스 0동 0호 | | |
| 6 | 5 | 총무팀 | 2003108 | 김예진 | 여 | 1978.08.01 | 서울특별시 용산구 동자동 45 동부센트레빌아스테리움서울 0동 0호 | | |
| 7 | 6 | 총무팀 | 2013044 | 김지훈 | 남 | 1987.09.20 | 서울특별시 송파구 장지동 849 송파파인타운3단지 0동 0호 | | |
| 8 | 7 | 총무팀 | 2003062 | 박경희 | 여 | 1975.01.27 | 서울특별시 송파구 가락동 80 송파성원상떼빌 0동 0호 | | |
| 9 | 8 | 총무팀 | 2015061 | 박서연 | 여 | 1985.06.15 | 서울특별시 성북구 길음동 1287 래미안길음센터피스 0동 0호 | | |
| 10 | 9 | 총무팀 | 2018002 | 박서윤 | 여 | 1993.07.09 | 서울특별시 성북구 길음동 1286-7 길음뉴타운9단지제2 0동 0호 | | |
| 11 | 10 | 총무팀 | 2003052 | 박정호 | 남 | 1977.01.12 | 서울특별시 성동구 마장동 784 마장세림 0동 0호 | | |
| 12 | 11 | 총무팀 | 2010062 | 윤예준 | 남 | 1982.09.01 | 서울특별시 마포구 신수동 453 신수대원칸타빌 0동 0호 | | |

직원 명부

가장 먼저 〔거주지 주소〕가 필요하다. G열에 〔등본 주소〕가 있지만 직원에 따라서는 이 값이 거주지 주소가 아닐 수 있기 때문이다. 다음으로 지역별 현황을 파악하려면 거주지 주소에서 '시군구' 값을 따와야 한다. 항목 이름은 〔지역 구분〕으로 정했다. H1셀과 I1셀에 각각 〔거주지 주소〕와 〔지역 구분〕이라는 명칭을 쓴다. 자, 이제 H열 〔거주지 주소〕와 I열 〔지역 구분〕을 채워야 한다.

## 짬에서 나오는 취합 스킬

직장을 다니다 보면 꼭 이렇게 엑셀로 데이터를 취합할 일이 생기기 마련이다. 취합 항목이 많을수록 양식에 공을 들여야 나중에 덜 피곤하다.

여기 다년간에 걸쳐 체득한 데이터 취합 노하우가 있다. 두 가지 원리만 기억하자.

첫째, '서로' 두 번 일하지 않도록 최대한 많은 정보를 받는다. 중복되거나 한쪽이 다른 한쪽을 포함하는 항목을 두는 것도 좋은 꾀가 될 수 있다. 잘못 입력된 데이터가 있을 때, 작성자에게 연락하지 않고도 다른 값을 참조해 내가 직접 보정할 수 있기 때문이다.

둘째, '작성자'들에게 여지를 주어서는 안 된다. 작성하는 데 착오가 없도록 친절한 양식을 제공하는 것은 물론, 데이터 유효성 검사와 같이 강력한 제한을 두는 방법도 있다. 부서명을 입력하라고 줬는데 본인 이름을 입력하는 창의적인 사람들이 종종 있기 때문이다.

## 스킬 1. 최대한 많은 정보 받기

다시 문제로 돌아가, 취합받을 항목을 정해보자.

가장 먼저 필요한 건 직원들의 '거주지 주소'다. 그런데 기존에 갖고 있는 '직원 명부' 데이터와 함께 사용하려면, 두 테이블 사이에 공통된 키값이 있어야 한다. 보통 '이름'이나 '사번' 같은 고유한 값을 사용한다. 이렇게 서로 다른 두 개의 테이블에서 공통된 키값으로 다른 값을 불러올 때는 VLOOKUP 함수를 쓴다.

그렇다면 '직원 명부' 시트로 특정 직원들의 [거주지 주소]를 불러오기 위해 [이름]을 키값으로 하면 될까?

아니다. 176명 중에 동명이인이 있을 수 있기 때문이다. 반면, 사번은 직원마다 다르게 부여되는 '진짜' 고유한 값이기 때문에 [사번]을 키값으로 해야 그 사람의 주소를 제대로 불러올 수 있다.

키값인 [사번]을 첫 번째 열에 둔다. VLOOKUP 함수는 찾는 값을 기준으로 오른쪽 N번째 값을 불러오기 때문에 키값을 가장 왼쪽에 배치하는 게 좋다.

그런데 취합받은 사번에 오타가 있다면 어떨까? 혹시 모를 상황을 대비해 [이름]도 함께 받도록 하자. 같은 맥락으로 [부서명]도 받는 게 좋다.

| | A | B | C | D | E | F | G |
|---|---|---|---|---|---|---|---|
| 1 | 사번 | 이름 | 부서명 | 거주지 주소 | | | |
| 2 | | | | | | | |
| 3 | | | | | | | |
| 4 | | | | | | | |
| 5 | | | | | | | |
| 6 | | | | | | | |

직원 명부 | 취합 양식

'직원 명부' 시트 뒤에 새 시트를 생성해 '취합 양식'으로 시트명을 바꿔주었다. 이 시트의 첫 행에는 필요한 항목명을 하나씩 적어주었다.

## 스킬 2. 작성자 통제하기

이번에는 취합 양식을 받은 작성자가 애먼 값을 입력하지 않도록 할 다양한 장치를 소개하고자 한다. 좀 더 복잡한 '직원 명부' 시트에서 따라 하도록 하자.

### - 셀 서식

| | A | B | C | D | E | F | G | H |
|---|---|---|---|---|---|---|---|---|
| 1 | 순번 | 부서명 | 사번 | 이름 | 성별 | 생년월일 | 등본 주소 | 거주지 주소 |
| 2 | 1 | 총무팀 | 2013062 | 강미영 | 여 | 1988.09.08 | 서울특별시 동작구 신대방동 395-66 보라매삼성쉐르빌 0동 0호 | |
| 3 | 2 | 총무팀 | 2007033 | 강은지 | 여 | 1981.04.11 | 서울특별시 중랑구 면목동 1510 면목두산2.3차 0동 0호 | |
| 4 | 3 | 총무팀 | 2015122 | 강준서 | 남 | 1987.02.10 | 서울특별시 중랑구 면목동 1505 아남리치카운티 0동 0호 | |
| 5 | 4 | 총무팀 | 2011069 | 김서현 | 여 | 1981.10.16 | 서울특별시 은평구 신사동 365 신사한신휴플러스 0동 0호 | |
| 6 | 5 | 총무팀 | 2003108 | 김예진 | 여 | 1978.08.01 | 서울특별시 용산구 동자동 45 동부센트레빌아스테리움서울 0동 0호 | |

여러 열 중 일부만 채우는 양식이라면 셀에 색깔을 칠해 강조할 수 있다. 상단 홈 탭에서 페인트통 모양의 채우기( )에서 색을 설정하면 된다.

### - 필터/정렬

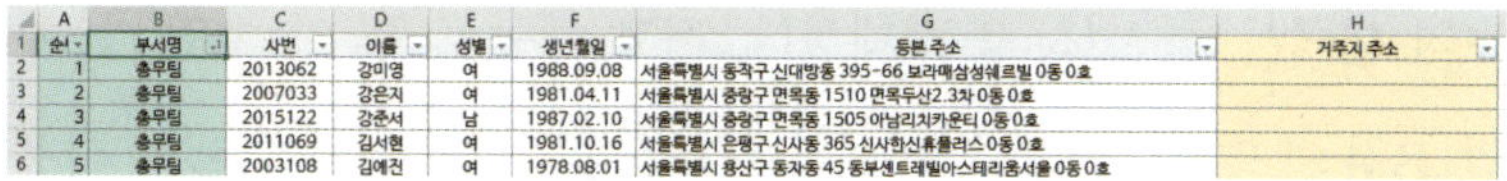

| | A | B | C | D | E | F | G | H |
|---|---|---|---|---|---|---|---|---|
| 1 | 순서 | 부서명 | 사번 | 이름 | 성별 | 생년월일 | 등본 주소 | 거주지 주소 |
| 2 | 1 | 총무팀 | 2013062 | 강미영 | 여 | 1988.09.08 | 서울특별시 동작구 신대방동 395-66 보라매삼성쉐르빌 0동 0호 | |
| 3 | 2 | 총무팀 | 2007033 | 강은지 | 여 | 1981.04.11 | 서울특별시 중랑구 면목동 1510 면목두산2.3차 0동 0호 | |
| 4 | 3 | 총무팀 | 2015122 | 강준서 | 남 | 1987.02.10 | 서울특별시 중랑구 면목동 1505 아남리치카운티 0동 0호 | |
| 5 | 4 | 총무팀 | 2011069 | 김서현 | 여 | 1981.10.16 | 서울특별시 은평구 신사동 365 신사한신휴플러스 0동 0호 | |
| 6 | 5 | 총무팀 | 2003108 | 김예진 | 여 | 1978.08.01 | 서울특별시 용산구 동자동 45 동부센트레빌아스테리움서울 0동 0호 | |

1행의 항목에 필터를 건 뒤 〔부서명〕 항목을 오름차순으로 정렬해 순번을 매긴다. 참고로 이름순으로 한 번, 부서명순으로 다시 한 번 정렬하면 최종적으로는 각 부서 안에서 이름순으로 정렬된다.

작성자가 위에서부터 보다가 본인의 팀이 나오면 그게 전부인 줄 알고 아래는 안 보는 경우가 있다. 양식은 꼭 정렬한 상태로 공유하는 게 좋다.

## - 틀 고정

스크롤을 내리다가 첫 행이 보이지 않아 입력할 때 불편했던 경험이 있을 것이다. 입력할 항목이 적을 때는 문제가 없지만 많을 땐 다시 스크롤을 올렸다 내리는 불편한 과정을 여러 번 반복하게 된다.

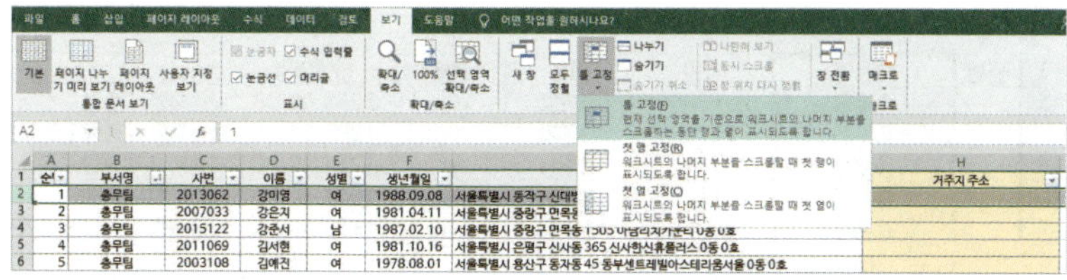


고정하고 싶은 행(1행)의 바로 아래 행(2행)을 선택한 다음, 상단의

보기 탭에서 '틀 고정'을 선택한다. 서브 메뉴로 '첫 행 고정'과 '첫 열 고정'이 있지만 어떤 위치에서든 사용할 수 있는 '틀 고정'만 사용할 줄 알면 된다.

| | A | B | C | D | E | F | G | H |
|---|---|---|---|---|---|---|---|---|
| 1 | 순번 | 부서명 | 사번 | 이름 | 성별 | 생년월일 | 등본 주소 | 거주지 주소 |
| 171 | 170 | 영업관리팀 | 2015156 | 임지현 | 남 | 1989.07.13 | 서울특별시 구로구 구로동 1281 구로한일유엔아이 0동 0호 | |
| 172 | 171 | 영업관리팀 | 2013107 | 정수빈 | 여 | 1985.07.05 | 서울특별시 강서구 방화동 868 방화신안네트빌(1단지) 0동 0호 | |
| 173 | 172 | 영업관리팀 | 2003055 | 조지훈 | 남 | 1973.03.26 | 서울특별시 강동구 천호동 288-5 천호삼익 0동 0호 | |
| 174 | 173 | 영업관리팀 | 2004008 | 최수환 | 남 | 1979.05.17 | 서울특별시 강동구 강일동 686 강일리버파크7단지 0동 0호 | |
| 175 | 174 | 영업관리팀 | 2019048 | 최은지 | 여 | 1993.06.14 | 서울특별시 강남구 삼성동 78-4 삼성청구타운 0동 0호 | |
| 176 | 175 | 영업관리팀 | 2018022 | 최지은 | 여 | 1990.11.11 | 서울특별시 강남구 삼성동 14-1 삼성동중앙하이츠빌리지 0동 0호 | |
| 177 | 176 | 영업관리팀 | 2003075 | 최현우 | 남 | 1973.09.05 | 서울특별시 강남구 개포동 1280 래미안블레스티지 0동 0호 | |

이렇게 해주면 스크롤을 내려도 항목 이름이 적힌 1행은 항상 고정된다.

## - 데이터 유효성 검사

또 한 가지 센스는 〔부서명〕처럼 입력값이 N개로 정해진 항목에 대해 그 입력값을 제한하는 것이다. 먼저 〔부서명〕에 들어갈 고유값을 찾아야 한다.

| | A | B | C | D | E | F | |
|---|---|---|---|---|---|---|---|
| 1 | 순번 | 부서명 | 사번 | 이름 | 성별 | 생년월일 | |
| 2 | 1 | 총무팀 | 2013062 | 강미영 | 여 | 1988.09.08 | 서울특별시 동작구 신대 |
| 3 | 2 | 총무팀 | 2007033 | 강은지 | 여 | 1981.04.11 | 서울특별시 중랑구 면목 |
| 4 | 3 | 총무팀 | 2015122 | 강준서 | 남 | 1987.02.10 | 서울특별시 중랑구 면목 |
| 5 | 4 | 총무팀 | 2011069 | 김서현 | 여 | 1981.10.16 | 서울특별시 은평구 신사 |
| 6 | 5 | 총무팀 | 2003108 | 김예진 | 여 | 1978.08.01 | 서울특별시 용산구 동자 |

직원 명부 | 취합 양식

'직원 명부' 시트의 〔부서명〕 열을 복사해 새 시트에 붙여 넣는다.

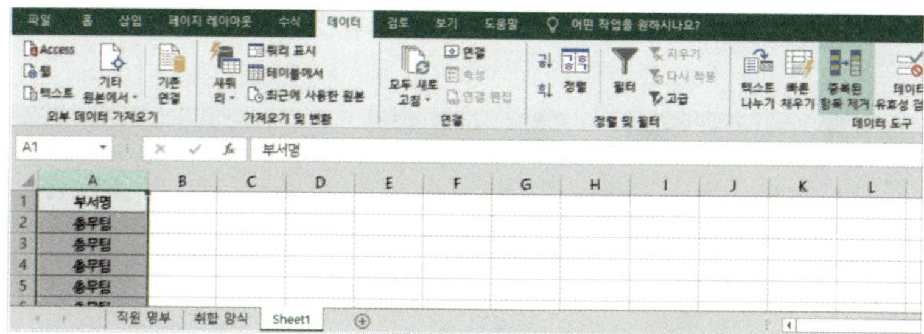


새 시트에서 상단 '데이터' 탭의 '중복된 항목 제거'를 선택해주면 고유한 값만 남는다.

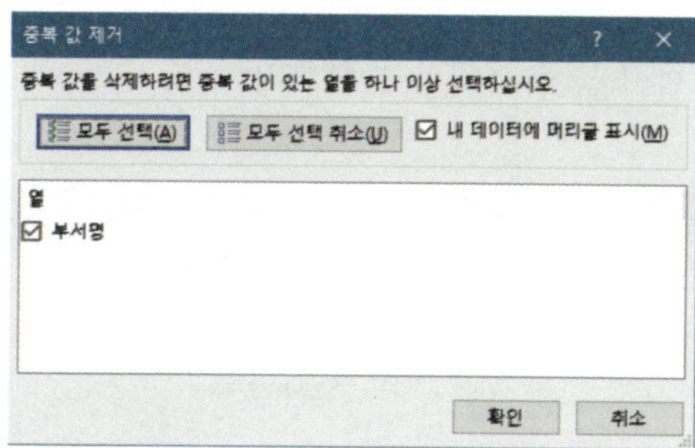


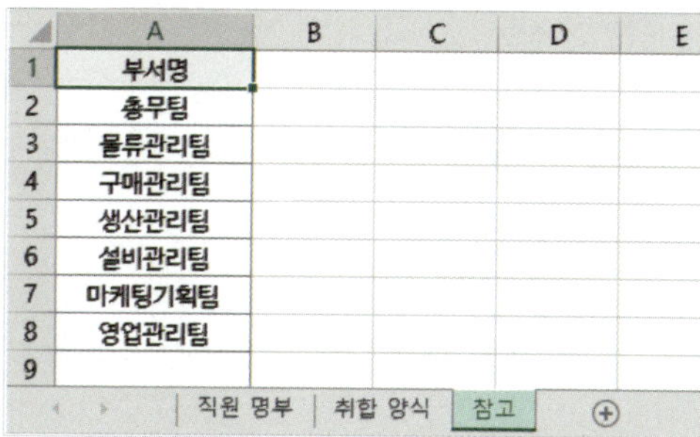

시트명을 '참고'로 바꾼다. [부서명]처럼 고정된 값을 모아둔다.

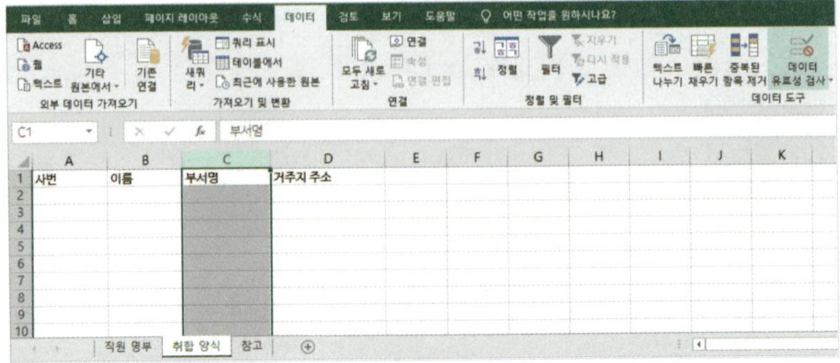


이제 '취합 양식' 시트로 돌아가 [부서명] 열을 선택하고, 상단 탭에서 '데이터-데이터 유효성 검사'를 순서대로 클릭한다.

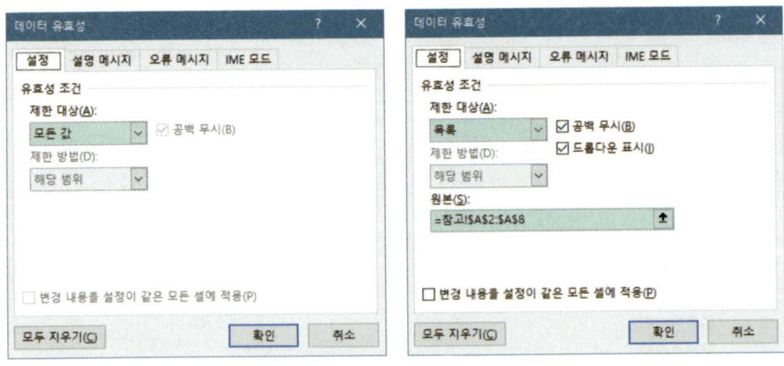


유효성 조건의 제한 대상을 '모든 값'에서 '목록'으로 바꾼 다음, 원본 란을 선택한다.

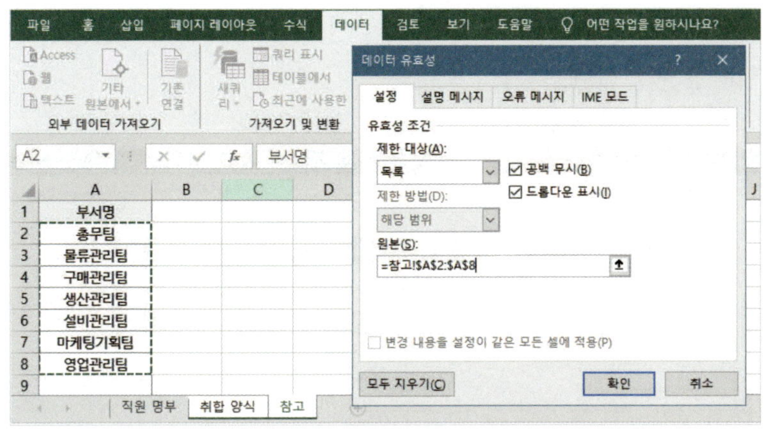


띄워진 창은 그대로 두고 '참고' 시트를 클릭한 다음, 첫 행을 제외하고 A2~A8 셀을 드래그해 범위를 지정한 다음 확인을 누른다.

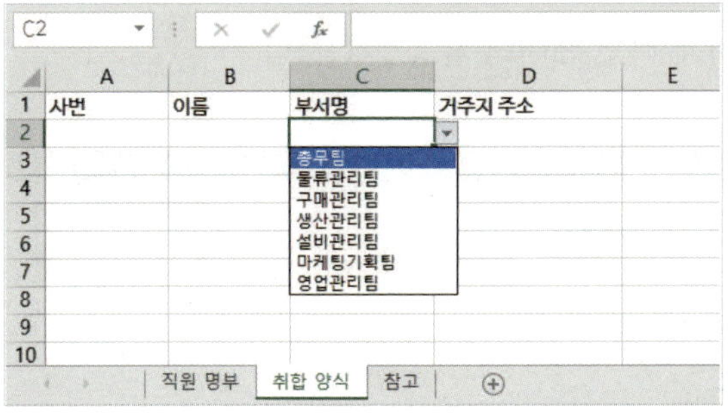


C2셀에서 역삼각형 버튼을 눌러보면 '참고' 시트의 [부서명] 값이 목록으로 펼쳐진다.

값을 입력할 때는 아래로 펼침 단축키(Alt + ↓)를 누른 다음 방향키를 위아래로 움직이며 입력값을 선택해도 되고, 클릭하거나 직접 타이핑할 수도 있다.

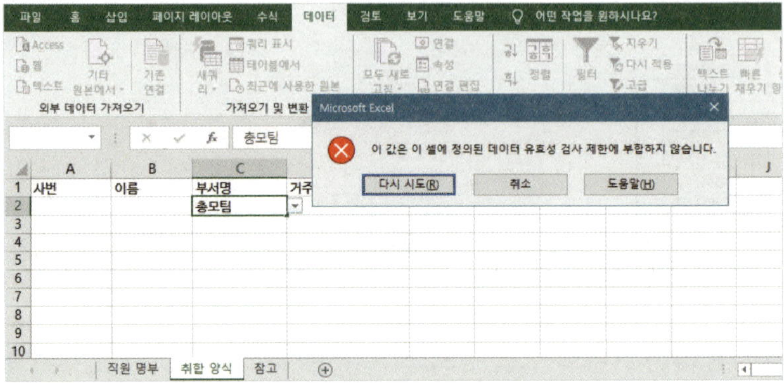


'총모팀'이라고 타이핑하자 데이터 유효성 검사 제한에 걸린다는 에러 메시지가 뜬다. 이게 바로 데이터 유효성 검사다.

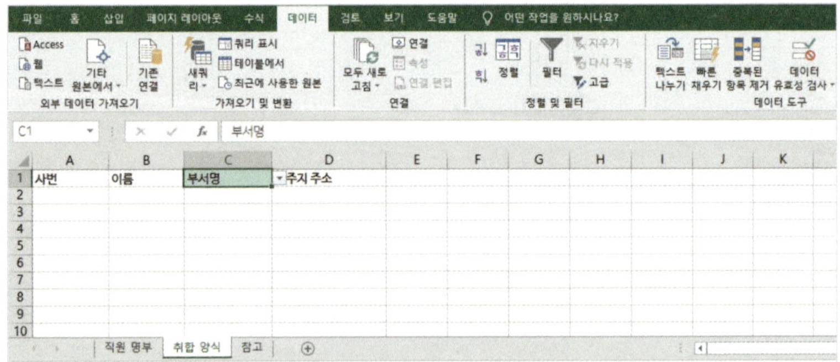

그런데 C1셀을 클릭하니 항목 이름인 〔부서명〕 옆에도 역삼각형 버튼이 생긴다. 편의상 C열 전체에 유효성 검사를 걸어주었더니 첫 행의 항목명에도 제한이 생긴 것이다.

이럴 땐 C1셀을 선택한 상태로 이 셀만 다시 유효성 검사를 풀어주면 된다(애초에 2행부터 맨 아래 행까지를 범위로 지정해도 된다). 데이터 유효성 조건의 제한 대상을 '목록'에서 '모든 값'으로 바꿔준다.

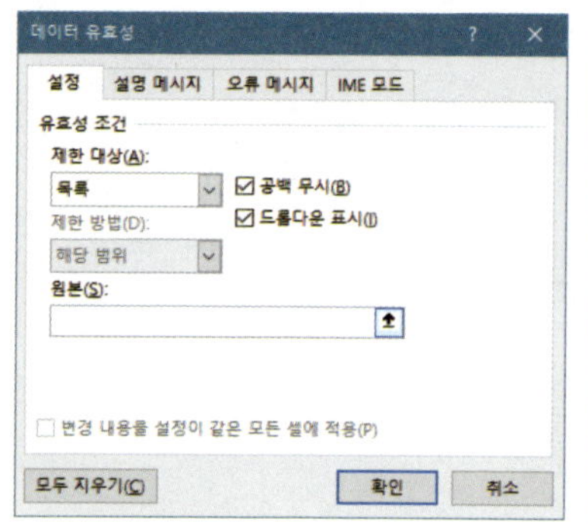


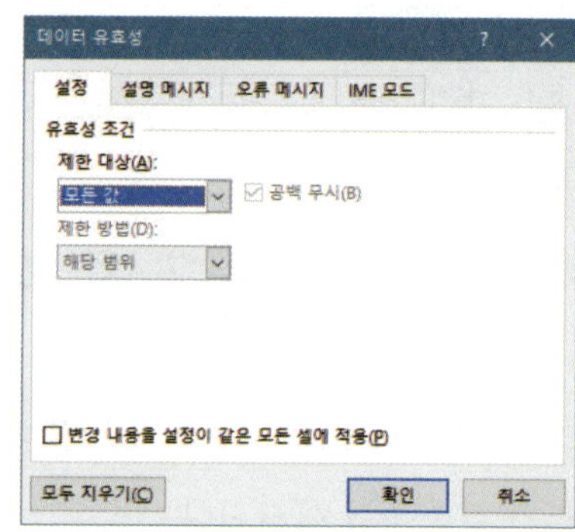


이처럼 데이터 유효성 검사는 값을 제한하고자 할 때 쓴다. 목록형 외에도 정수, 소수점, 날짜, 시간, 텍스트 길이 등을 조건으로 둘 수 있다.

취합 업무를 하다 보면, 종종 직장인들이 어린아이보다 더 말을 안 듣는 것 같을 때가 있다. 그래서 이런 통제가 꼭 필요하다.

**- 시트 숨김**

유효성 조건으로 사용한 데이터는 작성자들에게 보이지 않는 편이 낫다. 괜히 혼선만 줄 수 있기 때문이다.

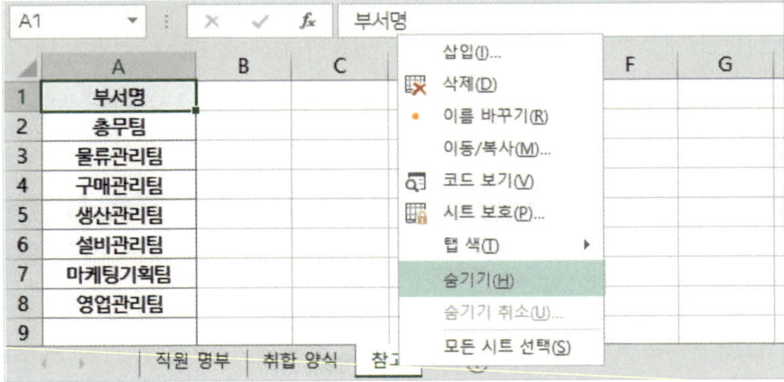


시트 탭에서 마우스 오른쪽 버튼을 눌러 '숨기기'를 해주면 '참고' 시트가 화면에서 사라진다.

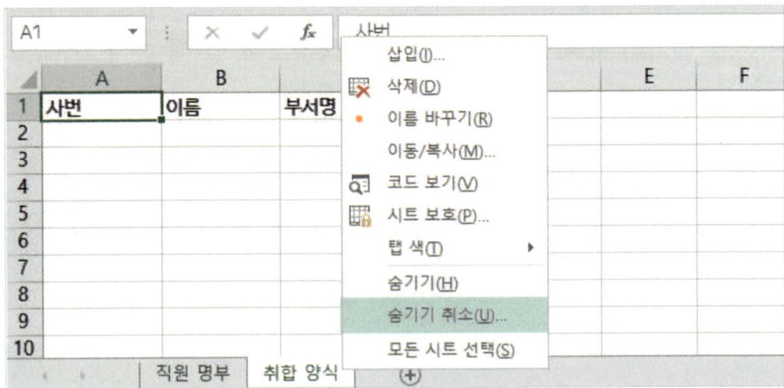

다시 보이게 하고 싶을 땐 아무 시트 탭에서 마우스 오른쪽 버튼을 눌러 '숨기기 취소'를 선택하면 된다.
이처럼 엑셀은 보이는 내용과 입력을 강력하게 통제하는 기능을 제공한다. 취합 업무에서 쓰는 재미가 쏠쏠하다.

A1 | fx 사번

| | A | B | C | D | E | F | G |
|---|---|---|---|---|---|---|---|
| 1 | 사번 | 이름 | 부서명 | 거주지 주소 | | | |
| 2 | | | | | | | |
| 3 | | | | | | | |
| 4 | | | | | | | |
| 5 | | | | | | | |

직원 명부 | 취합 양식 | 참고

필요한 항목은 위와 같이 정의했다. 취합 양식은 작성자가 볼 때 헷갈리지 않도록 간단한 게 최고다.

## 취합 양식 뿌리고 거두기

'취합 양식' 시트만 새 통합 문서로 옮겨 다른 이름으로 저장한 다음, 취합 대상 부서에 공유해보자. 보통 각 부서의 대표주자(?) 한 명에게만 메일을 보내면 된다. 당사자는 귀찮아하겠지만 회신율을 크게 높일 수 있다.

| 이름 | 유형 |
|---|---|
| 취합 양식_구매관리팀 | Microsoft Excel 워크시트 |
| 취합 양식_물류관리팀 | Microsoft Excel 워크시트 |
| 취합 양식_설비관리팀 | Microsoft Excel 워크시트 |
| 취합 양식_총무팀 | Microsoft Excel 워크시트 |

팀별로 메일 회신이 왔다. 일곱 개 팀 중 나머지 세 개 팀은 등본과 거주지 주소가 다른 직원이 없다고 회신했다. 용량이 크면 작업하다가 파일을 날릴 수 있기 때문에 되도록 파일을 나누고 한 폴더에 몰아서 저장한다. 파일명 끝에는 팀명을 적어 헷갈리지 않도록 한다.

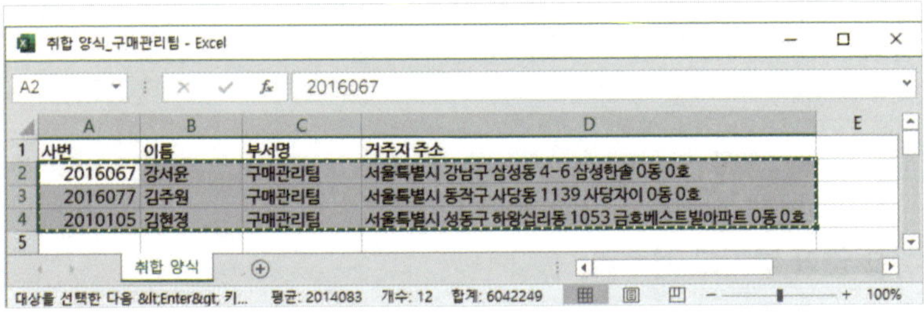

| | A | B | C | D |
|---|---|---|---|---|
| 1 | 사번 | 이름 | 부서명 | 거주지 주소 |
| 2 | 2016067 | 강서윤 | 구매관리팀 | 서울특별시 강남구 삼성동 4-6 삼성한솔 0동 0호 |
| 3 | 2016077 | 김주원 | 구매관리팀 | 서울특별시 동작구 사당동 1139 사당자이 0동 0호 |
| 4 | 2010105 | 김현정 | 구매관리팀 | 서울특별시 성동구 하왕십리동 1053 금호베스트빌아파트 0동 0호 |

가장 먼저 구매관리팀 파일을 열어 항목명을 뺀 나머지 값을 복사해서 메인 통합 문서에 붙여 넣는다. 나머지 파일도 하나씩 복사해서 붙여 넣는다.

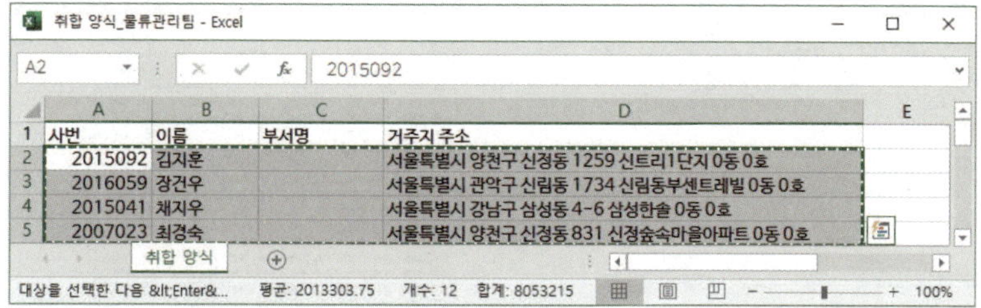


| | A | B | C | D |
|---|---|---|---|---|
| 1 | 사번 | 이름 | 부서명 | 거주지 주소 |
| 2 | 2015092 | 김지훈 | | 서울특별시 양천구 신정동 1259 신트리1단지 0동 0호 |
| 3 | 2016059 | 장건우 | | 서울특별시 관악구 신림동 1734 신림동부센트레빌 0동 0호 |
| 4 | 2015041 | 채지우 | | 서울특별시 강남구 삼성동 4-6 삼성한솔 0동 0호 |
| 5 | 2007023 | 최경숙 | | 서울특별시 양천구 신정동 831 신정숲속마을아파트 0동 0호 |

취합하다 보면 이렇게 부서명을 누락한 경우도 있다. 우리에겐 키 값인 〔사번〕이 있다. 지금 단계에서 수정할 필요 없이 그대로 가져간다.

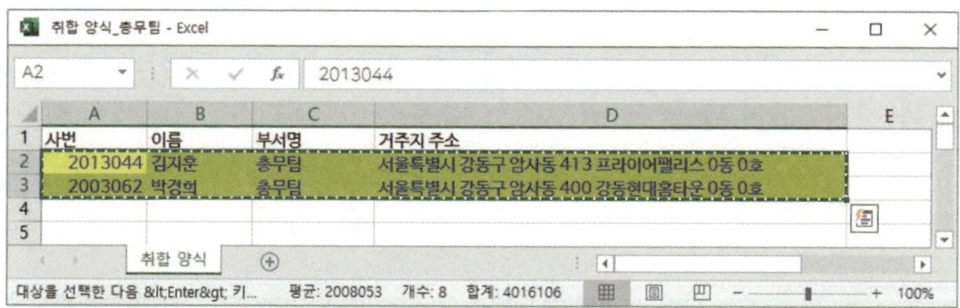


| | A | B | C | D |
|---|---|---|---|---|
| 1 | 사번 | 이름 | 부서명 | 거주지 주소 |
| 2 | 2013044 | 김지훈 | 총무팀 | 서울특별시 강동구 암사동 413 프라이어팰리스 0동 0호 |
| 3 | 2003062 | 박경희 | 총무팀 | 서울특별시 강동구 암사동 400 강동현대홈타운 0동 0호 |
| 4 | | | | |
| 5 | | | | |

회신할 때 개성을 드러내는 사람도 있다. 본인 팀 리스트에 색을 입혀 보낸 것이다. 이렇게 눈에 보이면 다행이지만, 알게 모르게 어떤 이상한 서식이 포함돼 있을지도 모른다.

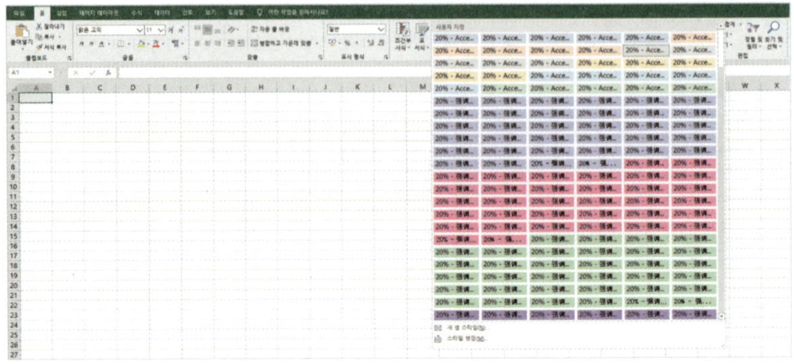

간혹 이런 서식을 못 보고 통합 문서에 그대로 붙여 넣었다간 서식이 너무 많다는 에러 메시지가 뜨면서 처음부터 다시 작업해야 할 수도 있다. 그러니 취합할 땐 꼭 '값으로 붙여넣기' 하는 습관을 들이도록 하자. 붙여 넣을 셀 위치에서 마우스 오른쪽 버튼을 눌러 '값으로 붙여넣기(123)'를 선택하면 된다.

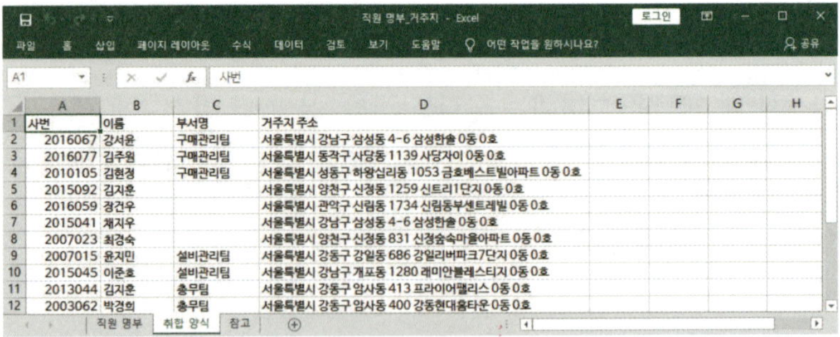

| 사번 | 이름 | 부서명 | 거주지 주소 |
|---|---|---|---|
| 2016067 | 강서윤 | 구매관리팀 | 서울특별시 강남구 삼성동 4-6 삼성한솔 0동 0호 |
| 2016077 | 김주원 | 구매관리팀 | 서울특별시 동작구 사당동 1139 사당자이 0동 0호 |
| 2010105 | 김현정 | 구매관리팀 | 서울특별시 성동구 하왕십리동 1053 금호베스트빌아파트 0동 0호 |
| 2015092 | 김지훈 | | 서울특별시 양천구 신정동 1259 신트리1단지 0동 0호 |
| 2016059 | 장건우 | | 서울특별시 관악구 신림동 1734 신림동부센트레빌 0동 0호 |
| 2015041 | 채지우 | | 서울특별시 강남구 삼성동 4-6 삼성한솔 0동 0호 |
| 2007023 | 최경숙 | | 서울특별시 양천구 신정동 831 신정숲속마을아파트 0동 0호 |
| 2007015 | 윤지민 | 설비관리팀 | 서울특별시 강동구 강일동 686 강일리버파크7단지 0동 0호 |
| 2015045 | 이준호 | 설비관리팀 | 서울특별시 강남구 개포동 1280 래미안블레스티지 0동 0호 |
| 2013044 | 김지훈 | 총무팀 | 서울특별시 강동구 암사동 413 프라이어팰리스 0동 0호 |
| 2003062 | 박경희 | 총무팀 | 서울특별시 강동구 암사동 400 강동현대홈타운 0동 0호 |

메인 통합 문서의 '취합 양식' 시트를 완성했다.

## 원본 시트로 불러오기

이제 '직원 명부' 시트를 채울 차례다. VLOOKUP을 써서 〔사번〕을 키값으로 '취합 양식' 시트에서 〔거주지 주소〕를 찾아 '직원 명부' 시트에 넣어주자.

> [거주지 주소] = VLOOKUP(C2,'취합 양식'!A:D,4,FALSE)
>
> '취합 양식' 시트의 A~D열 범위에서
> C2 셀값과 정확히 일치하는 값을 찾아서 그로부터
> 오른쪽으로 네 번째 열에 있는 셀의 값을 출력해라.

| | A | B | C | D | G | H | I |
|---|---|---|---|---|---|---|---|
| 1 | 순번 | 부서명 | 사번 | 이름 | 등본 주소 | 거주지 주소 | 지역 구분 |
| 2 | 1 | 총무팀 | 2013062 | 강미영 | 서울특별시 동작구 신대방동 395-66 보라매삼성쉐르빌 0동 0호 | =VLOOKUP(C2,'취합 양식'!A:D,4,FALSE) | |
| 3 | 2 | 총무팀 | 2007033 | 강은지 | 서울특별시 중랑구 면목동 1510 면목두산2.3차 0동 0호 | #N/A | |
| 4 | 3 | 총무팀 | 2015122 | 강준서 | 서울특별시 중랑구 면목동 1505 아남리치카운티 0동 0호 | #N/A | |
| 5 | 4 | 총무팀 | 2011069 | 김서현 | 서울특별시 은평구 신사동 365 신사한신휴플러스 0동 0호 | #N/A | |

직원 명부 | 취합 양식 | 참고

H2셀을 복사해 나머지 값을 채워준다. 채우기 핸들을 사용해도 좋다.

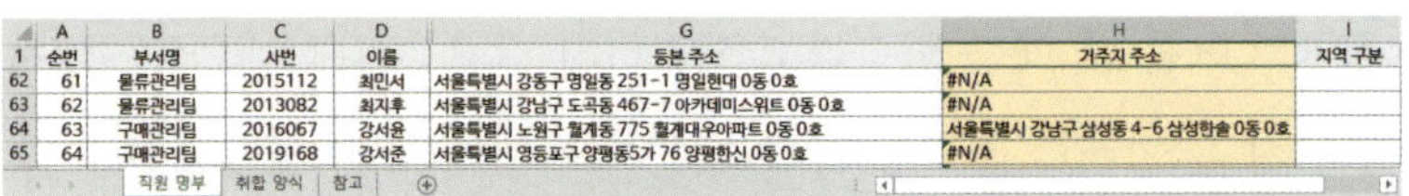

| | A | B | C | D | G | H | I |
|---|---|---|---|---|---|---|---|
| 1 | 순번 | 부서명 | 사번 | 이름 | 등본 주소 | 거주지 주소 | 지역 구분 |
| 62 | 61 | 물류관리팀 | 2015112 | 최민서 | 서울특별시 강동구 명일동 251-1 명일현대 0동 0호 | #N/A | |
| 63 | 62 | 물류관리팀 | 2013082 | 최지후 | 서울특별시 강남구 도곡동 467-7 아카데미스위트 0동 0호 | #N/A | |
| 64 | 63 | 구매관리팀 | 2016067 | 강서윤 | 서울특별시 노원구 월계동 775 월계대우아파트 0동 0호 | 서울특별시 강남구 삼성동 4-6 삼성한솔 0동 0호 | |
| 65 | 64 | 구매관리팀 | 2019168 | 강서준 | 서울특별시 영등포구 양평동5가 76 양평한신 0동 0호 | #N/A | |

직원 명부 | 취합 양식 | 참고

그런데 문제가 생겼다. 대부분의 셀에 '#N/A'라는 에러가 떴다. Not Available…. 찾는 값이 없다는 뜻이다(엑셀에서 발생하는 에러는 242쪽에서 다룬다).

보아하니 '취합 양식' 시트에 있는 〔사번〕 값만 정상적으로 불러온 것 같다. 이렇게 VLOOKUP은 특정 키값을 찾지 못한다면 그 결과로 에러를 출력한다. 이때 쓰는 유용한 함수가 있다. IFERROR다. '만약에 에러라면~'이라는 뜻이다.

| **IFERROR의 사용** | | |
|---|---|---|
| = IFERROR( | value, | value_if_error ) |
| | **(원래) 표시할 값** | **에러일 때 표시할 값** |
| | VLOOKUP(2013062,<br>'취합 양식'!A:D,4,FALSE) | "사번을 찾을 수 없음" |
| | VLOOKUP(C2,<br>'취합 양식'!A:D, 4, FALSE) | G2<br>G열 2행의 [등본주소] |

IFERROR를 쓸 때는 함수라고 생각하지 말고 '=IFERROR('를 치고 원래 쓸 값이나 수식을 적어주면 된다. 그다음 콤마(,)를 찍고 그 값이 에러일 때 올 값이나 수식을 적어준다.

예시 상황처럼 VLOOKUP을 쓸 때는 참조할 테이블(취합 양식)에 해당 키값(사번)이 없을 수도 있기 때문에 보통 IFERROR를 세트로 사용한다.

출력 에러가 났다면, '취합 양식'에 기재되지 않은 사번이므로 〔등본 주소〕가 〔거주지 주소〕인 직원일 것이다. 따라서 원래 적었던 수식을 아래와 같이 바꾸면 된다.

=IFERROR(VLOOKUP(C2,'취합 양식'!A:D,4,FALSE),G2)

**'취합 양식' 시트의 A:D열에서 사번 C2를 찾아 출력하는데, 그 값이 에러일 때는 같은 행의 등본 주소 G2를 출력해라.**

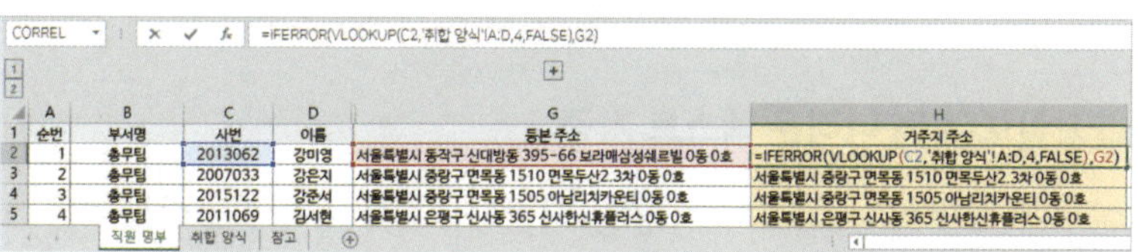

기존에 입력된 수식에서 등호와 VLOOKUP 사이에 IFERROR(를 치고, End키를 눌러 셀의 맨 끝으로 가서 콤마(,)와 함께 나머지 수식을 입력한다. H열의 나머지 행에도 수식을 붙여 넣는다.

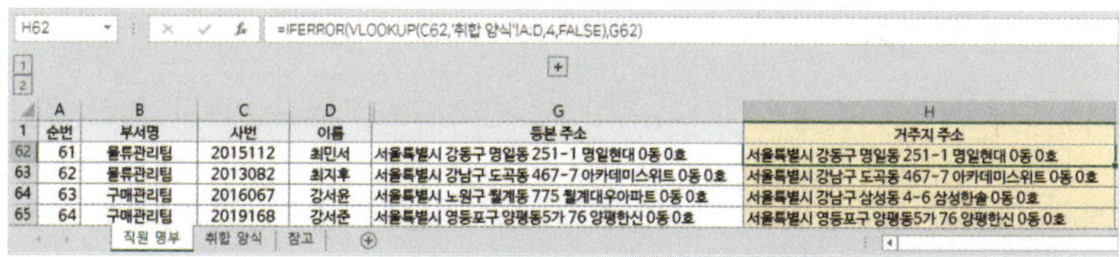

드디어 대망의 데이터 가공 차례다. 마음의 준비를 하자.

## 03 그대로 쓸 수 없다면? [가공]

### 화장실보다 더 더러운 텍스트 가공

실무에서 만나는 데이터는 정말 더럽다. 때론 화장실보다도 더. 그 중 가장 더러운 게 바로 텍스트 형태의 데이터다.

길고 지저분한 텍스트(거주지 주소)에서 내가 원하는 부분(지역 구분)만 쏙 빼내 표시하는 방법을 알아보자.

#### - 텍스트 쪼개기

먼저 텍스트를 쪼개는 방법이다. 함수를 쓰면 셀 안의 원하는 위치에서, 원하는 개수만큼 텍스트를 끊어 읽을 수 있다. 텍스트를 쪼개는 기본 함수를 알아보자.

=LEFT( text, [num_chars] )

text에서 왼쪽부터 N개에 해당하는 글자를 출력해라.

=RIGHT( text, [num_chars] )

text에서 오른쪽부터 N개에 해당하는 글자를 출력해라.

=MID( text, start_num, num_chars )

text에서 특정 위치부터 시작하여
그 오른쪽으로 N개에 해당하는 글자까지 출력해라.

=FIND( find_text, within_text, [start_num] )

within_text에서 find_text를 찾아서
(start_num으로부터) 몇 번째 오는 글자인지 출력해라.

=LEN( text )

text의 길이(글자의 개수)를 출력해라.

셀명과 셀값이 주어졌을 때 수식을 입력한 결과를 살펴보자. 각 셀의 내용을 바꿔가며 연습해보면 좋다.

## 주어진 값

| 셀명 | 셀값 | 셀명 | 셀값 |
|---|---|---|---|
| A1 | 가나다 | A2 | 서울시 강남구 신사동 |

## 수식 입력 결과

| 입력한 수식 | 결괏값 |
|---|---|
| =LEFT(A1,2) | 가나 |
| =RIGHT(A1,2) | 나다 |
| =MID(A1,2,1) | 나 |
| =FIND("나",A1) | 2 |
| =FIND("나다",A1) | 2 |
| =LEN(A1) | 3 |
| =FIND("구",A2) | 7 |
| =LEFT(A2, FIND("구",A2)) | 서울시 강남구 |
| =LEN(A2) | 11 |
| =RIGHT(A2, LEN(A2)-FIND("구",A2)-1) | 신사동 |

**- 텍스트 합치기**

쪼개는 건 조금 어려웠어도 다시 합치는 건 매우 쉽다. 마찬가지로 관련된 기본 함수를 익혀보자.

=CONCATENATE( text1, [text2], [text3], ... )

여러 텍스트를 하나로 병합해라.

= text1 & text2 & text3 & ...

여러 텍스트를 하나로 병합해라.

=SUBSTITUTE( text, old_text, new_text )

text에서 old_text를 찾아서 new_text로 대체해라.

=TRIM( text )

text에서 쓸데없는 공백(두 개짜리 띄어쓰기와 맨 앞, 맨 끝의 띄어쓰기)을 없애라.

셀명과 셀값이 주어졌을 때 수식을 입력한 결과를 살펴보자.

### 주어진 값

| 셀명 | 셀값 | 셀명 | 셀값 |
|---|---|---|---|
| B1 | 서울시 | C1 | 서울시∨강남구∨신사동 |
| B2 | 강남구 | C2 | 서울시∨∨∨강남구∨∨신사동 |
| B3 | 신사동 | C3 | ∨서울시∨강남구∨신사동∨ |

(*V는 띄어쓰기 간격을 의미한다.)

### 수식 입력 결과

| 입력한 수식 | 결괏값 |
|---|---|
| =CONCATENATE(B1,"∨",B2,"∨",B3) | 서울시∨강남구∨신사동 |
| =B1&"∨"&B2&"∨"&B3 | 서울시∨강남구∨신사동 |
| =SUBSTITUTE(C1, "시", "특별시") | 서울특별시∨강남구∨신사동 |
| =TRIM(C2) | 서울시∨강남구∨신사동 |

이처럼 텍스트로 된 데이터는 함수로 얼마든지 쪼개거나 합칠 수 있다.

## 지번 주소에서 시군구 값 찾기

문제로 돌아가서, 지번뿐만 아니라 동호수까지 나와 있는 〔거주지 주소〕에서 '시군구'에 해당하는 〔지역 구분〕 값을 빼내야 한다. 텍스트 쪼개기다.

| 거주지 주소 |
|---|
| 서울특별시 동작구 신대방동 395-66 보라매삼성쉐르빌 0동 0호 |

데이터 가공을 할 때는 복잡하게 머리 쓸 것 없이 가장 첫 번째 데이터를 보고 수식을 짜면 된다. '시군구' 단위로 주소를 쪼개기 위해서는 주소 안에서 공통값인 '구'를 찾아 왼쪽에서부터 그 위치까지의 값을 출력하면 될 것이다.

| 거주지 주소 |
|---|
| 서울특별시 구로구 구로동 1281 구로한일유엔아이 0동 0호 |

그런데 위 주소 같은 경우 '구'가 여러 번 들어간다. '구로구 구로동 구로한일유엔아이'에서 하필 두 번째 있는 '구'를 찾으려면 어떻게 해야 할까?

=FIND( "구 ", H2 )

H2(거주지 주소) 안에서 "구∨"를 찾아서
몇 번째에 있는 글자인지 출력해라.

"구"가 아니라 "구∨"를 찾으면 된다. 구로구 주소에서 FIND 함수로 "구"를 찾으면 7을 반환하고, "구∨"를 찾으면 9를 반환한다. 따라서 우리는 "구∨"를 찾으면 된다(참고로 "구∨"마저 중복일 땐 더 앞에 있는 "구∨"를 찾아 그 위치를 반환한다).

이제 왼쪽에서부터 그 위치까지 끊어서 읽어오기만 하면 된다.

=LEFT( H2, FIND( "구 ", H2 ) )

**H2(거주지 주소) 안에서 왼쪽으로부터**
**그 셀의 "구∨"가 있는 위치까지의 텍스트를 출력해라.**

이렇게 이중으로 함수를 쓸 때는, 헷갈리지 않도록 항상 가장 안쪽에 있는 함수(FIND)부터 완성한 다음 앞쪽 함수(LEFT)에도 마저 수식을 채운다.

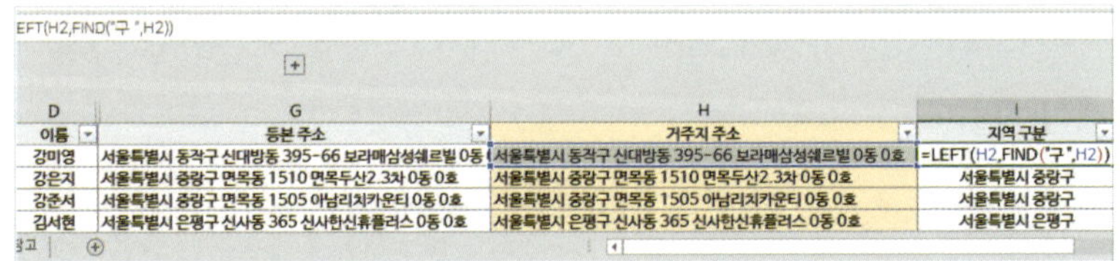

EFT(H2,FIND("구 ",H2))

| 이름 | 등본 주소 | 거주지 주소 | 지역 구분 |
|---|---|---|---|
| 강미영 | 서울특별시 동작구 신대방동 395-66 보라매삼성쉐르빌 0동 ( | 서울특별시 동작구 신대방동 395-66 보라매삼성쉐르빌 0동 0호 | =LEFT(H2,FIND("구 ",H2)) |
| 강은지 | 서울특별시 중랑구 면목동 1510 면목두산2.3차 0동 0호 | 서울특별시 중랑구 면목동 1510 면목두산2.3차 0동 0호 | 서울특별시 중랑구 |
| 강준서 | 서울특별시 중랑구 면목동 1505 아남리치카운티 0동 0호 | 서울특별시 중랑구 면목동 1505 아남리치카운티 0동 0호 | 서울특별시 중랑구 |
| 김서현 | 서울특별시 은평구 신사동 365 신사한신휴플러스 0동 0호 | 서울특별시 은평구 신사동 365 신사한신휴플러스 0동 0호 | 서울특별시 은평구 |

〔지역 구분〕 열에 같은 수식을 모두 채워주었다. 이로써 전 직원의 시군구 단위 거주지 주소까지 파악하면서 가장 지저분한 텍스트 다루기에 성공했다. 하지만 데이터 형식은 이게 다가 아니다.

## 까다로운 숫자/날짜/시간 가공

걱정할 필요는 없다. 직장에서 마주치는 데이터는 전부 거기서 거기다. 특히 사업(돈)과 관련된 데이터는 대개 숫자로 표현하기 마련이다. 종종 다루게 될 '숫자', '날짜', '시간' 데이터의 가공 방법을 알아보자.

### - 숫자 다루기

=ROUND( number, num_digits )

number에 대해 소수점 N째 짜리에서 반올림해라.

(ROUNDUP은 올림, ROUNDDOWN은 내림이다.)

=RANK( number, ref, [order] )

number에 대해 이 범위(ref) 안에서 순위를 매겨라.

[order]가 0이면 큰 순으로, 1이면 작은 순으로 순위 계산.

=MOD( number, divisor )

number를 divisor로 나눈 나머지를 출력해라.

셀명과 셀값이 주어졌을 때 수식을 입력한 결과는 다음과 같다.

### 주어진 값 & 수식 입력 결과

| 셀명 | 셀값 | 입력한 수식 | 결괏값 |
|---|---|---|---|
| D1 | 12.34 | =ROUND(D1,1) | 12.3 |
| D2 | 56.78 | =RANK(D2,$D$1:$D$3) | 1 |
| D3 | 10 | =MOD(D3,3) | 1 |

**- 날짜/시간 다루기**

업무 중 사업 현황 데이터를 뽑을 때 날짜와 시간을 많이 다룰 것이다. 그런데 데이터 가공에서 이것이 은근 애를 먹인다.

엑셀에서 날짜와 시간은 보이는 모습일 뿐이고, 그 실체는 숫자로 된 시리얼 넘버(일련번호)다. 1900년 1월 1일 00시 00분 00초를 기준으로 일련번호를 매기는데, 1부터 시작해 24시간마다 1씩 증가한다.

이렇게 복잡한 개념을 꼭 알아야 할까? 엑셀에서 값을 입력하다 보면 가끔 정체를 알 수 없는 숫자가 나타난다. 바로 엑셀의 날짜 인식법 때문인데, 이를 인지하지 못하면 오류인 줄 알고 바로잡느라 시간을 허비하는 수가 있다.

설명만으로는 감이 잘 오지 않을 것이다. 아무 셀에 숫자를 적고 상단 탭에서 표시 형식( )을 날짜, 시간, 다시 숫자(일반)로 바꿔가며 결과를 비교해보자.

| 숫자/일반 | 날짜 | 시간 |
|---|---|---|
| 1.00 | 1900-01-01 | 오전 12:00:00 |
| 1.50 | 1900-01-01 | 오후 12:00:00 |
| 2.00 | 1900-01-02 | 오전 12:00:00 |
| 2.50 | 1900-01-02 | 오후 12:00:00 |
| 3.00 | 1900-01-03 | 오전 12:00:00 |
| 3.50 | 1900-01-03 | 오후 12:00:00 |
| 4.00 | 1900-01-04 | 오전 12:00:00 |

실제 업무에서는 '숫자 1이 날짜로는 1900년 1월 1일이다.'와 같은 정의 따윈 신경 쓰지 않아도 된다. 셀에 입력하고 싶은 날짜를 '3/31'과 같이 적어주면, 엑셀에서 알아서 날짜로 인식하고 그 해의 3월 31일 값을 불러오기 때문이다.

이때 서식도 '날짜'로 자동으로 지정되기 때문에 우리 눈에는 시리얼 넘버가 아닌 '날짜'로 보인다. 참고로 2021년 3월 31일은 시리얼 넘버로 44,286인데, 숫자 44,286의 표시 형식을 날짜로 지정하면 2021년 3월 31일이, 시간으로 지정하면 오전 12시 00분이 된다. 순전히 '표시 형식'의 차이일 뿐이다.

업무에서 표시 형식만으로는 날짜·시간을 원하는 대로 가공할 수 없으므로 이를 다루는 함수도 알아야 한다. 우리가 현실에서 아는 숫자인 2021과 3과 31의 조합으로 2021년 3월 31일(시리얼 넘버로는 44,286)을 만들어내는 식이다.

다음의 날짜, 시간 함수를 살펴보자.

=DATE( year, month, day )

각 요소를 '연도', '월', '일'로

취하는 날짜값을 출력해라.

=YEAR( serial_number )

이 serial_number에 해당하는 연도값을 출력해라.

=TEXT( value, format_text )

이 값을 이 양식으로 출력해라.

=WEEKDAY( serial_number, [return_type] )

이 serial_number에 해당하는 요일값을 출력해라.

(월: 1, 화: 2, …, 일: 7)

=TODAY( )

오늘 날짜를 출력해라.

=NETWORKDAYS( start_date, end_date, [holidays] )

시작과 끝 날짜 사이의 업무일수(주말 제외)를 출력해라.

필요하다면 별도의 휴일 테이블을 참조해 그 날짜도 빼라.

=TIME(hour, minute, second)

각 요소를 '시', '분', '초'로 취하는 시간값을 출력해라.

=HOUR( serial_number )

이 serial_number에 해당하는 시값을 출력해라.

(MINUTE는 분값을, SECOND는 초값을 출력)

셀명과 셀값이 주어졌을 때 수식을 입력한 결과는 다음과 같다.

### 주어진 값

| 셀명 | 셀값 |
|---|---|
| E1 | 2021 |
| E2 | 3 |
| E3 | 31 |
| E4 | 2021-03-31 |
| E5 | 2021-04-01 |
| E6 | 20210331 |
| E7 | 11 |
| E8 | 20 |
| E9 | 22 |
| E10 | 11:20:55 |

## 수식 입력 결과

| 입력한 수식 | 결괏값 |
|---|---|
| =DATE(E1,E2,E3) | 2021-03-31 |
| =YEAR(E4) | 2021 |
| =MONTH(E4) | 3 |
| =DAY(E4) | 31 |
| =TEXT(E4,"yyyymmdd") | 20210331 |
| =TEXT(E6,"0000-00-00") | 2021-03-31 |
| =TEXT(E6,"#,##0") | 20,210,331 |
| =WEEKDAY(E4,2) | 3 |
| =TODAY( ) | (입력하는 시점의 날짜가 자동으로 표기됨) |
| =NETWORKDAYS(E4,E5) | 2 |
| =TIME(E7,E8,E9) | 11:20 AM |
| =HOUR(E10) | 11 |
| =MINUTE(E10) | 20 |
| =SECOND(E10) | 55 |

각 결괏값은 표시 형식(일반)에 따라 다르게 표시된다는 점을 기억하자. 가령 첫 번째 수식의 결괏값인 '2021-03-31'은 표시 형식이 간단한 날짜(간단한 날짜 2021-03-31)로 자동 지정된 것이며, 자세한 날짜(자세한 날짜 2021년 3월 31일 수요일)로 바꿀 수도 있다.

# 자주 뽑아야 한다면?
## [자동화]

### 자동화가 필요한 이유

지금까지 데이터 구조화, 데이터 수집(취합), 데이터 가공을 배웠다. 이제 가공한 데이터로 보고 양식을 만들 차례다. '주기적인 보고 양식 작성' 업무의 핵심은 매번 처음부터 다시 작업하지 않도록 나만의 자동화 시스템을 구축하는 것이다.

매월이면 1년에 12번, 매주면 52번이다. 주기가 짧을수록 손 갈 일이 없게 만들어야 한다. 이 루틴을 잘만 짜놓으면 업무 시간을 획기적으로 줄일 수 있다.

앞서 가공이 끝난 로 데이터('직원 명부'와 '취합 양식' 시트)를 요약해서 사장님께 보고할 양식을 만들어야 한다. 이때 중요한 건 매월 주기적으로 보고하는 업무이기 때문에 데이터가 바뀌더라도 자동으로 집계되도록 피벗테이블을 만들어 값을 수식으로 따오도록 해야 한다는 점이다. 이렇게 한번 보고 양식을 만들어두면 그 뒤로는 피벗테이블만 새로고침하면 된다.

## 피벗테이블 만들기

로 데이터는 기획·수집·가공 단계에서 만들었다. 이번엔 피벗테이블을 만들어본다.

210쪽까지 작업된 '직원 명부' 시트에서 A:I열을 선택한 다음, 피벗테이블을 새 시트에 생성한다(삽입 탭-피벗테이블). 이때 아래 그림처럼 A1:I177 영역을 선택하지 않는 이유는 '직원 명부' 시트에 행이 추가될 수 있기 때문이다.

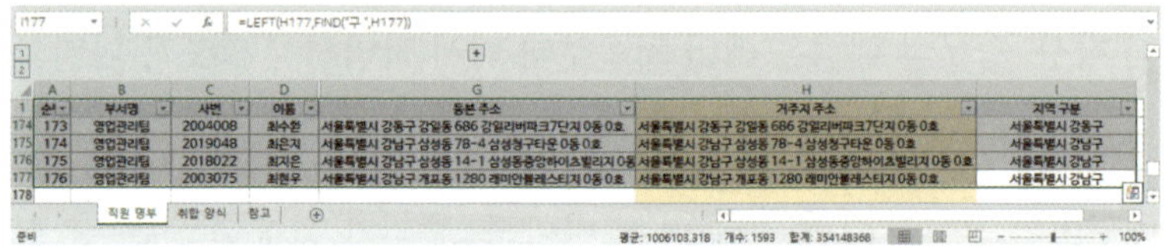

예를 들어 신규 채용으로 직원이 한 명 늘어나면 178행에 데이터를 추가하고, H열과 I열에 수식도 붙여 넣어야 한다. 이렇게 행수가 늘어날 것을 감안해 반드시 열 기준으로 피벗테이블 범위를 지정한다.

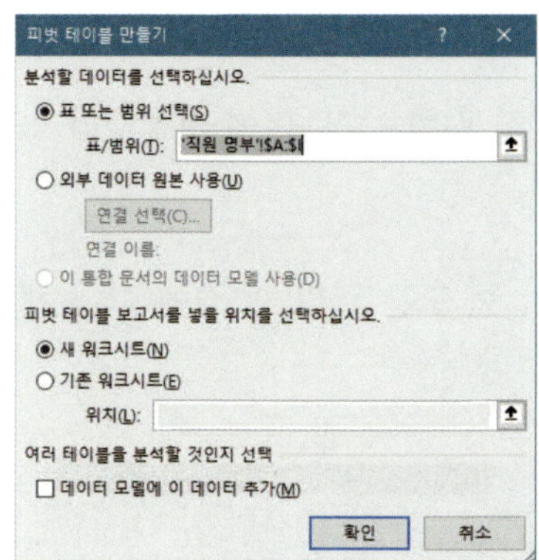


'보고 양식'에서 필요한 값은 직원들의 지역별 거주 현황이다. 즉, 〔지역 구분〕 값에 따른 '거주 직원수'를 알기 위해 〔지역 구분〕 항목을 행 영역에 끌어다 놓는다.

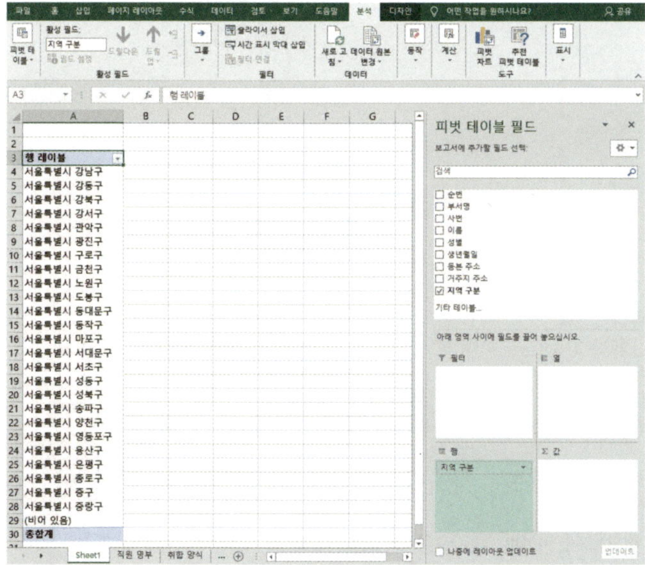

각 행에 시군구값이 펼쳐졌다. 이번에는 시군구별 직원수를 알아보기 위해 모든 셀이 채워져 있을 만한 항목(필드)을 값 영역에 갖다 놓는다.

예제에서는 〔순번〕, 〔부서명〕, 〔사번〕 등 모든 열의 각 셀에 값이 채워져 있기 때문에 뭐든 상관없다.

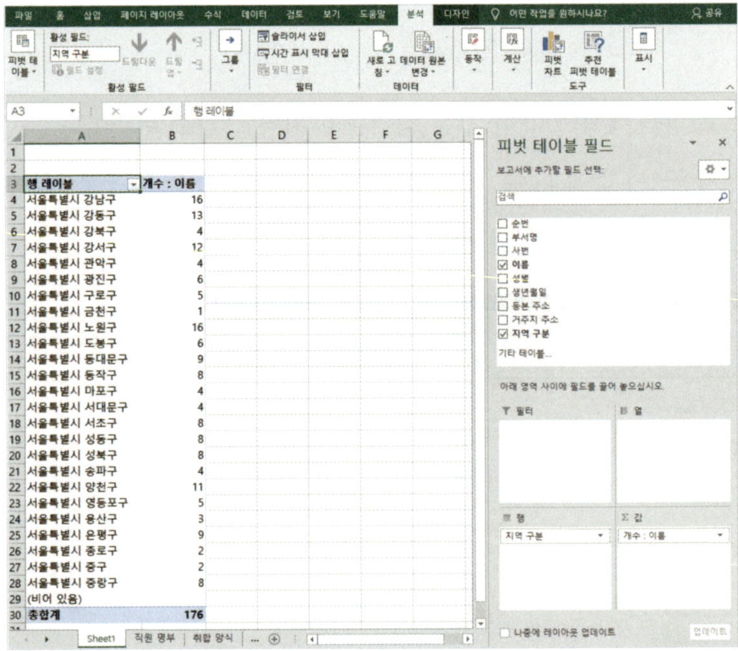

| 행 레이블 | 개수 : 이름 |
|---|---|
| 서울특별시 강남구 | 16 |
| 서울특별시 강동구 | 13 |
| 서울특별시 강북구 | 4 |
| 서울특별시 강서구 | 12 |
| 서울특별시 관악구 | 4 |
| 서울특별시 광진구 | 6 |
| 서울특별시 구로구 | 5 |
| 서울특별시 금천구 | 1 |
| 서울특별시 노원구 | 16 |
| 서울특별시 도봉구 | 6 |
| 서울특별시 동대문구 | 9 |
| 서울특별시 동작구 | 8 |
| 서울특별시 마포구 | 4 |
| 서울특별시 서대문구 | 4 |
| 서울특별시 서초구 | 8 |
| 서울특별시 성동구 | 8 |
| 서울특별시 성북구 | 8 |
| 서울특별시 송파구 | 4 |
| 서울특별시 양천구 | 11 |
| 서울특별시 영등포구 | 5 |
| 서울특별시 용산구 | 3 |
| 서울특별시 은평구 | 9 |
| 서울특별시 종로구 | 2 |
| 서울특별시 중구 | 2 |
| 서울특별시 중랑구 | 8 |
| (비어 있음) | |
| 총합계 | 176 |



직관적으로 눈에 들어오도록 값 영역에 〔이름〕을 갖다 놓았다. 이렇게 하면 '직원 명부'에서 지역별로 〔이름〕 값이 채워진 셀의 개수를 자동으로 세어 각 구에 몇 명의 직원이 살고 있는지 집계된다. 이제

시군구별로 직원들의 거주 현황을 알 수 있게 되었다.

그런데 이게 끝이 아니다. 피벗테이블은 그대로 보고서에 들어가기에는 양식이 애매하고, 열 너비나 행·열의 위치도 너무 가변적이다. 따라서 언제나 같은 위치에 같은 크기와 서식으로 고정된 보고용 테이블을 따로 만들어주어야 한다.

## 보고 양식 만들기

이제 내가 원하는 보고 양식을 만들어보자. 기존의 'Sheet1'은 'PV'로 이름을 바꾸고, 새 시트를 만들어 이름을 '보고 양식'으로 지정한다. 지역 구분에 따른 거주 직원수를 보여주는 테이블을 구성할 것이다.

| 지역 구분 | 거주 직원수 |
|---|---|
| 서울특별시 강남구 | |
| 서울특별시 강동구 | |
| 서울특별시 강북구 | |
| 서울특별시 강서구 | |
| 서울특별시 관악구 | |
| 서울특별시 광진구 | |
| 서울특별시 구로구 | |
| 서울특별시 금천구 | |
| 서울특별시 노원구 | |
| 서울특별시 도봉구 | |
| 서울특별시 동대문구 | |
| 서울특별시 동작구 | |
| 서울특별시 마포구 | |
| 서울특별시 서대문구 | |
| 서울특별시 서초구 | |
| 서울특별시 성동구 | |
| 서울특별시 성북구 | |
| 서울특별시 송파구 | |
| 서울특별시 양천구 | |
| 서울특별시 영등포구 | |
| 서울특별시 용산구 | |
| 서울특별시 은평구 | |
| 서울특별시 종로구 | |
| 서울특별시 중구 | |
| 서울특별시 중랑구 | |
| 합계 | |

〔지역 구분〕 아래로 시군구값이 오게 하려면 피벗테이블 시트에서 값을 복사해 붙여 넣으면 된다. 'PV' 시트의 행 레이블에 펼쳐진 '서울특별시 강남구'(A4셀)~'서울특별시 중랑구'(A28셀) 값을 '보고 양식' 시트로 복사해온다.

실무에서는 피벗테이블 결과로 나온 값이 전체 시군구가 아닐 수 있다는 점에 주의해야 한다. 가령 조직도를 기준으로 보고 양식을 만들 땐, 피벗테이블에 있는 값이 아니라 실제로 조직도 전체가 나온 데이터를 붙여 넣어야 한다.

'거주 직원수'는 직원들의 이사 또는 입·퇴사에 따라 달라지는 값이기 때문에 그대로 복사해와서는 안 된다. 복사 대신 수식을 사용해서 피벗테이블을 새로고침하면 '보고 양식' 시트도 자동으로 업데이트되도록 할 것이다.

## VLOOKUP으로 불러오기

'보고 양식' 시트의 〔거주 직원수〕 값을 채울 차례다. 이 항목은 'PV' 시트와 '보고 양식' 시트에 공통적으로 들어 있다. 따라서 VLOOKUP을 사용해 'PV' 시트에서 각 〔지역 구분〕에 해당하는 〔거주 직원수〕 값을 불러오면 된다.

CORREL | =IFERROR(VLOOKUP(A2,PV!A:B,2,FALSE),0)

| | A | B |
|---|---|---|
| 1 | 지역 구분 | 거주 직원수 |
| 2 | 서울특별시 강남구 | =IFERROR(VLOOKUP(A2,PV!A:B,2,FALSE),0) |
| 3 | 서울특별시 강동구 | 13 |
| 4 | 서울특별시 강북구 | 4 |
| 5 | 서울특별시 강서구 | 12 |
| 6 | 서울특별시 관악구 | 4 |

보고 양식 | PV | 직원 명부 | 취합 양식 | 참고

'PV' 시트의 A:B 범위에서 '보고 양식' 시트의 [지역 구분] 값을 찾아서 그로부터 두 번째 열에 있는 값을 불러온다. 특정 지역에 거주 직원이 하나도 없을 때를 대비해 IFERROR를 함께 써준다(참고로 주어진 예제에서는 모든 시군구에 한 명 이상의 직원이 거주하고 있다).

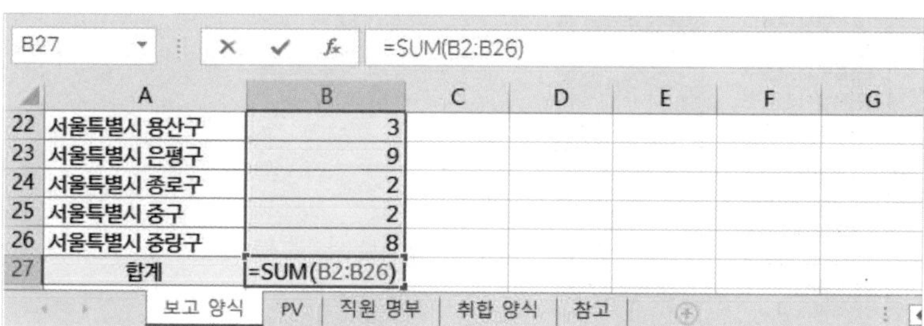

B27 | =SUM(B2:B26)

| | A | B |
|---|---|---|
| 22 | 서울특별시 용산구 | 3 |
| 23 | 서울특별시 은평구 | 9 |
| 24 | 서울특별시 종로구 | 2 |
| 25 | 서울특별시 중구 | 2 |
| 26 | 서울특별시 중랑구 | 8 |
| 27 | 합계 | =SUM(B2:B26) |

보고 양식 | PV | 직원 명부 | 취합 양식 | 참고

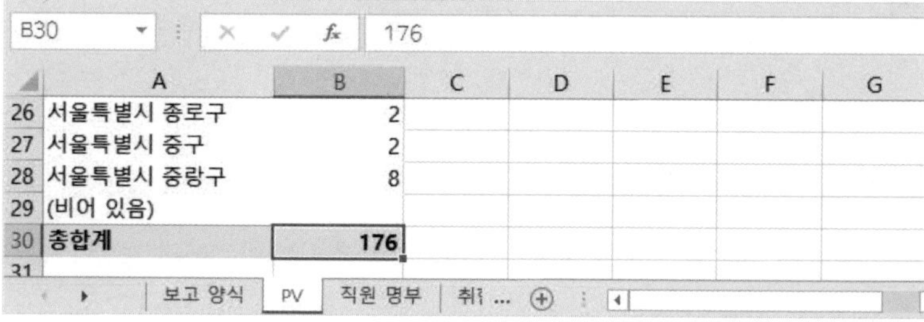

B30 | 176

| | A | B |
|---|---|---|
| 26 | 서울특별시 종로구 | 2 |
| 27 | 서울특별시 중구 | 2 |
| 28 | 서울특별시 중랑구 | 8 |
| 29 | (비어 있음) | |
| 30 | **총합계** | **176** |

보고 양식 | PV | 직원 명부 | 취1 ...

마지막 합계는 SUM으로 채웠다. 피벗테이블의 마지막 행이 '총합계'이기 때문에 보고 양식에서도 '총합계'를 적고 VLOOKUP 수식을 그대로 적용해도 되지만, 이왕이면 좀 더 자연스러운 '합계'를 사용한다.

| | A | B | C | D | E | F | G |
|---|---|---|---|---|---|---|---|
| 1 | 지역 구분 | 거주 직원수 | | | | | |
| 2 | 서울특별시 강남구 | 16 | | | | | |
| 3 | 서울특별시 강동구 | 13 | | | | | |
| 4 | 서울특별시 강북구 | 4 | | | | | |
| 5 | 서울특별시 강서구 | 12 | | | | | |
| 6 | 서울특별시 관악구 | 4 | | | | | |
| 7 | 서울특별시 광진구 | 6 | | | | | |
| 8 | 서울특별시 구로구 | 5 | | | | | |
| 9 | 서울특별시 금천구 | 1 | | | | | |
| 10 | 서울특별시 노원구 | 16 | | | | | |
| 11 | 서울특별시 도봉구 | 6 | | | | | |
| 12 | 서울특별시 동대문구 | 9 | | | | | |
| 13 | 서울특별시 동작구 | 8 | | | | | |
| 14 | 서울특별시 마포구 | 4 | | | | | |
| 15 | 서울특별시 서대문구 | 4 | | | | | |
| 16 | 서울특별시 서초구 | 8 | | | | | |
| 17 | 서울특별시 성동구 | 8 | | | | | |
| 18 | 서울특별시 성북구 | 8 | | | | | |
| 19 | 서울특별시 송파구 | 4 | | | | | |
| 20 | 서울특별시 양천구 | 11 | | | | | |
| 21 | 서울특별시 영등포구 | 5 | | | | | |
| 22 | 서울특별시 용산구 | 3 | | | | | |
| 23 | 서울특별시 은평구 | 9 | | | | | |
| 24 | 서울특별시 종로구 | 2 | | | | | |
| 25 | 서울특별시 중구 | 2 | | | | | |
| 26 | 서울특별시 중랑구 | 8 | | | | | |
| 27 | 합계 | 176 | | | | | |
| 28 | | | | | | | |

보고 양식 | PV | 직원 명부 | 취합 양식 | 참고

드디어 보고 양식이 완성됐다. 앞으로는 '직원 명부' 시트에서 [거주지 주소]가 달라진 직원들의 데이터만 취합해 '취합 양식' 시트에 새로 넣어주면 된다. 신규 채용으로 직원이 추가되면 '직원 명부' 시트에 행을 추가해 수식을 똑같이 넣는다. 이때 엑셀에서 수식은 별다른

동작 없이 자동으로 계산된다(파일-옵션-수식 탭에서 '계산 옵션-통합 문서 계산'이 자동으로 설정돼 있기 때문이다).

로 데이터 업데이트가 끝났으니 피벗테이블까지 새로고침(Ctrl +Alt+F5)해주면 '보고 양식' 시트도 자동으로 수식을 계산해 업데이트된다.

## 주기적인 보고 양식 작성 루틴

여기까지만 봤을 땐 굳이 피벗테이블을 만들지 않고 COUNTIF만 써서 보고 양식을 만들어도 될 것 같다. COUNTIF나 SUMIF와 같은 집계 함수로 곧바로 보고 양식을 만들지 않고 왜 굳이 중간에 피벗테이블을 사용하는지 궁금할 것이다.

상황을 하나 가정해보자. 첫 보고를 할 때 이 정보로 뭘 판단하겠냐며 사장님께 깨진 것이다. 신입사원은 교육을 위해 거점근무에서 배제하고, 거주 지역별 직원들의 근속연수 합계도 따져보라고 한다.

주기적인 보고 양식은 이처럼 완전히 정형화되지 않고 계속해서 조금씩 변형이 발생한다. 보고 양식을 만들면서 중간에 피벗테이블을 끼는 것과 수식만 사용하는 상황을 비교하기 위해 '보고 양식' 시트에 COUNTIF로 구한 [거주 직원수_함수] 열을 하나 추가했다.

CORREL | fx | =COUNTIF('직원 명부'!I:I,A2)

| | A | B | C |
|---|---|---|---|
| 1 | 지역 구분 | 거주 직원수_피벗 | 거주 직원수_함수 |
| 2 | 서울특별시 강남구 | 16 | =COUNTIF('직원 명부'!I:I,A2) |
| 3 | 서울특별시 강동구 | 13 | 13 |
| 4 | 서울특별시 강북구 | 4 | 4 |
| 5 | 서울특별시 강서구 | 12 | 12 |
| 6 | 서울특별시 관악구 | 4 | 4 |

보고 양식 | PV | 직원 명부 | 취합 양식 | 참고

[거주 직원수_함수] = COUNTIF( '직원 명부'!I:I, A2 )

'직원 명부' 시트의 I열에서

A2셀과 값이 같은 셀을 찾아 세어라.

## ① 어떻게 만들 것인가? [기획]

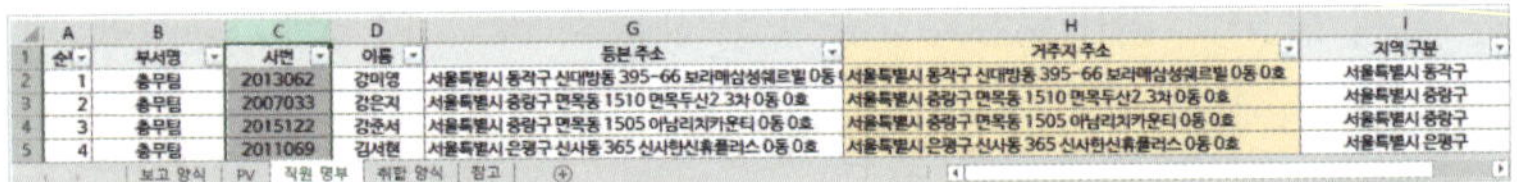

| | A | B | C | D | G | H | I |
|---|---|---|---|---|---|---|---|
| 1 | 순번 | 부서명 | 사번 | 이름 | 등본 주소 | 거주지 주소 | 지역 구분 |
| 2 | 1 | 총무팀 | 2013062 | 강미영 | 서울특별시 동작구 신대방동 395-66 보라매삼성쉐르빌 0동 ( | 서울특별시 동작구 신대방동 395-66 보라매삼성쉐르빌 0동 0호 | 서울특별시 동작구 |
| 3 | 2 | 총무팀 | 2007033 | 강은지 | 서울특별시 중랑구 면목동 1510 면목두산2.3차 0동 0호 | 서울특별시 중랑구 면목동 1510 면목두산2.3차 0동 0호 | 서울특별시 중랑구 |
| 4 | 3 | 총무팀 | 2015122 | 강준서 | 서울특별시 중랑구 면목동 1505 아남리치카운티 0동 0호 | 서울특별시 중랑구 면목동 1505 아남리치카운티 0동 0호 | 서울특별시 중랑구 |
| 5 | 4 | 총무팀 | 2011069 | 김서현 | 서울특별시 은평구 신사동 365 신사한신휴플러스 0동 0호 | 서울특별시 은평구 신사동 365 신사한신휴플러스 0동 0호 | 서울특별시 은평구 |

보고 양식 | PV | 직원 명부 | 취합 양식 | 참고

다시 처음부터 로 데이터를 참고해 기획해보자.

이제 직원들의 근속연수와 신입사원 여부를 확인해야 한다. 아쉽게도 로 데이터에 입사일은 없다. 하지만 이를 대체할 만한 값이 있다. [사번]이다.

## ② 어디서 가져올 것인가? [수집]

[사번]으로 '신입사원인지', '근속연수는 얼마나 되는지' 가늠하기

위해 〔신입사원 여부〕, 〔근속연수〕 열을 만들어보자. 열을 추가할 땐 마지막 I열 다음보다는 기존 피벗테이블 영역으로 지정된 범위 내에 삽입하는 게 좋다. 피벗테이블 영역을 새로 지정하지 않아도 되기 때문이다.

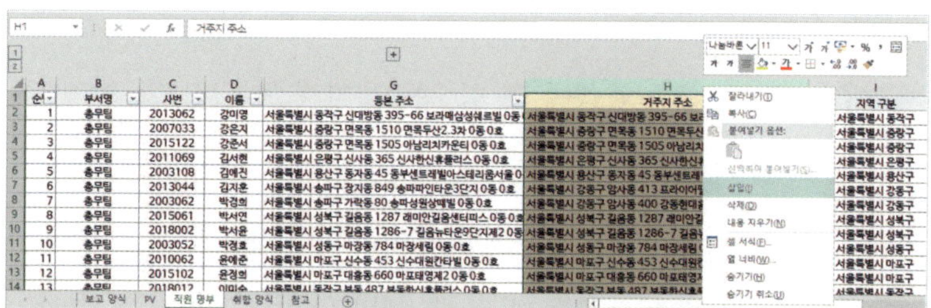

H열을 선택하고 마우스 오른쪽 버튼을 누른 다음, 삽입을 선택한다. 두 개 열을 생성하기 위해 한 번 더 반복한 다음, 열 너비를 적당히 줄여준다.

### ③ 그대로 쓸 수 없다면? [가공]

〔신입사원 여부〕는 〔사번〕의 왼쪽 네 자리 값이 올해와 같으면 'Y'로, 아니면 'N'으로 표기하면 된다.

| | A | B | C | D | G | H |
|---|---|---|---|---|---|---|
| 1 | 순( | 부서명 | 사번 | 이름 | 등본 주소 | 신입사원 여부 |
| 2 | 1 | 총무팀 | 2013062 | 강미영 | 서울특별시 동작구 신대방동 395-66 보라매삼성쉐르빌 0동 ( | =LEFT(C2,4) |
| 3 | 2 | 총무팀 | 2007033 | 강은지 | 서울특별시 중랑구 면목동 1510 면목두산2.3차 0동 0호 | 2007 |
| 4 | 3 | 총무팀 | 2015122 | 강준서 | 서울특별시 중랑구 면목동 1505 아남리치카운티 0동 0호 | 2015 |
| 5 | 4 | 총무팀 | 2011069 | 김서현 | 서울특별시 은평구 신사동 365 신사한신휴플러스 0동 0호 | 2011 |

먼저 C2의 왼쪽 네 자리 글자를 따왔다. 이렇게 새로운 항목값을 수

식으로 정의할 때는 첫 번째 행값만 테스트로 작성하면 된다. 여기서는 H2셀에서만 값을 확인하며 수식을 채운다.

| | A | B | C | D | G | H | I |
|---|---|---|---|---|---|---|---|
| 1 | 순번 | 부서명 | 사번 | 이름 | 등본 주소 | 신입사원 여부 | 근속연수 |
| 2 | 1 | 총무팀 | 2013062 | 강미영 | 서울특별시 동작구 신대방동 395-66 보라매삼성쉐르빌 0동 ( | =IF(LEFT(C2,4)="2021","Y","N") | |
| 3 | 2 | 총무팀 | 2007033 | 강은지 | 서울특별시 중랑구 면목동 1510 면목두산2.3차 0동 0호 | N | |
| 4 | 3 | 총무팀 | 2015122 | 강준서 | 서울특별시 중랑구 면목동 1505 아남리치카운티 0동 0호 | N | |
| 5 | 4 | 총무팀 | 2011069 | 김서현 | 서울특별시 은평구 신사동 365 신사한신휴플러스 0동 0호 | N | |

자, 이제 LEFT 함수 앞쪽에 IF 함수를 추가해준다. 〔사번〕의 앞 네 자리가 "2021"이면 "Y", 아니면 "N"이다.

여기서 좀 더 자동화하고 싶다면(내년까지 이 업무를 맡을 것 같다면) "2021"을 수식으로 바꿔주는 게 좋다. 매년 1월마다 "2021"을 "2022"로, "2022"를 "2023"으로 바꾸는 짓을 하고 싶지 않다면 말이다.

| C | D | G | H | I | |
|---|---|---|---|---|---|
| 사번 | 이름 | 등본 주소 | 신입사원 여부 | 근속연수 | |
| 2013062 | 강미영 | 서울특별시 동작구 신대방동 395-66 보라매삼성쉐르빌 0동 ( | =IF(LEFT(C2,4)*1=YEAR(TODAY()),"Y","N") | | |
| 2007033 | 강은지 | 서울특별시 중랑구 면목동 1510 면목두산2.3차 0동 0호 | N | | 서울특별시 중 |
| 2015122 | 강준서 | 서울특별시 중랑구 면목동 1505 아남리치카운티 0동 0호 | N | | 서울특별시 중 |
| 2011069 | 김서현 | 서울특별시 은평구 신사동 365 신사한신휴플러스 0동 0호 | N | | 서울특별시 은 |

= IF( LEFT(C2,4)*1 = YEAR( TODAY() ), "Y", "N")

**C2의 왼쪽 네 글자에 1을 곱한 값과 오늘의 연도값이 같으면 "Y"를, 다르면 "N"을 출력해라.**

참고로 LEFT(C2,4)는 텍스트 형식이기 때문에 YEAR()의 결과인 숫자와 비교하기 위해 1을 곱해주었다. 텍스트 형식의 숫자를 진짜 숫자로 바꾸는 방법 중 하나로, 알아두면 요긴하다.

같은 원리로 〔근속연수〕도 구해주었다.

| C | D | G | H | I | |
|---|---|---|---|---|---|
| 사번 | 이름 | 등본 주소 | 신입사원 여부 | 근속연수 | |
| 2013062 | 강미영 | 서울특별시 동작구 신대방동 395-66 보라매삼성쉐르빌 0동 ( | N | =YEAR(TODAY())-LEFT(C2,4)*1 | |
| 2007033 | 강은지 | 서울특별시 중랑구 면목동 1510 면목두산2.3차 0동 0호 | N | 14 | 서울특별시 중랑구 면목 |
| 2015122 | 강준서 | 서울특별시 중랑구 면목동 1505 아남리치카운티 0동 0호 | N | 6 | 서울특별시 중랑구 면목 |
| 2011069 | 김서현 | 서울특별시 은평구 신사동 365 신사한신휴플러스 0동 0호 | N | 10 | 서울특별시 은평구 신사 |

= YEAR( TODAY() ) - LEFT(C2,4)*1

오늘에 해당하는 연도에서

C2의 왼쪽 네 글자에 1을 곱한 값을 뺀 값을 출력해라.

자, 이렇게 로 데이터 업데이트가 끝났다.

## ④ 자주 뽑아야 한다면? [자동화]

이번엔 피벗테이블을 업데이트할 차례다. 피벗테이블을 새로고침(Ctrl+Alt+F5)한다.

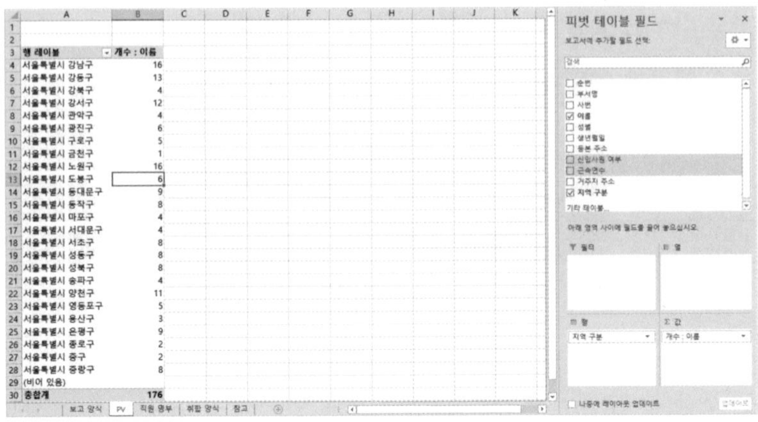

| 행 레이블 | 개수 : 이름 |
|---|---|
| 서울특별시 강남구 | 16 |
| 서울특별시 강동구 | 13 |
| 서울특별시 강북구 | 4 |
| 서울특별시 강서구 | 12 |
| 서울특별시 관악구 | 4 |
| 서울특별시 광진구 | 6 |
| 서울특별시 구로구 | 5 |
| 서울특별시 금천구 | 1 |
| 서울특별시 노원구 | 16 |
| 서울특별시 도봉구 | 6 |
| 서울특별시 동대문구 | 9 |
| 서울특별시 동작구 | 8 |
| 서울특별시 마포구 | 4 |
| 서울특별시 서대문구 | 4 |
| 서울특별시 서초구 | 8 |
| 서울특별시 성동구 | 8 |
| 서울특별시 성북구 | 8 |
| 서울특별시 송파구 | 4 |
| 서울특별시 양천구 | 11 |
| 서울특별시 영등포구 | 5 |
| 서울특별시 용산구 | 3 |
| 서울특별시 은평구 | 9 |
| 서울특별시 종로구 | 2 |
| 서울특별시 중구 | 2 |
| 서울특별시 중랑구 | 8 |
| (비어 있음) | |
| 총합계 | 176 |



피벗테이블 필드에 〔신입사원 여부〕와 〔근속연수〕 항목이 생겼다. 사장님이 신입사원은 거주 지역별 현황에서 제외하라고 했으니 〔신입사원 여부〕 항목을 필터 영역으로 끌어다 놓는다.

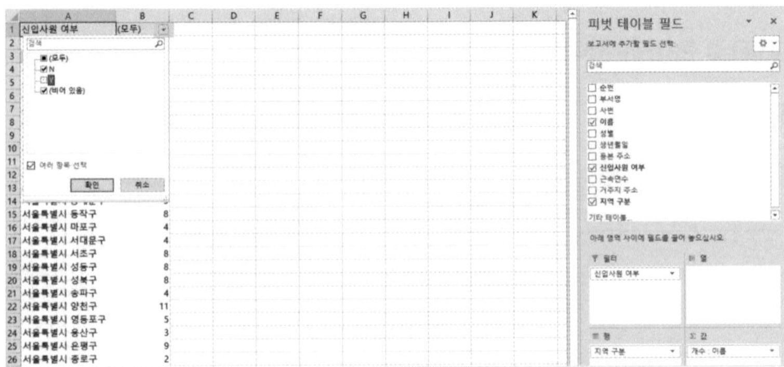



필터 조건을 펼쳐 〔신입사원 여부〕 값 중 'Y'를 해제하면, 신입사원이 아닌 직원만 카운트된다. 이때 '(비어 있음)'은 우리가 만든 '보고

양식' 시트에 영향을 주지 않기 때문에 그대로 두어도 상관없다.

## 피벗테이블을 써야 하는 이유

'보고 양식' 시트로 돌아가 보자.

| 지역 구분 | 거주 직원수_피벗 | 거주 직원수_함수 |
|---|---|---|
| 서울특별시 강남구 | 16 | 16 |
| 서울특별시 강동구 | 12 | 13 |
| 서울특별시 강북구 | 4 | 4 |
| 서울특별시 강서구 | 11 | 12 |
| 서울특별시 관악구 | 4 | 4 |
| 서울특별시 광진구 | 6 | 6 |
| 서울특별시 구로구 | 5 | 5 |
| 서울특별시 금천구 | 1 | 1 |
| 서울특별시 노원구 | 15 | 16 |
| 서울특별시 도봉구 | 6 | 6 |
| 서울특별시 동대문구 | 9 | 9 |
| 서울특별시 동작구 | 8 | 8 |
| 서울특별시 마포구 | 4 | 4 |
| 서울특별시 서대문구 | 4 | 4 |
| 서울특별시 서초구 | 8 | 8 |
| 서울특별시 성동구 | 8 | 8 |
| 서울특별시 성북구 | 8 | 8 |
| 서울특별시 송파구 | 4 | 4 |
| 서울특별시 양천구 | 11 | 11 |
| 서울특별시 영등포구 | 5 | 5 |
| 서울특별시 용산구 | 3 | 3 |
| 서울특별시 은평구 | 9 | 9 |
| 서울특별시 종로구 | 2 | 2 |
| 서울특별시 중구 | 2 | 2 |
| 서울특별시 중랑구 | 8 | 8 |
| 합계 | 173 | 176 |

보고 양식 | PV | 직원 명부 | 취합 양식 | 참고

피벗테이블에서 구한 [거주 직원수_피벗]은 필터만 추가했을 뿐인데 알아서 신입사원을 제외했다. 반면 COUNTIF로 구한 값은 그대로다. 집계 함수로 보고 양식을 만들면 조건이 추가될 때마다 머리를 써서 수식을 바꿔주어야 한다.

| | A | B | C | D | E | F | G |
|---|---|---|---|---|---|---|---|
| 1 | 지역 구분 | 거주 직원수_피벗 | 근속연수 합계 | 거주 직원수_함수 | | | |
| 2 | 서울특별시 강남구 | 16 | | 16 | | | |
| 3 | 서울특별시 강동구 | 12 | | 13 | | | |
| 4 | 서울특별시 강북구 | 4 | | 4 | | | |
| 5 | 서울특별시 강서구 | 11 | | 12 | | | |

보고 양식 | PV | 직원 명부 | 취합 양식 | 참고

이번엔 〔근속연수 합계〕 항목을 '보고 양식' 시트에 추가했다. 마찬가지로 피벗테이블 값 영역에도 〔근속연수〕 항목을 추가한다.

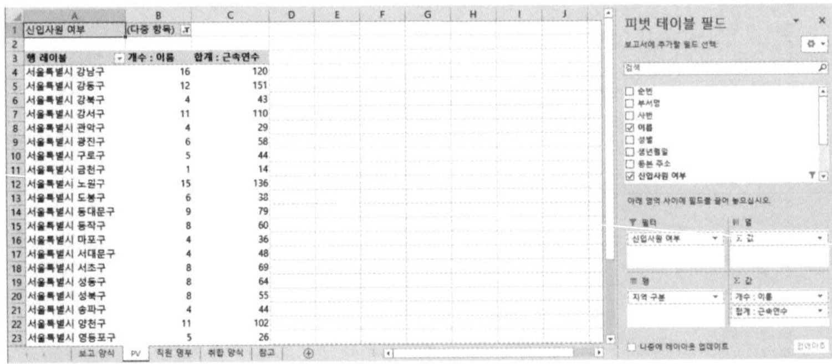

| | A | B | C |
|---|---|---|---|
| 1 | 신입사원 여부 | (다중 항목) | |
| 2 | | | |
| 3 | 행 레이블 | 개수 : 이름 | 합계 : 근속연수 |
| 4 | 서울특별시 강남구 | 16 | 120 |
| 5 | 서울특별시 강동구 | 12 | 151 |
| 6 | 서울특별시 강북구 | 4 | 43 |
| 7 | 서울특별시 강서구 | 11 | 110 |
| 8 | 서울특별시 관악구 | 4 | 29 |
| 9 | 서울특별시 광진구 | 6 | 58 |
| 10 | 서울특별시 구로구 | 5 | 44 |
| 11 | 서울특별시 금천구 | 1 | 14 |
| 12 | 서울특별시 노원구 | 15 | 136 |
| 13 | 서울특별시 도봉구 | 6 | 38 |
| 14 | 서울특별시 동대문구 | 9 | 79 |
| 15 | 서울특별시 동작구 | 8 | 60 |
| 16 | 서울특별시 마포구 | 4 | 36 |
| 17 | 서울특별시 서대문구 | 4 | 48 |
| 18 | 서울특별시 서초구 | 8 | 69 |
| 19 | 서울특별시 성동구 | 8 | 64 |
| 20 | 서울특별시 성북구 | 8 | 55 |
| 21 | 서울특별시 송파구 | 4 | 44 |
| 22 | 서울특별시 양천구 | 11 | 102 |
| 23 | 서울특별시 영등포구 | 5 | 26 |



다시 '보고 양식' 시트로 가서 'PV' 시트의 A:C 영역에서 근속연수 합계값을 따오면 된다.

| | A | B | C | D | E | F | G |
|---|---|---|---|---|---|---|---|
| 1 | 지역 구분 | 거주 직원수_피벗 | 근속연수 합계 | 거주 직원수_함수 | | | |
| 2 | 서울특별시 강남구 | 16 | =IFERROR(VLOOKUP(A2,PV!A:C,3,FALSE),0) | | | | |
| 3 | 서울특별시 강동구 | 12 | | VLOOKUP(lookup_value, table_array, col_index_num, [range_lookup]) | | | |
| 4 | 서울특별시 강북구 | 4 | | 4 | | | |

보고 양식 | PV | 직원 명부 | 취합 양식 | 참고

B2셀의 수식을 복사해 범위를 PV!A:B에서 PV!A:C로 바꿔주고, 2열 대신 3열값을 따오도록 일부만 수정했다.

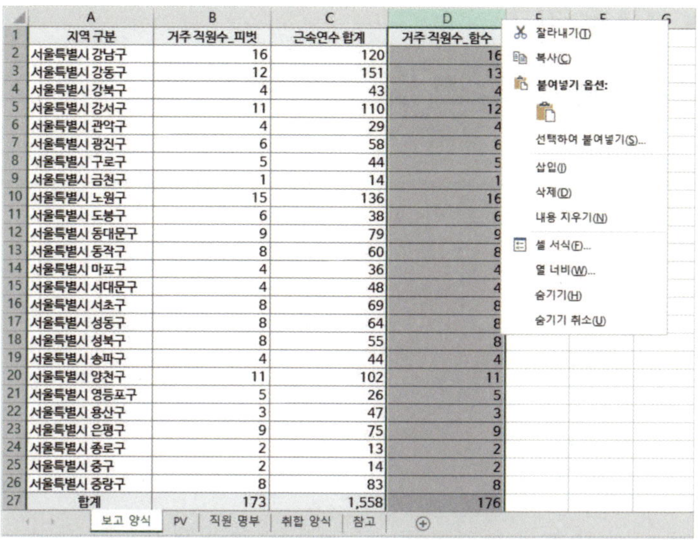

| | A | B | C | D |
|---|---|---|---|---|
| 1 | 지역 구분 | 거주 직원수_피벗 | 근속연수 합계 | 거주 직원수_함수 |
| 2 | 서울특별시 강남구 | 16 | 120 | 16 |
| 3 | 서울특별시 강동구 | 12 | 151 | 13 |
| 4 | 서울특별시 강북구 | 4 | 43 | 4 |
| 5 | 서울특별시 강서구 | 11 | 110 | 12 |
| 6 | 서울특별시 관악구 | 4 | 29 | 4 |
| 7 | 서울특별시 광진구 | 6 | 58 | 6 |
| 8 | 서울특별시 구로구 | 5 | 44 | 5 |
| 9 | 서울특별시 금천구 | 1 | 14 | 1 |
| 10 | 서울특별시 노원구 | 15 | 136 | 16 |
| 11 | 서울특별시 도봉구 | 6 | 38 | 6 |
| 12 | 서울특별시 동대문구 | 9 | 79 | 9 |
| 13 | 서울특별시 동작구 | 8 | 60 | 8 |
| 14 | 서울특별시 마포구 | 4 | 36 | 4 |
| 15 | 서울특별시 서대문구 | 4 | 48 | 4 |
| 16 | 서울특별시 서초구 | 8 | 69 | 8 |
| 17 | 서울특별시 성동구 | 8 | 64 | 8 |
| 18 | 서울특별시 성북구 | 8 | 55 | 8 |
| 19 | 서울특별시 송파구 | 4 | 44 | 4 |
| 20 | 서울특별시 양천구 | 11 | 102 | 11 |
| 21 | 서울특별시 영등포구 | 5 | 26 | 5 |
| 22 | 서울특별시 용산구 | 3 | 47 | 3 |
| 23 | 서울특별시 은평구 | 9 | 75 | 9 |
| 24 | 서울특별시 종로구 | 2 | 13 | 2 |
| 25 | 서울특별시 중구 | 2 | 14 | 2 |
| 26 | 서울특별시 중랑구 | 8 | 83 | 8 |
| 27 | 합계 | 173 | 1,558 | 176 |



이제 필요 없는 열만 삭제해주면, 사장님의 새로운 지시사항에 맞춘 보고 양식이 완성된다.

이렇게 고정된 '보고 양식' 시트에 피벗테이블값을 따오면 데이터 구조나 필터 조건이 바뀌더라도 새로운 요구사항에 맞춘 보고서를 쉽게 작성할 수 있다. 이 상황에서 또 누군가가 "직원들의 '읍면동별' 거주 현황도 뽑아보세요."라고 했을 때 몇 분 만에 뚝딱 만들 수 있다는 말이다.

물론 모든 보고 양식을 이렇게 공들여 만들 수는 없다. 하지만 작업 빈도를 고려해 나만의 시스템(루틴)을 구축해두면 두고두고 쓸 수 있다. 한 번 하고 말 일에 너무 많은 시간을 쏟지 않도록 주의하자.

# 단축키? 딱 쓸모 있는 것만 알아두자!

'마우스에 손 안 대고 엑셀하기' 능력은 남들에게 부러움을 사기 마련이다. 그러나 주 업무가 회계나 영업처럼 엑셀로 숫자를 다루는 일이 아닌 이상, 단축키를 날아다니듯 쓴다고 큰 인정을 받진 않는다. 무거운 데이터 작업에서는 단축키를 한두 개 더 아는 것보다 수식이나 피벗테이블을 활용해 작업을 자동화하는 편이 훨씬 더 시간을 아껴주기 때문이다.

그래서 비교적 외우기 쉬우면서도 각종 데이터 작업에서 쓸 만한 단축키들만 특별히 골라보았다(더 많은 단축키를 꼭 알아야겠다면 인터넷에 '엑셀 단축키'를 검색하라. 잘 정리된 자료를 찾을 수 있을 것이다).

## ① Function 단축키

| 단축키 | 기능 |
|---|---|
| F2 | 해당 셀 편집 |
| F4 | 마지막 작업 반복/재실행(Ctrl+Y) |
| F5 | 원하는 셀로 이동 |
| F9 | 통합 문서 수식 계산(수식 계산의 기본 옵션은 '자동'이지만, 이를 '수동'으로 지정했을 때는 수식 결과를 직접 갱신해줘야 함) |
| Shift+F9 | 해당 시트 수식 계산 |
| F12 | 현재 창 닫기(Alt+F4 : 전체 창 닫기) |
| Ctrl+Alt+F5 | 피벗테이블 모두 새로고침 |

## ② Ctrl 기본 단축키

| 단축키 | 기능 |
|---|---|
| Ctrl + A | 모두 선택 |
| Ctrl + S | 저장 |
| Ctrl + D | 아래쪽 채우기 |
| Ctrl + R | 오른쪽 채우기 |

| | |
|---|---|
| Ctrl + F | 찾기 |
| Ctrl + H | 찾아 바꾸기 |
| Ctrl + C | 복사하기 |
| Ctrl + X | 잘라내기 |
| Ctrl + V | 붙여넣기 |
| Ctrl + Z | 실행취소 |
| Ctrl + Y | 마지막 작업 반복·재실행(F4) |
| Ctrl + O | 열기 |
| Ctrl + P | 인쇄 |
| Ctrl + B | 글꼴 굵게 |
| Ctrl + I | 글꼴 기울임 |
| Ctrl + U | 글꼴 밑줄 |
| Ctrl + ; | 오늘 날짜 입력 |
| Ctrl + Shift + ; | 지금 시간 입력 |
| Ctrl + 1(숫자) | 셀 서식 |

## ③ Ctrl 선택/이동 단축키

| 단축키 | 기능 |
|---|---|
| Ctrl + ↑/↓/←/→ | 그 방향 끝으로 이동('Alt + ↓'는 목록 이동) |
| Ctrl + Home/End | 시트 처음으로/마지막으로 |

| | |
|---|---|
| Ctrl + [ | 참조하는 셀로 이동 |
| Ctrl + Space bar | 해당 열 선택 |
| Shift + Space bar | 해당 행 선택 |
| Ctrl + - | 선택한 영역을 삭제 |
| Ctrl + + | 선택한 영역만큼 추가 |
| Ctrl + 9 | 선택한 영역의 행 숨기기 |
| Ctrl + 0 | 선택한 영역의 열 숨기기 |
| Ctrl + PageUp/Down | 이전/다음 시트로 이동 |
| Shift + 클릭 | 여러 셀 선택 |
| Shift + 시트 클릭 | 여러 시트 선택(여러 시트에 동일 작업 시) |

Ctrl키를 이용해 이동하면 가장 끝으로 움직이지만, Shift키를 같이 눌러주면 아래 그림처럼 사이의 영역을 모두 선택하며(마우스 드래그와 동일한 효과) 이동한다. 따라서 Ctrl 단축키만 외우고, Shift키를 응용해서 쓰면 된다.

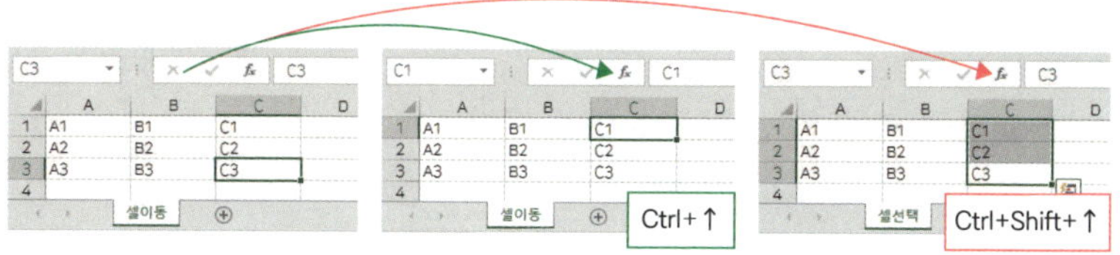

### ④ 셀값 편집 중 단축키

| 단축키 | 기능 |
|---|---|
| Enter | 입력 마치고 아래 셀로 이동 |
| Tab | 입력 마치고 오른쪽 셀로 이동 |
| ←/→ | 셀 안에서 한 글자씩 이동 |
| ↑/↓ | 셀 안에서 값이 여러 줄일 때 그 줄의 맨 앞으로/맨 끝으로 이동 |
| Ctrl + ←/→ | 한 단어 앞으로/뒤로 이동 |
| Ctrl + Home/End | 셀 안에서 맨 앞으로/맨 끝으로 이동 |
| Alt + enter | 같은 셀에서 다음 줄에 입력 |

셀 안에서도 마찬가지로 Ctrl와 Shift키를 같이 누른 채 이동하면 영역을 모두 선택하며 이동하기 때문에 '이동' 기능에서는 Ctrl키만 외우고 Shift키 조합은 응용해서 쓰면 된다.

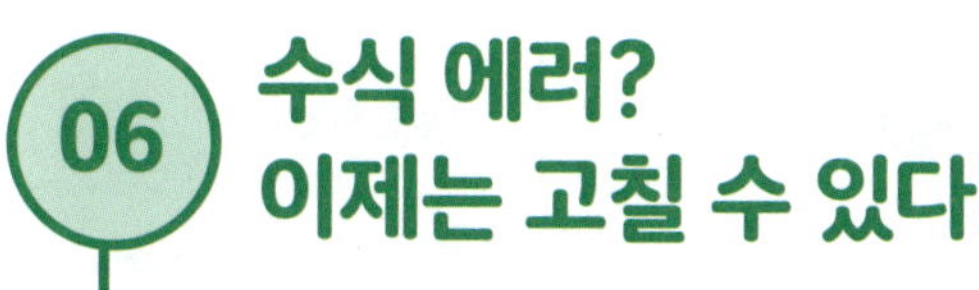

# 06 수식 에러? 이제는 고칠 수 있다!

엑셀에서 셀 입력 시 종종 오류가 날 때가 있다. 자주 겪다 보면 눈치로도 충분히 해결할 수 있다. 그럼에도 주변을 둘러보면 엑셀 오류를 알고 고치는 사람은 드물다.

엑셀 오류 상황은 매우 한정되어 있으므로 한 번만 익혀두면 내 작업의 품격이 달라질 수 있다. 에러가 떴을 때 마구잡이로 고치지 않고 수정할 곳만 우아하게 딱 고치게 될 것이다.

총 여덟 개의 입력 오류 중 상단의 네 개가 특히 자주 발생한다. 오류가 자주 뜨는 상황과 해결 방법을 익혀두자.

| 오류 종류 | 발생 상황 | 해결 방법 |
|---|---|---|
| #DIV/0! | 0으로 나눌 수 없음 (Division 에러) | 0이 아닌 수로 나누도록 수정, 의도가 맞다면 IFERROR로 에러 처리 |
| #REF! | 참조하는 영역이 사라짐 | 참조 영역이 잘못 삭제되지 않았는지 확인 |
| #N/A | Lookup value가 없음 | 찾을 값이나 영역이 잘못 됐는지 확인, 의도가 맞다면 IFERROR로 에러 처리 |
| #### | 이 숫자를 표현하기에 열 너비가 너무 좁음 | 열 너비를 충분히 늘림 |
| #VALUE! | 정해진 데이터 형식을 사용하지 않음 | 함수의 인수로 알맞은 데이터 형식 사용 |
| #NAME? | 함수의 이름을 잘못 입력함 | 함수의 이름을 올바르게 입력 |
| #NUM! | 지원되지 않는 숫자를 사용함 | 구할 수 없거나 너무 큰 숫자가 아닌지 확인 |
| #NULL! | 존재하지 않는 범위를 참조함 | 콜론(:) 대신 공백( )을 사용했는지 확인 |

자, 직장인 엑셀을 위해 꼭 알아야 하는 기능은 모두 다 다뤘다. 정말이다. 나머지는 남들도 잘 모르거나 1년에 한두 번 쓸까 말까 하다. 이런 기능을 위해 두꺼운 엑셀책 한 권을 모두 다 볼 필요는 없지 않은가?

그때그때 필요한 게 생기면 찾아 쓰면 된다. 구글이나 네이버에 검색하면 다 나온다. 그러니 모른다고 두려워하지 말 것!(만일 인터넷으로 찾아도 안 나오는 문제가 있다면 정말로 해결이 안 되는 문제일 가능성이 높다.)

엑셀이 오래된 툴인 만큼, 내가 겪는 문제 상황을 누군가 한 번쯤은 겪어봤을 테고, 웬만하면 이미 해결했을 것이다. 그 내용은 늘 인터넷에 있기 마련이다. 특히 엑셀 함수 문제는 인터넷에 없는 게 없다. 고로 자격증을 딸 목적이 아니라면 바쁜 직장인들은 여기까지만 익혀두고 나머지는 그때그때 가서 인터넷에서 찾아가며 해결하면 된다.

부록.

# 낭비를 없애는 'PC 환경' 구축하기

웬만한 업무는 PC로 처리하는 직장인들에게 시간 낭비를 없애는 PC 환경을 만드는 일은 선택이 아닌 필수다. 두 번 클릭할 일을 한 번으로 줄이기만 해도 내 시간을 절반이나 아낄 수 있다. 업무 시간을 아낀다는 건 그만큼 다른 일을 처리할 시간을 번다는 말이다. 잔업으로 인한 야근은 줄고, 가치 있고 보람된 일에 내 시간을 쏟을 수 있다. 지구 끝까지라도 가서 쓸데없는 클릭을 박멸하는 공여사만의 PC 환경 구축 노하우를 소개한다.

# 01 어디서든 통하는 윈도Windows 단축키

공대 나온 여자 사람은 이렇게 PC를 쓴다. 한번 설정해두면 너무 편해서 헤어 나올 수 없는 공여사의 세심한 PC 사용 꿀팁을 소개한다.

## 윈도키를 쓰는 단축키

윈도키를 사용하는 단축키 중에 쓸 만한 게 많다. Ctrl키와 Alt키 사이에 있는 이 키는 시작키라고도 하며, 특정 응용프로그램뿐 아니라 윈도 체제에서 다양하게 쓰인다.

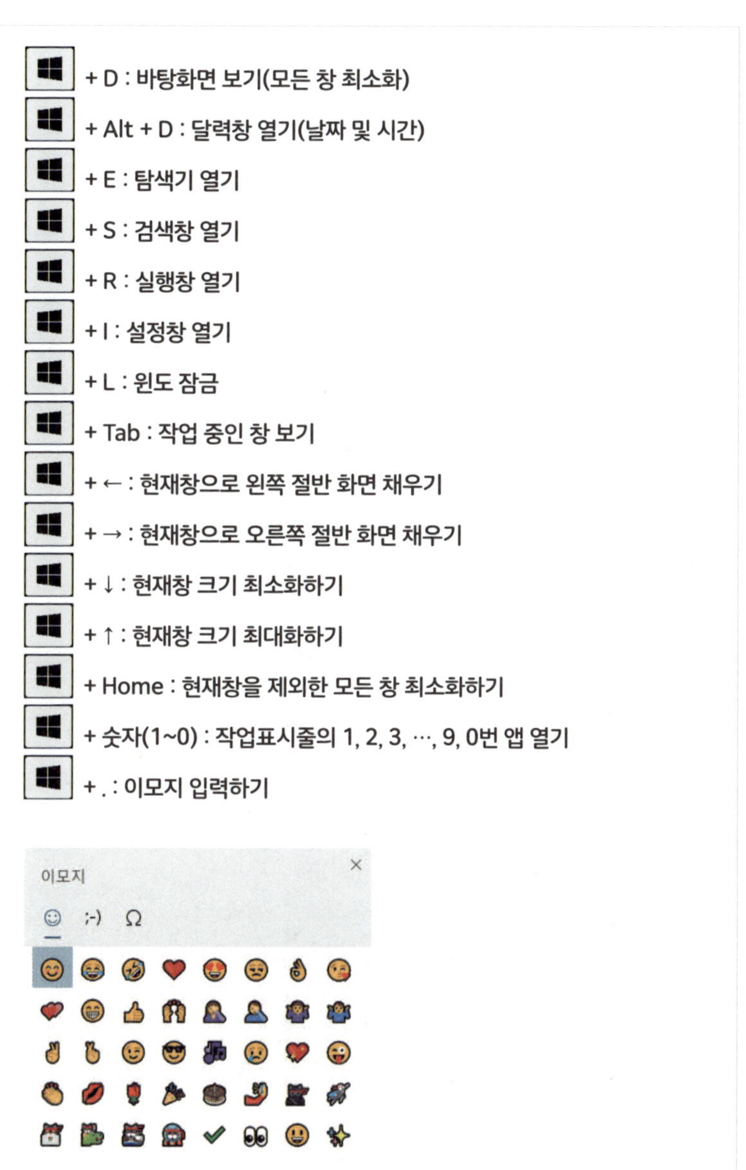

+ D : 바탕화면 보기(모든 창 최소화)

+ Alt + D : 달력창 열기(날짜 및 시간)

+ E : 탐색기 열기

+ S : 검색창 열기

+ R : 실행창 열기

+ I : 설정창 열기

+ L : 윈도 잠금

+ Tab : 작업 중인 창 보기

+ ← : 현재창으로 왼쪽 절반 화면 채우기

+ → : 현재창으로 오른쪽 절반 화면 채우기

+ ↓ : 현재창 크기 최소화하기

+ ↑ : 현재창 크기 최대화하기

+ Home : 현재창을 제외한 모든 창 최소화하기

+ 숫자(1~0) : 작업표시줄의 1, 2, 3, …, 9, 0번 앱 열기

+ . : 이모지 입력하기

## 일반 단축키

그밖에 윈도에서 자주 사용하는 단축키들은 아래와 같다.

Alt + Tab : 활성프로그램 간 전환

Ctrl + F4 : 프로그램의 현재창 닫기

Alt + F4 : 현재창을 닫거나 프로그램 종료

Ctrl + Shift + Esc : 작업관리자 실행

Ctrl + Alt + Del : Windows 보안 옵션 화면(작업관리자 포함)

F2 : 탐색기에서 파일명 또는 폴더명 수정

PrtSc: 전체화면 캡처(Print Screen)

Alt + PrtSc : 현재창 캡처

ㅁ, ㅇ, ㄷ과 같은 한글 자음과 한자키를 동시에 누르면 특수문자를 입력할 수 있다. 다음과 같이 특수문자를 빠르게 입력하고 싶을 땐 ㅁ→한자키→Tab키를 눌러 창을 펼친 다음, 방향키로 이동해 선택(엔터키)하면 된다.

**ㅁ + 한자키**

| 1 # | ● | ▼ | ▷ | ◈ | ▦ | ‡ | ♬ | ® |
|---|---|---|---|---|---|---|---|---|
| 2 & | ◎ | → | ▶ | ▣ | ▩ | ↕ | ㉿ | ª |
| 3 * | ◇ | ← | ♤ | ◐ | ♨ | ↗ | ㈜ | º |
| 4 @ | ◆ | ↑ | ♠ | ◑ | ☏ | ↙ | № | ㉾ |
| 5 § | □ | ↓ | ♡ | ▒ | ☎ | ↖ | ㏇ | |
| 6 ※ | ■ | ↔ | ♥ | ▤ | ☜ | ↘ | ™ | |
| 7 ☆ | △ | 〓 | ♧ | ▥ | ☞ | ♭ | ㏂ | |
| 8 ★ | ▲ | ◁ | ♣ | ▨ | ¶ | ♩ | ㏘ | |
| 9 ○ | ▽ | ◀ | ⊙ | ▧ | † | ♪ | ℡ | « |

엑셀, 파워포인트, 워드 등의 프로그램에서 문서작업을 많이 한다면 '자동 고침' 옵션을 활용해 자주 쓰는 특수문자를 간편하게 입력할 수 있다.

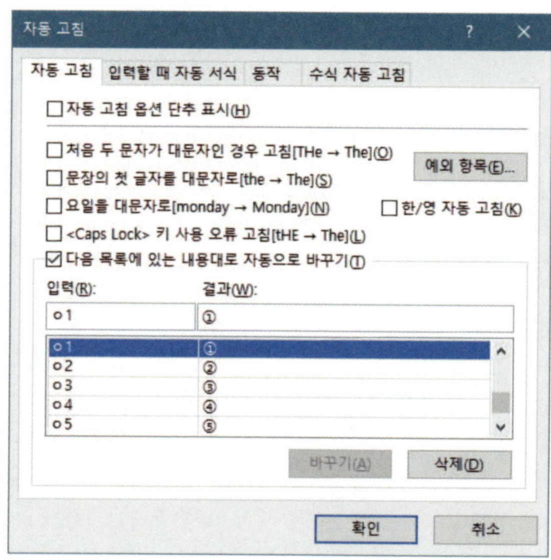

# 02 화면의 공간을 최대한 활용하는 팁

노트북을 사용하든, 데스크톱 모니터를 사용하든 화면 크기에는 제약이 있다. 따라서 화면의 공간을 효율적으로 사용하면 그만큼 생산성이 높아진다.

## 작업표시줄 세팅

먼저 윈도 작업표시줄 세팅이다. 작업표시줄은 일부러 숨기지 않는 이상 화면에서 일정 공간을 차지한다. 그런데 우리가 쓰는 모니터는 보통 가로가 길고 세로가 좁은 형태다. 가뜩이나 좁은 세로 공간에 작업표시줄을 끼워 쓰는 건 상당히 비효율적이다.

화면을 최대한 넓게 쓰려면 작업표시줄을 왼쪽이나 오른쪽에 세로로 배치하고, 자주 사용하는 프로그램을 고정해둔다. 예를 들면 탐색기, 계산기, 메모장, 엑셀, 파워포인트 등이다. 날짜 전체가 보이도록 너비를 조정해 사용한다.

작업표시줄 세팅은 쉽다. 마우스로 작업표시줄 아무 곳이나 클릭한 다음 드래그해서 원하는 위치에 끌어다 놓으면 된다. 만일 움직이지 않는다면 마우스 오른쪽 버튼을 누르고 잠금 설정을 해제해준다.

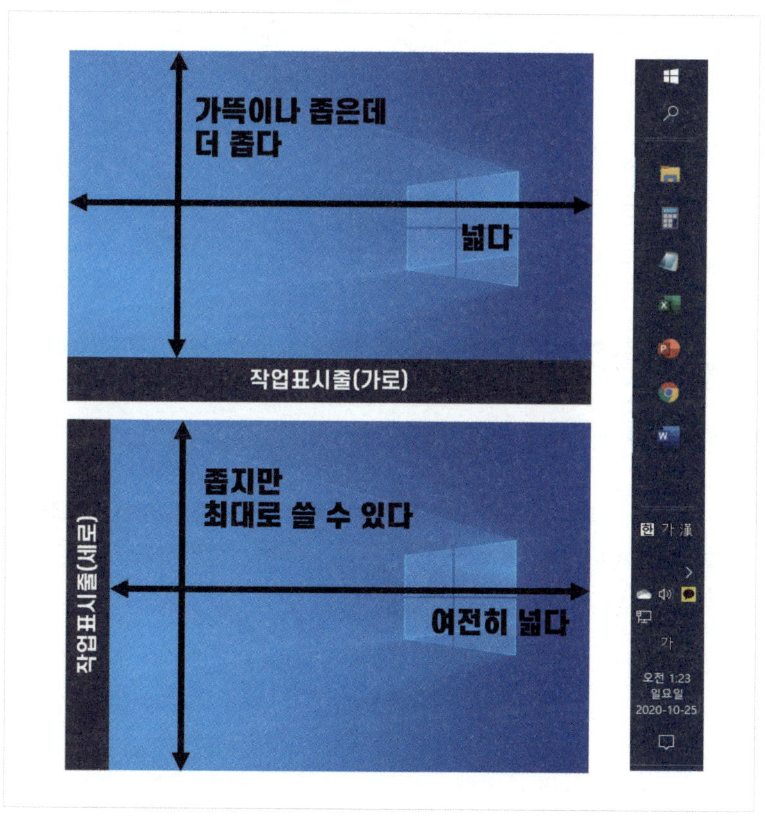

## 즐겨찾기(북마크) 바 세팅

인터넷 브라우저에서 즐겨찾기 바를 사용할 땐 자주 가는 사이트를 이름 대신 '공란'으로 저장해 아이콘만 남긴다. 최대한 많은 아이콘을 저장해두면 두 번 클릭할 일을 한 번으로 줄여서 간단히 사이트에 접속할 수 있다.

즐겨찾기를 추가하는 방법은 아주 간단하다. 인터넷 익스플로러에서는 웹페이지에서 마우스 오른쪽 버튼을 눌러 '즐겨찾기에 추가'를 선택하면 된다. 크롬에서는 상단 주소표시줄 옆의 별 표시(☆)를 누른다.

단, 크롬과 달리 인터넷 익스플로러에서 즐겨찾기를 추가할 땐 이름에 최소 한 글자 이상을 입력해야 한다.

즐겨찾기에 이름을 쓸 경우 13~16개까지 저장 가능

즐겨찾기에 아이콘만 쓸 경우 37개까지 저장 가능

## 빠른 실행 도구 모음 세팅

엑셀, 파워포인트, 워드와 같은 문서작업을 할 때도 '빠른 실행 도구 모음'을 설정해두면 클릭 한 번으로 간편하게 사용할 수 있다.
자주 쓰는 기능의 메뉴 버튼 위에서 마우스 오른쪽을 클릭하고 '빠른 실행 도구 모음에 추가'를 선택하면 최상단 도구 모음에 아이콘이 추가된다.

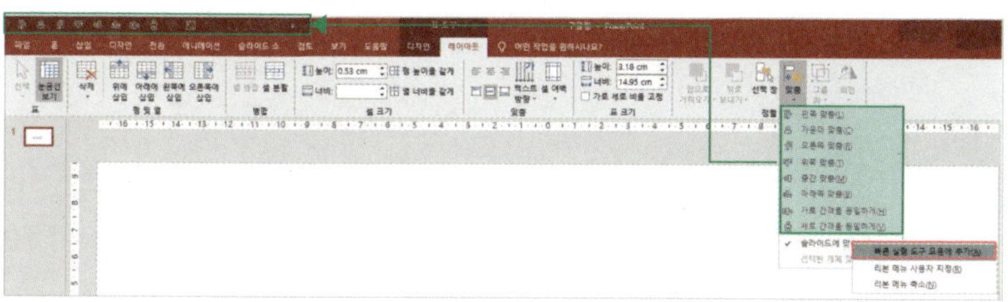

Alt키를 누르면 각 아이콘에 해당하는 단축번호(숫자키)가 뜨는데 이 번호를 키보드에서 눌러 사용하면 능률이 오른다.

# 03 구글 크롬Chrome의 미학

인터넷 브라우저 중 최고는 단연 크롬이다. 세계적으로 이용율이 70퍼센트 가까이 되는데, 다들 괜히 크롬, 크롬 하는 게 아니다. 내가 크롬을 사용하는 가장 큰 이유는 어느 브라우저와도 비교할 수 없는 빠른 속도다. 구글과 연계되어 각종 기능(구글 드라이브, 지메일 등)과 호환이 편하며, 다양한 확장 프로그램과 개발자 도구 등도 활용할 수 있다.

## 구글링

구글 크롬의 아름다운 기능 중 몇 가지만 소개하자면 첫 번째는 검색 기능인 '구글링'이다. 크롬 주소표시줄에 텍스트를 입력하고 엔터

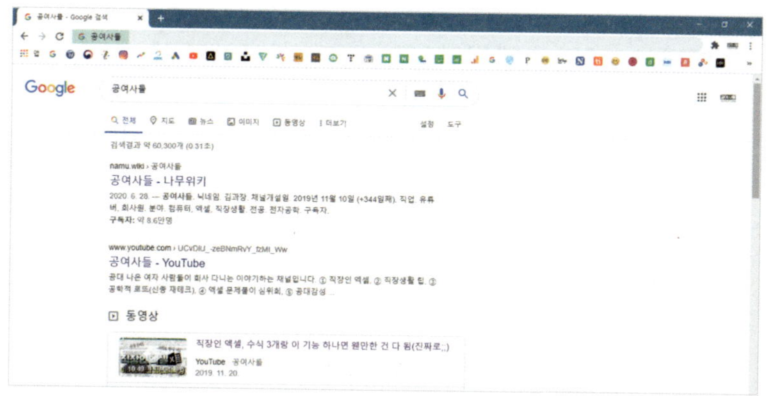


를 치면 따로 검색창을 열지 않아도 구글 검색이 실행된다.

그게 뭐 대단한 기능이냐 할 수도 있지만, 구글 검색에서는 간편한 명령어로 검색 조건을 더 정교하게 설정할 수 있다. 예를 들어 큰따옴표(" ")는 그 안에 적힌 단어를 꼭 포함해 검색하겠다는 뜻이다. 검색 연산자로도 불리는 이 명령어들을 활용하면 그 어떤 것도 검색으로 찾아낼 수 있다.

지난 얘기지만 구글링이 대단한 취급을 받던 시절이 있었다. 마침 내가 취업을 준비하던 때였는데 입사지원서 특기란에 매번 '구글링'을 적을 정도였다. 물론 네이버나 다음과 같은 국내 검색포털에서도 동일하게 지원되는 기능들이 일부 있지만, 사이트나 국적을 불문하고 어떤 결과든 다 찾아주는 구글 검색이야말로 가장 쓸모가 많다.

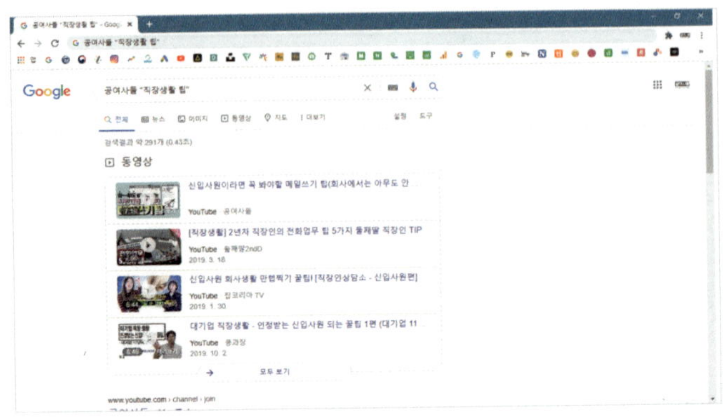


주로 쓰는 구글 검색 명령어는 아래와 같다. 더 많은 명령어를 알고 싶다면 구글에 '구글 검색 명령어'를 검색해보자.

| 명령어 | 예시 | 결과 |
|---|---|---|
| & | 공여사들&엑셀 | 두 단어를 모두 포함하는 게시물을 검색 |
| - | 공여사들-엑셀 | 공여사들의 검색 결과 중 엑셀이 들어간 결과를 제외 |
| " " | "공여사들 엑셀" | 전체 문자열이 정확하게 일치하는 게시물을 검색 |
| * | 공*사들 | 잘 기억나지 않는 단어를 *로 대체해 검색 |
| site: | 공여사들 site: youtube.com | 검색 결과 중 특정 사이트의 검색 결과만 표시 |

## 구글 이미지 검색

구글에는 또 다른 강력한 검색 기능이 있다. 바로 이미지 검색이다. 'google.co.kr/imghp'에 접속하면 텍스트가 아닌 이미지로 검색할 수 있다.

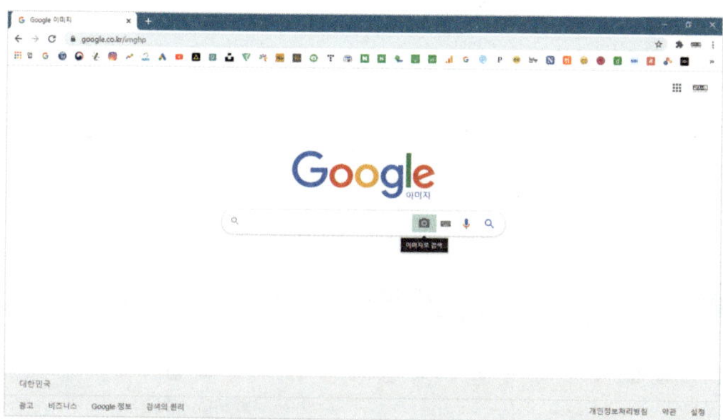


PC에 있는 이미지 파일을 선택하면 그와 비슷한 이미지를 찾아준다. 비슷한 느낌의 사진을 찾거나 이미지의 출처를 알고 싶을 때 사용한다.

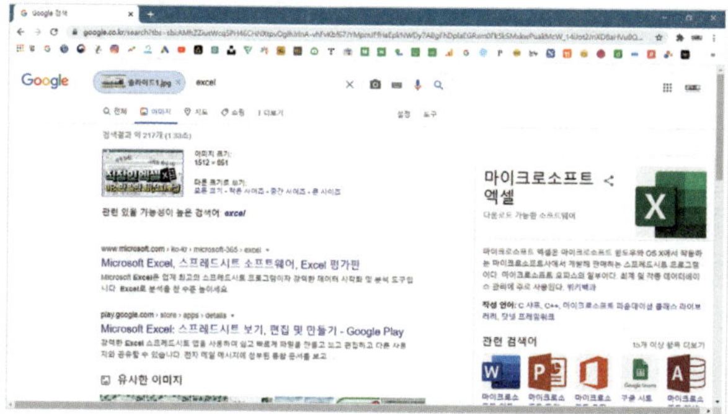

## 크롬 개발자 도구

마지막으로 '크롬 개발자 도구'다. 이름만 들으면 어렵게 느껴지지만 여기서 사용할 기능은 딱 두 가지뿐이다.

먼저 자바스크립트 동작을 끄는 것이다. 어떤 사이트에 접속하면 드래그 선택이나, 마우스 오른쪽 버튼 클릭 및 복사 등을 할 수 없도록 막은 걸 종종 볼 수 있다. 모두 자바스크립트 기능을 제한한 것이다. 크롬 창에서 F12키를 누르면 개발자 모드가 나타나는데 여기에서 우측 상단 톱니바퀴 모양의 설정 버튼을 누른다.

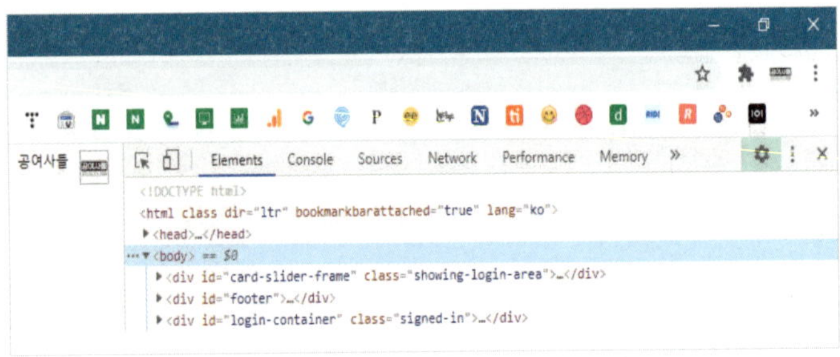


다음으로 스크롤을 맨 아래로 내려 'Disable JavaScripts'를 체크하면 자바스크립트 기능이 꺼지면서 드래그 선택, 우클릭, 복사 등의 기능을 제약 없이 자유롭게 사용할 수 있다. 이 기능을 사용할 때는 게시글의 저작권 정책에 위배되지 않도록 주의한다.

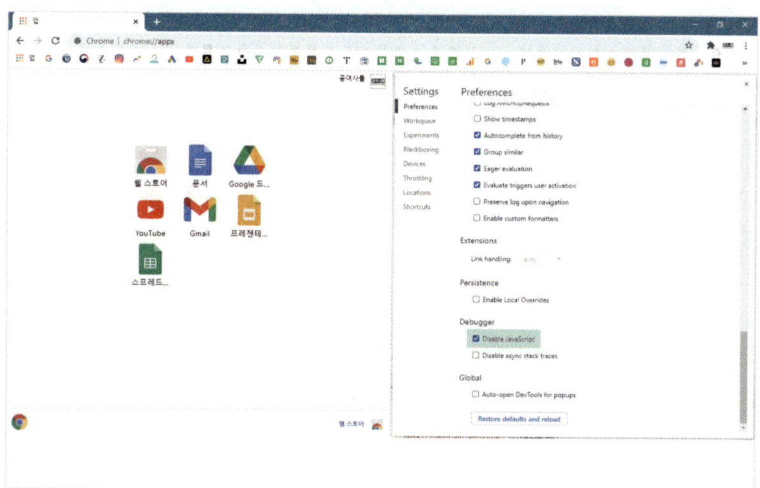


가끔 인터넷 창에서 개별 이미지가 아닌 화면 전체를 스크린샷하고 싶은데 화면이 너무 길어서 스크롤을 조금씩 내리면서 캡처해야 할 때가 있다. 하지만 크롬 개발자 모드에는 아주 쉽게 전체화면을 캡처하는 방법이 있다.

캡처하고 싶은 웹페이지에서 F12키를 눌러 개발자 모드로 들어간다. 그다음 Ctrl+Shift+P를 누르면 검색창이 뜨는데, 여기에 'capture'라고 치면 몇 개의 캡처 기능이 조회된다.

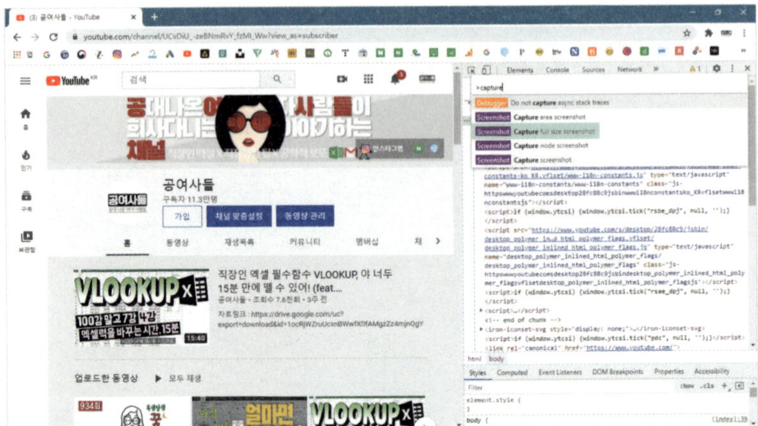

이 중 'Capture full size screenshot'을 누르면 보이지 않는 영역까지 현재 페이지 전체가 캡처된다. 여러 번 캡처할 필요 없이 한 방에 기다랗게 말이다.

YouTube
검색
공여사들
구독자 11.3만명
가입
채널 맞춤설정
동영상 관리
홈
동영상
재생목록
커뮤니티
멤버십
VLOOKUP
100강 말고 7강 4강
엑셀력을 바꾸는 시간, 15분
직장인 엑셀 필수함수 VLOOKUP, 야 너두 15분 만에 뗄 수 있어! (feat....
공여사들 • 조회수 7.6천회 • 3주 전
업로드한 동영상
모두 재생
공학적 로또
얼마면 되는데?
[공학적 로또] 복권 당첨되는 꿈이 따로 있나요?
조회수 1.5천회 • 6일 전
아산에서 고성가는 요금 찾기.. (넘쉽당)
조회수 2.1천회 • 1주 전
직장인 엑셀 필수함수 VLOOKUP, 야 너두 15분 만...
조회수 7.6천회 • 3주 전
직장인 엑셀 Jo져 Boo셔
직장인 엑셀
직장인 엑셀, 수식 3개랑 이 기능 하나면 웬만한 건 다 됨(...
조회수 189만회 • 11개월 전
직장인 엑셀, 진짜 쓸만한 단축키만 정복해보자. 일할 때 사...
조회수 18만회 • 8개월 전
직장인 엑셀, 텍스트 가공 끝판왕! 이거 알면 어떤 와꾸도 만...
조회수 7.4만회 • 7개월 전
직장인 엑셀력을 바꾸는 시간, 15분
엑셀기초
IF/필터/정렬
집계함수
진짜진짜 기초인데 혹시라도 모르실까봐서... (직장인 엑셀...
조회수 4.5만회 • 4개월 전
직장인 엑셀 IF/필터/정렬, 15분 만에 뽀개기
조회수 1.8만회 • 4개월 전
직장인 엑셀 집계함수, 15분 만에 완전정복 하기
조회수 1.7만회 • 3개월 전
직장인 엑셀 문제풀이
근태관리 종결자
수식만으로 사진 밀어넣기
오늘점심 뭐먹지?
인사팀 모여라~! 엑셀 근태관리 종결자(역대급난이도/줄...
조회수 1.4만회 • 5개월 전
엑셀 수식만으로 사진 밀어 넣기 (메모장으로 쌉가능)
조회수 1만회 • 1개월 전
오늘 점심 뭐 먹지? (엑셀로 만족도 높은 점심메뉴 랜덤 뽑...
조회수 8.1천회 • 6개월 전
공여사들 직장생활 팁
폴더정리팁
메일쓰기팁
전화응대팁
직장인 문서관리 끝판왕, 폴더 정리 팁(폴더관리방법/파일...
조회수 13만회 • 7개월 전
신입사원이라면 꼭 봐야할 메일쓰기 팁(회사에서는 아무...
조회수 7.5만회 • 10개월 전
아직도 전화받기 어려운 신입사원 드루와(요)
조회수 1.2만회 • 5개월 전

# 04 보고서를 예쁘게 꾸며줄 사이트 모음

이번엔 보고서를 꾸밀 때 유용한 사이트를 소개한다.

## 보고서에 특별한 글꼴을 사용하고 싶을 때 : 눈누

보고서에 화려한 글꼴이 들어갈 필요는 없지만, 간혹 독특한 글꼴이 필요할 때가 있다. 이럴 땐 '눈누noonnu.cc'라는 사이트를 이용하면 샘플 텍스트를 미리 보고 원하는 글꼴을 다운로드할 수 있다.

마음에 드는 글꼴을 클릭하면, 다운로드 링크와 함께 사용 범위(라이선스)에 대한 정보를 제공한다.

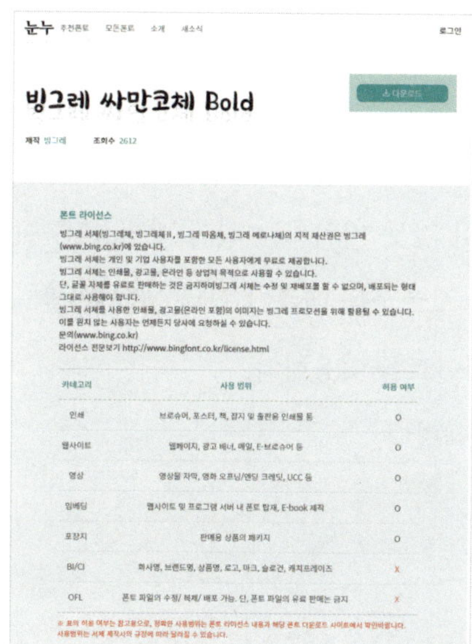

## 보고서에 넣을 사진의 배경을 지우고 싶을 때 : removebg

보고서에 제품의 형태가 들어가야 하는데 배경 때문에 곤란할 때가 있다. 이럴 땐 파워포인트의 서식 기능을 사용하면 원하는 결과를 얻을 수 있다.

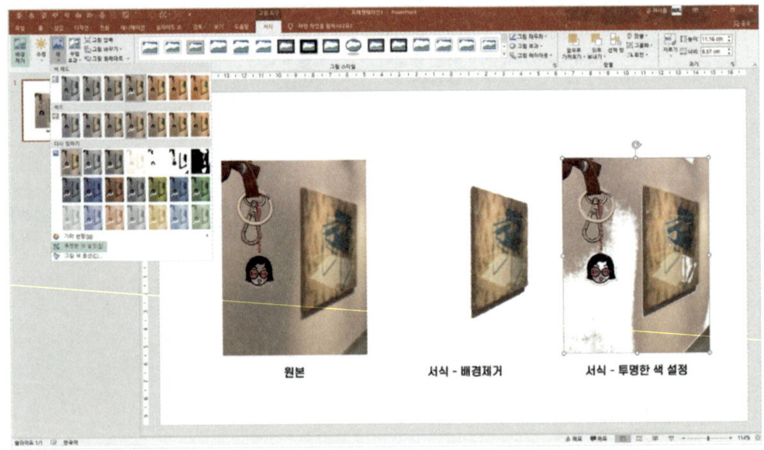


그런데 종종 위 그림처럼 배경이 잘못 지워지는 일이 발생한다. 이럴 땐 그림판으로 지워야 하나, 포토샵을 배워야 하나 고민할 필요 없이 웹에서 배경을 지워주는 사이트를 이용하자.

먼저 구글에 '배경 지우기'를 검색한다.

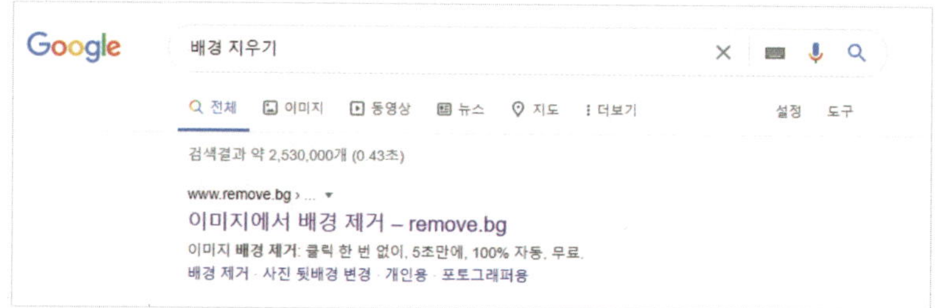


맨 위에 뜨는 'www.remove.bg' 사이트에 접속하면 아래와 같은 화면이 뜬다.

'이미지 업로드'를 눌러 탐색기에서 파일을 선택하거나 직접 파일을 마우스로 끌어다 놓는다.

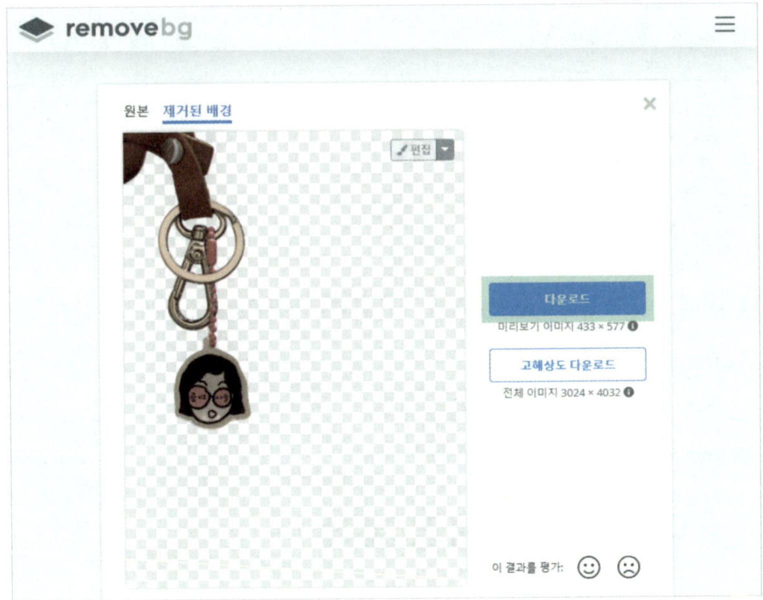


원하는 대로 깔끔하게 배경이 제거된 png 형식의 파일을 무료로 다운로드받을 수 있다. 물론 고해상도 이미지를 받으려면 비용을 지불해야 하지만, 무료로 받은 이미지 화질도 나쁘지 않다(오히려 파워포인트에서 배경을 제거했을 때 화소가 더 깨진다).

### 보고서에 심플한 이미지를 넣고 싶을 때 : 플래티콘

보고서에 내용을 축약한 아이콘을 넣고 싶을 때가 있다. 이럴 때는 '플래티콘flaticon.com'이라는 사이트를 이용하면 된다. 여기에서는 수

백만 개의 아이콘을 무료로 다운로드받아 사용할 수 있다(물론 상업적 이용에는 월 1만 원가량 요금이 발생한다).

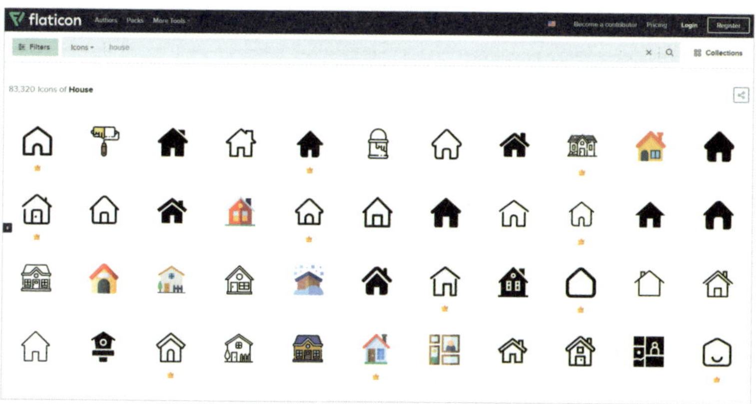


필터 조건을 Black outline(검은 테두리), Black filled(검은 배경), Multicolor(다양한 색상) 등으로 설정하면 원하는 이미지를 더 빠르게 찾아낼 수 있다.

# 깔아두면 쓸모 있는 쌈박한 유틸리티: 깔.쓸.쌈.유

마지막으로 PC에 깔아두면 업무에 도움이 되는 유틸리티들을 소개한다.

### ① 파일 · 폴더 탐색 종결자 : 에브리띵

폴더 관리와 파일 네이밍을 아무리 잘해놓아도 가끔 경로를 찾기 힘들 때가 있다. 이럴 땐 '에브리띵Everything'을 이용하면 쉽게 검색할 수 있다. PC에서 기본으로 제공하는 탐색 기능보다 훨씬 빠르고 간편하다.

10만 개 파일을 읽어내는 데 1초, 100만 개를 읽어내는 데 1분밖에 안 걸린다고 한다. 간혹 폴더를 따로 정리하지 않고 파일명만 직관적으로 만들어 에브리띵으로 찾아 쓰는 사람도 있을 정도다. 본인이

귀차니스트라 생각한다면 꼭 한번 사용해보길 바란다.
설치도 간단하다. 네이버 소프트웨어 자료실software.naver.com에서 'Everything'을 검색해 다운로드받아 PC에 설치하면 끝이다. 설치가 완료되면 프로그램을 열어 검색창에 폴더나 파일 이름을 입력하면 되는데, 이때 엔터도 필요 없다. 글자를 타이핑하는 족족 그 단어를 포함하는 파일과 폴더를 찾아내 그 경로를 창에 띄워준다.

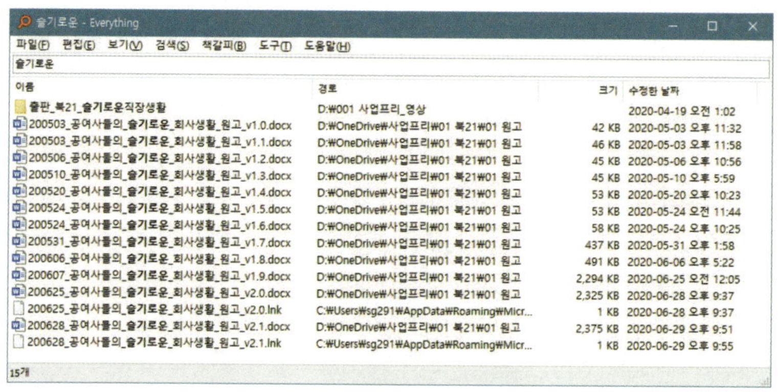


### ② 메일 백업의 끝판왕 : 아웃룩

회사 메일을 사용하다 보면 용량 제한으로 메일을 무작정 쌓아만 둘 수 없다. 그래서 메일을 백업해두는 시스템이 필요한데, 마이크로소프트사의 '아웃룩Outlook'을 많이 사용한다. 과거에는 PC에 설치해 사용했지만, 최신 버전에서는 웹에서만 무료로 쓸 수 있다.
아웃룩 사이트outlook.live.com에 접속해 계정을 생성한 다음, 회사 메일 서버에 연동해준다.

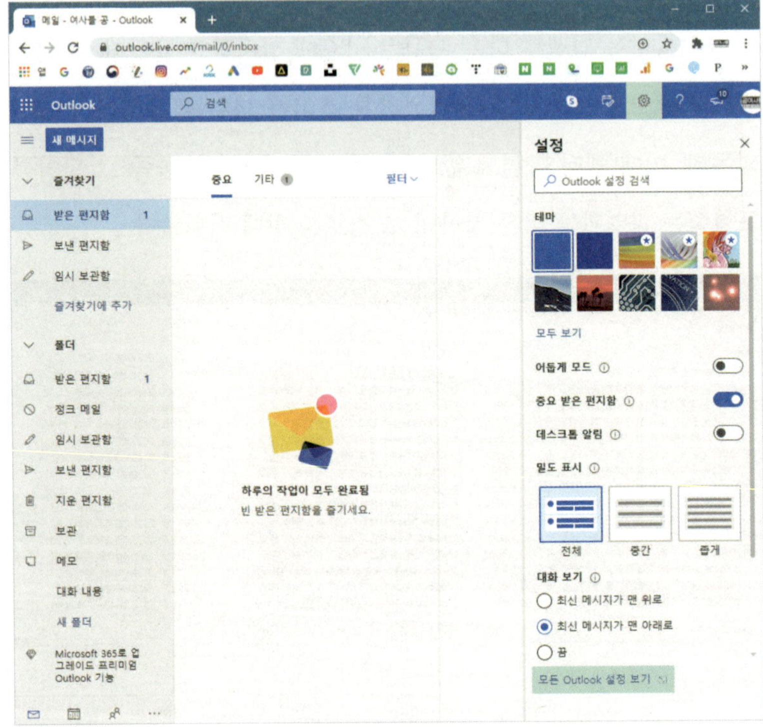


웹페이지에서 우측 상단 톱니바퀴 모양의 설정 버튼을 누르고 맨 아래 '모든 Outlook 설정 보기'를 클릭한다.

그다음 '메일-전자 메일 동기화-기타 전자 메일 계정' 순서로 클릭한다.

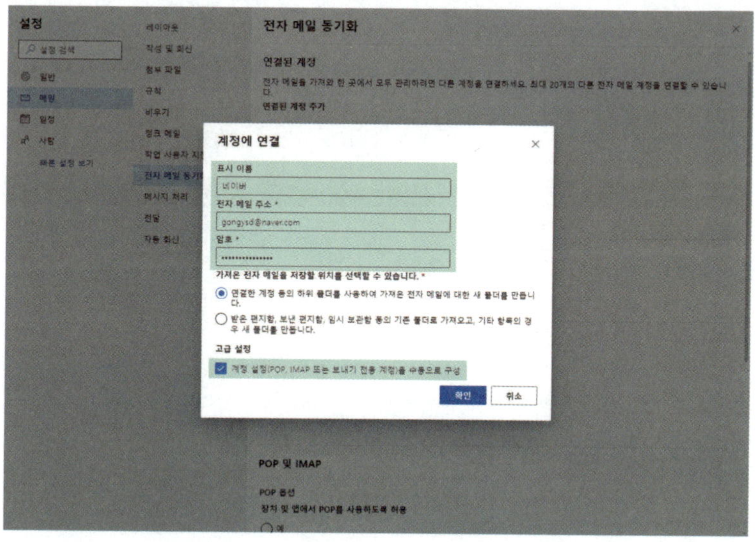


위와 같이 회사 메일 주소와 암호를 입력하고 '계정 설정을 수동으로 구성'을 체크하고 확인 버튼을 누른다.

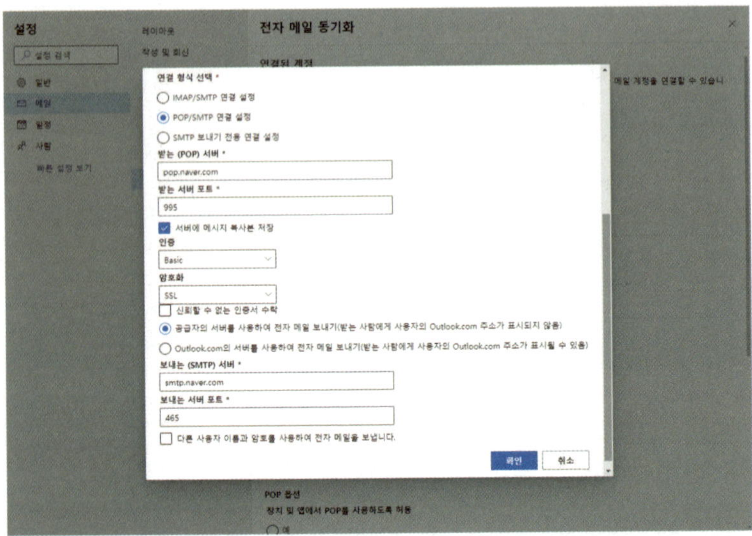

이제 회사 메일 서버 정보를 입력한다. 이 정보는 회사에서 받아야 한다.

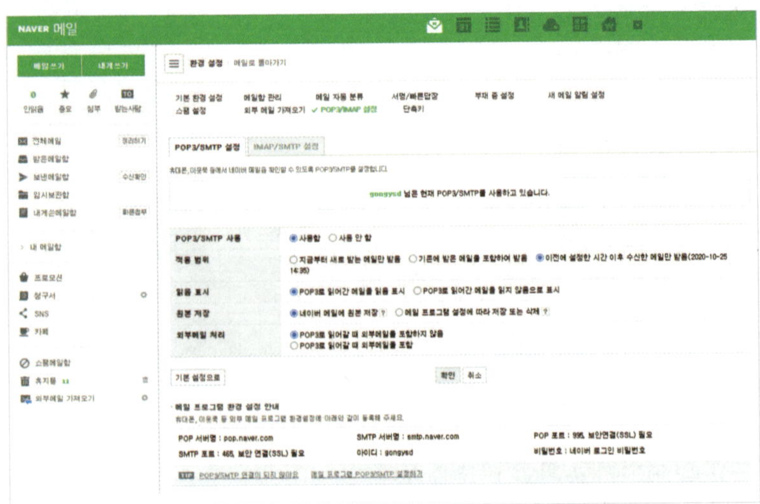

예시로 입력한 네이버 메일 서버 주소와 포트 번호 역시 사이트에서 직접 제공한 정보다.

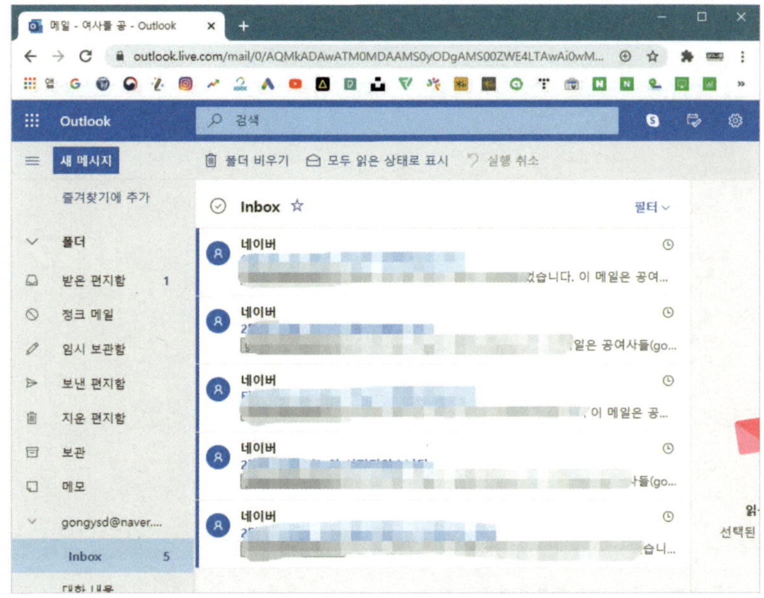


연동이 끝나면, 네이버에 직접 로그인하지 않고도 네이버 메일함을 열어볼 수 있다. 이렇게 아웃룩을 회사 메일함과 연동하면 몇 년 전 메일도 다 쌓아둘 수 있어 과거 이력을 찾을 때 매우 편하다.

### ③ 내 파일에 어디서든 접근 가능 : 구글 드라이브

구글 크롬 사용자라면 구글 드라이브까지 함께 사용하는 게 편하다.

구글 드라이브는 웹drive.google.com에서도 접속할 수 있고, PC에 동기화해두면 별도의 백업 없이도 다른 PC나 스마트폰에서 언제든지 간편하게 내 PC의 저장 공간에 접근할 수 있다.

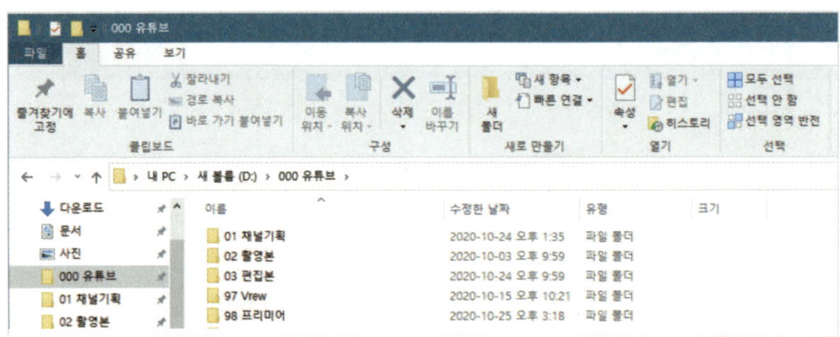


로컬PC 내 폴더

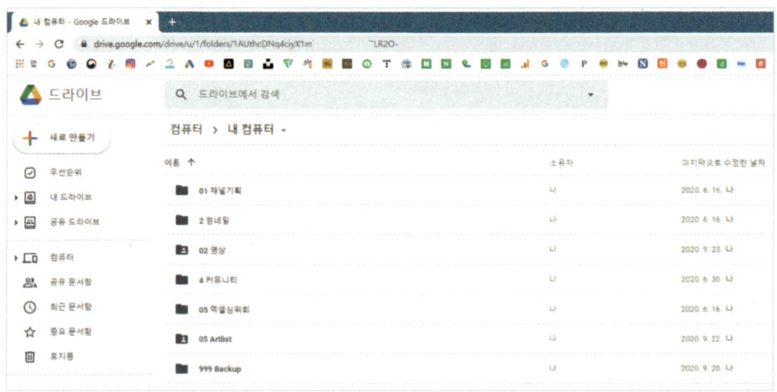


구글 드라이브PC 버전

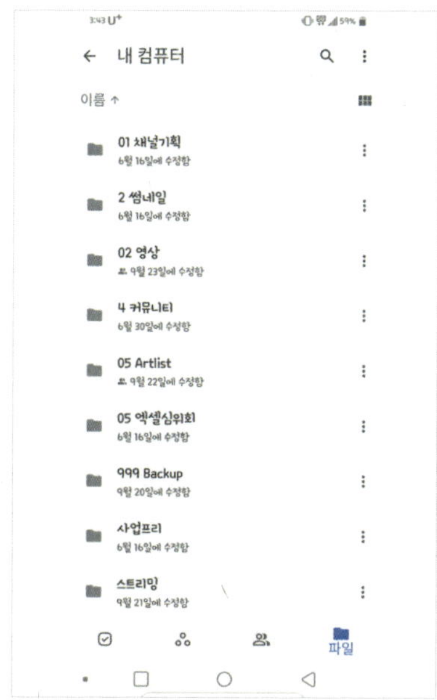

구글 드라이브 모바일 버전

그런데 구글 드라이브는 파일 백업으로는 제격이지만 문서를 편집할 때는 다른 프로그램과 연동해 작업하기에 적합하지 않다. 회사에서는 보통 MS오피스 프로그램(엑셀, 파워포인트, 워드 등)을 사용하는데, 구글 드라이브에서 이 파일을 열면 자동으로 구글 문서작업 프로그램으로 연결되기 때문이다.

## ④ 내 문서를 어디서든 편집 가능 : 원드라이브

그래서 찾아낸 방법이 원드라이브를 추가로 연동하는 것이다. 윈도 개발사인 마이크로소프트사가 만든 원드라이브에서는 클라우드 환경을 제공할 뿐만 아니라, 내 PC에서 작업 중이던 문서들을 그대로 다른 기기에서 열어 편집하고 저장할 수 있다. 여러 환경에서 문서 작업을 유연하게 하고 싶다면 원드라이브는 필수다.

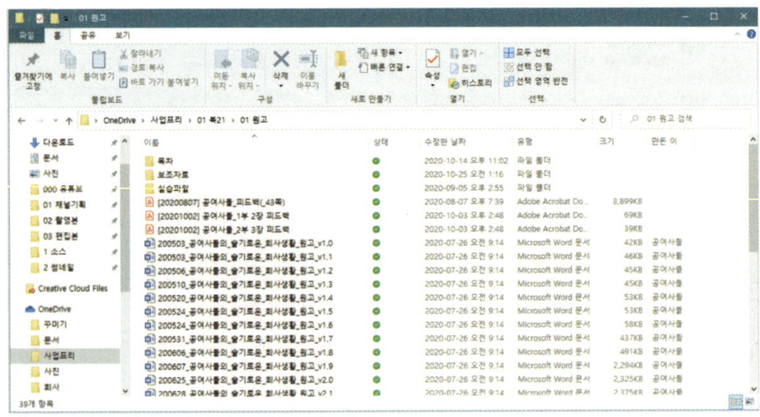


## ⑤ 그림판 Out! 포토샵 Out! : 포토스케이프X

업무 중 간단한 이미지 편집을 해야 할 때가 있다. 그림판으로 하기에는 너무 어설프고, 그렇다고 포토샵을 하자니 부담이다. 이럴 땐 '포토스케이프XPhotoScape X'를 강력 추천한다. 구글에 '포토스케이프X 구매'를 검색하면 첫 번째로 나오는 MS스토어 링크에서 무료로 다운로드받을 수 있다.

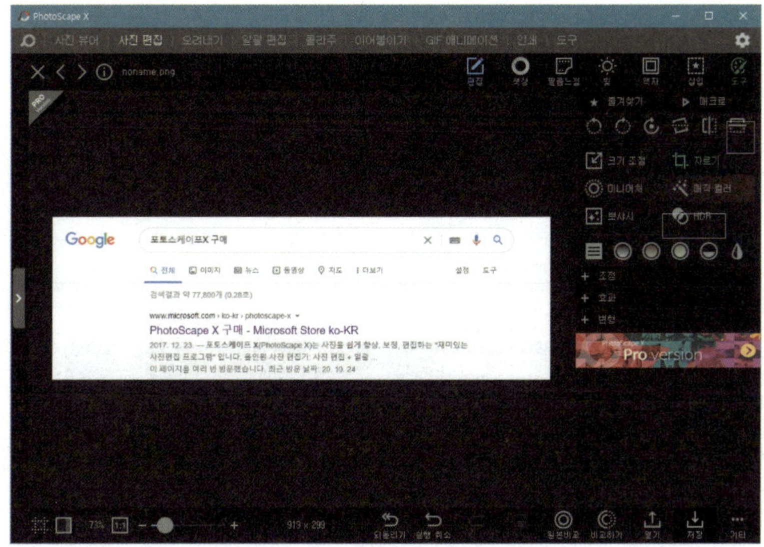


프로그램이 가벼워 어느 PC에서나 잘 작동되고, 사진 편집, 일괄 편집, 오려내기, 콜라주, 모자이크, 배경 제거 등 다양한 기능을 지원한다. 가장 유용한 사용법은 웹에서 복사한 사진을 Ctrl+V로 붙여넣고 자르거나 도구 메뉴에서 모자이크하는 것인데 새로 저장해도 원본 화질에 큰 영향을 주지 않는다는 게 큰 장점이다.

## ⑥ 단순 반복 작업은 이제 안녕 : 매크로 프로그램

직장인 최대의 적은 단순 반복 작업이다. 학창 시절, 수강신청 혹은 콘서트나 스포츠 경기의 티켓을 예매할 때 매크로 프로그램을 써본

적이 있는가? 바로 그 매크로 프로그램이다.

업무에서도 매크로 프로그램을 활용하면 내가 일을 하지 않는 시간에도 이 프로그램이 대신 일하게 할 수 있다. 손목 건강을 지키는 건 덤이다.

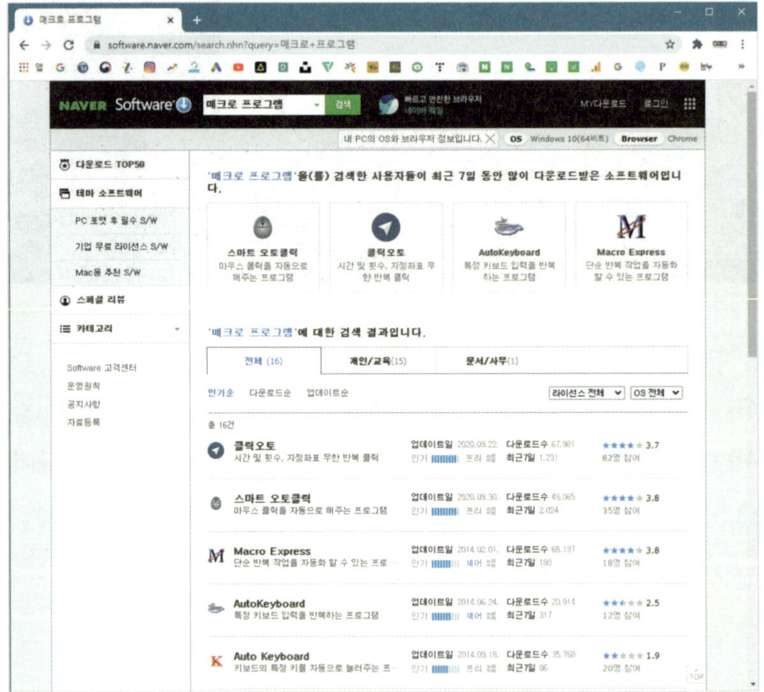


네이버 소프트웨어 자료실에 매크로 프로그램을 검색하면 여러 유틸리티가 나온다. 평이 높은 순으로 몇 개를 다운로드받아 사용해보면 나에게 맞는 프로그램을 찾을 수 있다.

화면의 같은 위치를 계속 클릭하거나 키보드에서 같은 키를 누르는 동작이 반복될 때 주로 사용한다. 실제 내가 수행하는 동작을 순서대로 적어보고 반복되는 구간을 매크로 프로그램이 대신해 동작하게 하면 된다.

KI신서 9644
**눈치껏 못 배웁니다, 일센스**

**1판 1쇄 발행** 2021년 4월 14일
**1판 12쇄 발행** 2025년 6월 16일

**지은이** 공여사들
**펴낸이** 김영곤
**펴낸곳** (주)북이십일 21세기북스

**인문기획팀** 양으녕 이지연 서진교 김주현 이정미
**디자인** 형태와내용사이 **교정** 조유진
**마케팅팀** 남정한 나은경 한경화 권채영 최유성 전연우
**영업팀** 한충희 장철용 강경남 황성진 김도연
**제작팀** 이영민 권경민

**출판등록** 2000년 5월 6일 제406-2003-061호
**주소** (10881) 경기도 파주시 회동길 201(문발동)
**대표전화** 031-955-2100 **팩스** 031-955-2151 **이메일** book21@book21.co.kr


ISBN 978-89-509-9487-7 (13000)